D0795421

SERBIAN-ENGLISH
ENGLISH-SERBIAN
CONCISE DICTIONARY

by

Mladen Davidovic

Hippocrene Books
New York

Copyright© 1997 by Mladen Davidovic.

All rights reserved.

For information, address:
HIPPOCRENE BOOKS, INC.
171 Madison Avenue
New York, NY 10016

Library of Congress Cataloging-in-Publication Data

ISBN 0-7818-0556-2

Printed in the United States of America.

CONTENTS

PREFACE

The Serbian language is ancient but it was not until 1818 that a uniform alphabet and form of reading and writing was compiled by Vuk Karadzic in the first ever Serbian dictionary. The Serbian Cyrillic alphabet contains thirty letters. Today it is spoken by over 14 million Serbs who live in Yugoslavia and all over the world including North America, Australia and the United Kingdom. It is these Serbians located abroad in English speaking nations that will find this dictionary most useful in their schools, places of employment and elsewhere in their everyday lives where they simultaneously come in contact with their native tongue and their adoptive countrys' official language.

The Hippocrene Concise Serbian-English/English-Serbian Dictionary contains over 7,500 most commonly used words translated from Serbian to English and vice versa. Those that are not of Serbian descent but are learning this Balkan language for the first time are not forgotten and for them the authors have included a pronunciation guide as well as table of Cyrillic letters and their English equivalents.

ABBREVIATIONS / *СКРАЋЕНИЦЕ*

a.	adjective	придев
adv.	adverb	прилог
conj.	conjunction	свезник
f.	feminine	женски род
gr.	grammar	граматика
m.	masculine	мушки род
n.	neuter	средњи род
n.	noun	именица
num.	numeral	број
med.	medical	медицина
pl.	plural	множина
prep.	preposition	предлог
pron.	pronoun	заменица
s.	singular	једнина
v.	verb	глагол

PRONUNCIATION GUIDE

А	a	arch
Б	b	big
В	v	violin
Г	g	garden
Д	d	Detroit
Ѓ	g	juice
Е	e	economy
Ж	s	treasure
З	z	zoo
И	e	if
Ј	y	Yugoslavia
К	k	corner
Л	l	loud
Љ	li	billion
М	m	mother
Н	n	no
Њ	n	new
О	o	over
П	p	past
Р	r	river
С	s	sister
Т	t	time
У	u	cartoon
Ф	f	funny
Х	h	heat

Ц	tz	**tz**ar
Ч	ch	**ch**ild
Џ	j	**j**umbo
Ш	sh	**sh**ore

Serbian - English

Српско - Енглески

A

a *[a]* - *conj.* 1.but, and, 2.while

адвокат *[advokat]* - *m.* lawyer, solicitor, barrister

адреса *[adresa]* - *f.* address

аеродром *[aerodrom]* - *m.* airport

агент *[agent]* - *m.* agent, broker

ајкула *[ajkula]* - *f.* shark

акценат *[aktsenat]* - *m.* accent

ако *[ako]* - *conj.* if

акт *[akt]* - *m.* 1.act, 2.file, record

актив *[aktiv]* - *m. gr.* active voice

актуелан *[aktuelan]* - *a.* current

алат *[alat]* - *m.* tools *(pl)*

алатка *[alatka]* - *f.* tool

али *[ali]* - *conj.* but, however

антикварница *[antikvarnitsa]* - *f.* second-hand shop, antique shop

апарат *[aparat]* - *m.* 1.device, machine, apparatus, 2.personnel, administration

апотека *[apoteka]* - *f.* pharmacy, drugstore

април *[april]* - *m.* April

архив *[arhiv]* - *m.* archives *(pl)*

архитектура *[arhitektura]* - *f.* architecture
армија *[armija]* - *f.* army
атлас *[atlas]* - *m.* atlas
ауто *[auto]* - *m.* car, automobile
ауто-пут *[~put]* - *m.* highway
август *[avgust]* - *m.* August
авион *[avion]* - *m.* airplane, plane
азбука *[azbuka]* - *f.* alphabet

Б

баба *[baba]* - *f.* 1.old woman, 2.grandmother

бацити *[batsiti]* - *v.* to throw (away)

бака *[baka]* - *n.* grandmother

бакар *[bakar]* - *m.* copper

балкон *[balkon]* - *m.* balcony

бандит *[bandit]* - *m.* bandit

банка *[banka]* - *f.* bank

бара *[bara]* - *f.* 1.puddle, pool, 2.swamp

баратати *[baratati]* - *v.* to handle, manage

барка *[barka]* - *f.* boat, barge

басна *[basna]* - *f.* fable

батина *[batina]* - *f.* 1.stick, club, cane, 2.spanking *(pl)*

бавити се *[baviti se]* - *v.* to engage in, be occupied
 with, go in for

беба *[beba]* - *f.* baby, infant

беда *[beda]* - *f.* 1.grief, misfortune, 2.poverty

бедем *[bedem]* - *m.* rampart, wall, bulwark

бегунац *[begunats]* - *m.* fugitive

бекство *[bekstvo]* - *n.* flight, escape

белешка *[beleÔka]* - *n.* note, notice

бележити *[beleʒiti]* - *v.* to take notes
бео *[beo]* - *a.* white
бес *[bes]* - *m.* rage, fury
бесмислен *[besmislen]* - *a.* senseless, absurd
бесплатан *[besplatan]* - *a.* free (of charge)
без *[bez]* - *prep.* without
безбедност *[bezbednost]* - *f.* 1.safety, 2.security
бездан *[bezdan]* - *m.* abyss
безнадежност *[beznadeʒnost]* - *f.* hopelessness
безосећајност *[bezosetjajnost]* - *f.* insensibility
безуман *[bezuman]* - *a.* insane, mad
безумље *[bezumlje]* - *n.* madness
бежати *[beʒati]* - *v.* to flee, run away
бибер *[biber]* - *m.* pepper
библиотека *[biblioteka]* - *f.* library
бич *[bitÔ]* - *m.* whip
биће *[bitje]* - *n.* being, creature
бик *[bik]* - *m.* bull
бирати *[birati]* -*v.* to choose
бити *[biti]* - *v.* 1.to be, 2.to beat
битка *[bitka]* - *f.* battle
благ *[blag]* - *a.* 1.mild, 2.gentle
благостање *[blagostanje]* - *n.* prosperity, welfare

блато *[blato]* - *n.* mud

блед *[bled]* - *a.* pale

блесак *[blesak]* - *m.* flash, blaze

блискост *[bliskost]* - *f.* 1.closeness, proximity, 2.in-
  timacy

блистати *[blistati]* - *v.* to glisten, shine

близанац *[blizanats]* - *m.* twin

боца *[botsa]* - *f.* bottle

бог *[bog]* - *m.* god

богат *[bogat]* - *a.* rich, wealthy

богатство *[bogatstvo]* - *n.* wealth

бој *[boj]* - *n.* battle, fight

боја *[boja]* - *f.* color, paint, dye, tint

бојати се *[bojati se]* - *v.* to fear, to be afraid of

бок *[bok]* - *n.* 1.side, 2.hip

бокал *[bokal]* - *m.* jug

бол *[bol]* - *m.* pain, ache

болест *[bolest]* - *f.* 1.disease, illness, 2.passion

болница *[bolnitsa]* - *f.* hospital

боље *[bolje]* - *adv.* better

бомба *[bomba]* - *f.* bomb

бомбона *[bombona]* - *f.* candy

бор *[bor]* - *m.* pine

боравак *[boravak]* - *m.* stay, sojourn

браћа *[bratja]* - *f.* brothers *(pl)*

брада *[brada]* - *f.* 1.beard, 2.chin

брак *[brak]* - *m.* marriage, matrimony

бранилац *[branilats]* - *m.* 1.defender, 2.defense attorney

брат *[brat]* - *m.* brother

брати *[brati]* - *v.* to pick, gather

брава *[brava]* - *f.* lock

брдо *[brdo]* - *n.* hill

брег *[breg]* - *m.* hill

бресква *[breskva]* - *f.* peach

брига *[briga]* - *f.* concern, care, worry

бријати *[brijati]* - *v.* to shave

бринути се *[brinuti se]* - *v.* to take care of, look after

брисати *[brisati]* - *v.* to wipe, erase

брод *[brod]* - *m.* ship, boat

бродски *[brodski]* - *a.* of a ship

број *[broj]* - *m.* 1.number, 2.figure

бројати *[brojati]* - *v.* to count

брука *[bruka]* - *f.* shame, disgrace, scandal

брз *[brz]* - *a.* fast, rapid, quick, brisk

брзина *[brzina]* - *f.* 1.speed, quickness, 2.gear

брзо *[brzo]* - *adv.* quickly, fast, soon
бубањ [bubanj] - *m.* drum
бубрег *[bubreg]* - *m.* kidney
будан *[budan]* - *a.* awake
будилник *[budilnik]* - *m.* alarm-clock
бука *[buka]* - *f.* noise
бунда *[bunda]* - *f.* fur-coat
бунити *[buniti]* - *v.* to rebel, offer resistance
бура *[bura]* - *f.* storm
бушити *[buʃiti]* - *v.* to drill, bore, pierce, perforate
бут *[but]* - *m.* 1.tight, 2.leg (of an animal), 3.ham

В

вадити *[vaditi]* - *v*. to take out

вага *[vaga]* - *f*. scale (s)

валута *[valuta]* - *f*. currency

варати *[varati]* - *v*. 1.to cheat, 2.to be mistaken

варница *[varnitsa]* - *f*. spark

васпитати *[vaspitati]* - *v*. 1.to bring up, 2.to educate

ваш *[vaʃ]* - *pron*. your, yours

вашар *[vaʃar]* - *m*. 1.fair, 2.market

ватра *[vatra]* - *f*. 1.fire, 2.gunfire, 3.passion

ватрогасац *[vatrogasats]* - *m*. firefighter, fireman

ваза *[vaza]* - *f*. vase

ваздух *[vazduh]* - *m*. air

важан *[vazjan]* - *a*. important

вече *[vetʃe]* - *n*. evening

вечера *[vetʃera]* - *f*. supper

већ *[vetj]* - *adv*. already

већина *[vetjina]* - *f*. majority

вејавица *[vejavitsa]* - *f*. blizzard

век *[vek]* - *m*. 1.century, 2.lifetime

величина *[velitʃina]* - *f.* 1.size, dimensions (pl), 2.value, 3.greatness

велик *[velik]* - *a.* 1.large, big, 2.great, outstanding, 3.strong; *m.* grown up

веома *[veoma]* - *adv.* 1.very, 2.very much

вера *[vera]* - *f.* 1.belief, 2.religion

веровати *[verovati]* - *v.* 1.to believe, 2.to trust

весеље *[veselje]* - *n.* 1.joy, 2.celebration, party

вести *[vesti]* - *f.* news *(pl)*

веш *[veʃ]* - *m.* 1.underwear, 2.laundry

вешалица *[veʃalitsa]* - *f.* hanger

вешт *[veʃt]* - *a.* skilled

вештачки *[veʃtatʃki]* - *a.* artificial

ветар *[vetar]* - *m.* wind

веза *[veza]* - *f.* 1.cord, rope, 2.connection, 3.link, 4.line (of communication), 5.relation

вид *[vid]* - *m.* sight

видети *[videti]* - *v.* to see

викати *[vikati]* - *v.* to shout, scream

виљушка *[viljuʃka]* - *f.* fork

вино *[vino]* - *n.* wine

висина *[visina]* - *f.* height

висок *[visok]* - *a.* 1.high, 2.tall

више *[viʃe]* - *adv.* 1.more, 2.higher, 3.above, 4.several

влада *[vlada]* - *f.* 1.government, 2.reign, rule

влага *[vlaga]* - *f.* humidity

власт *[vlast]* - *f.* 1.power, 2.authority

во *[vo]* - *m.* ox

воће *[votje]* - *n.* fruit

вод *[vod]* - *m.* 1.platoon, squad, 2.duct, 3.line (electrical)

вода *[voda]* - *f.* water

водити *[voditi]* - *v.* 1.to take (somebody) to, 2.to lead, 3.to manage

војник *[vojnik]* - *m.* soldier (private)

војска *[vojska]* - *f.* army

волети *[voleti]* - *v.* 1.to love, 2.to like

воља *[volja]* - *f.* will

воз *[voz]* - *m.* train

возач *[vozatʃ]* - *m.* driver

возило *[vozilo]* - *n.* vehicle

возити *[voziti]* - *v.* 1.to drive, 2.to ride, 3.to transport

врабац *[vrabats]* - *m.* sparrow

враћати *[vratjati]* - *v.* 1.to return, give back, 2.to come back

врат *[vrat]* - *m.* neck

врата *[vrata]* - *f.* 1.door, 2.gate
врба *[vrba]* - *f.* willow
вредност *[vrednost]* - *f.* 1.value, 2.price
време *[vreme]* - *n.* 1.time, 2.weather, 3.tense
врх *[vrh]* - *n.* 1.summit, top, 2.point, tip
врховни *[vrhovni]* - *a.* supreme
врлина *[vrlina]* - *f.* virtue
врло *[vrlo]* - *adv.* very
вручина *[vrutjina]* - *f.* heat
вући *[vutji]* - *v.* 1.to pull, 2.to drag
вук *[vuk]* - *m.* wolf
вуна *[vuna]* - *f.* wool

Г

raħe *[gatje]* - *f. pl.* 1.drawers, 2.panties

raħaти *[gadjati]* - *v.* 1.to aim, 2.to shoot, 3.to throw at

гајити *[gajiti]* - *v.* 1.to raise, rear, 2.to breed, 3.to bring up, 4.to cherish, 5.to nurse

галама *[galama]* - *f.* noise, uproar

галамити *[galamiti]* - *v.* 1.to make noise, 2.to scream

галеб *[galeb]* - *m.* sea-gull

галоп *[galop]* - *m.* gallop

ганути *[ganuti]* - *v.* to affect, to move deeply

гарда *[garda]* - *f.* guard

гас *[gas]* - *m.* gas

гасити *[gasiti]* - *v.* 1.to extinguish, 2.put out, 3.switch off, 4.quench

где *[gde]* - *adv.* where

генерал *general]* - *m.* general

гибак *[gibak]* - *a.* 1.flexible, 2.supple

гимнастика *[gimnastika]* - *f.* gymnastics (pl)

гимназија *[gimnazija]* - *f.* secondary school (high school)

гинути *[ginuti]* - *v.* to perish, be killed

глад *[glad]* - *m.* hunger, starvation, famine

гладак *[gladak]* - *a.* 1.smooth, 2.polished

гладан *[gladan]* - *a.* hungry

глагол *[glagol]* - *m.* verb

глас *[glas]* - *m.* 1.voice, 2.vote

гласан *[glasan]* - *a.* loud

гласина *[glasina]* - *f.* rumor

глава *[glava]* - *f.* 1.head, 2.chapter

главни *[glavni]* - *a.* main, principal

главобоља *[glavobolja]* - *f.* headache

гледалац *[gledalats]* - *m.* spectator

гледати *gledati]* - *v.* 1.to look, 2.to see

глоба *[globa]* - *f.* fine, penalty

глух, глув *[gluh, gluv]* - *a.* deaf

глумац *[glumats]* - *m.* actor

глумити *[glumiti]* - *v.* to act, play

глуп *[glup]* - *a.* stupid, silly, foolish

гнев *[gnev]* - *m.* anger

гнездо *[gnezdo]* - *n.* nest

гњавити *[gnjaviti]* - *v.* 1.to molest, 2.to annoy, bore

гњурац *[gnjurats]* - *m.* diver

го *[go]* - *a.* naked, nude

15

година *[godina]* - *f.* year

годити *[goditi]* - *v.* to please

голуб *[golub]* - *m.* pigeon

гомила *[gomila]* - *f.* 1.pile, 2.crowd, mob

гомилати *[gomilati]* - *v.* 1.to accumulate, 2.to pile

гонити *[goniti]* - *v.* 1.to pursue, 2.to persecute

гора *[gora]* - *f.* 1.mountain, hill, 2.woods, forest

горак *[gorak]* - *a.* bitter

горе *[gore]* - *adv.* 1.above, 2.upstairs; *3.a.* worse

горити *[goriti]* - *v.* to burn

гориво *[gorivo]* - *n.* fuel

господин *[gospodin]* - *m.* gentleman, mister, sir (Mr.)

госпођа *[gospodja]* - *f.* lady, madam (Mrs.)

гост *[gost]* - *m.* guest

готов *[gotov]* - *a.* 1.done, finished, 2.ready

говедина *[govedina]* - *f.* beef

говорити *[govoriti]* - *v.* to speak, talk

говор *[govor]* - *m.* speech

гозба *[gozba]* - *f.* 1.feast, 2.banquet

град *[grad]* - *m.* 1.town, city, 2.castle

град *[grad]* - *m.* hail

градилиште *[gradiliʃte]* - *n.* building site

градити *[graditi]* - *v.* to build

грађанин *[gradjanin]* - *m.* citizen

грађански *[gradjanski]* - *a.* civil, civic

граматика *[gramatika]* - *f.* grammar

грана *[grana]* - *f.* branch

граница *[granitsa]* - *f.* 1.boundary, 2.border, frontier

грашак *[graʃak]* - *m.* pea(s)

грб *[grb]* - *m.* coat of arms

грех *[greh]* - *m.* sin

грејач *[grejatʃ]* - *m.* heater

грејати *[grejati]* - *v.* to warm, heat

грешка *[greʃka]* - *f.* 1.error, mistake, 2.foul

гристи *[gristi]* - *v.* to bite

гркљан *[grkljan]* - *m.* throat

грлити *[grliti]* - *v.* to embrace, hug

грло *[grlo]* - *n.* 1.neck, 2.throat

грм *[grm]* - *m.* bush

гроб *[grob]* - *m.* grave, tomb

гробље *[groblje]* - *n.* cemetary

гром *[grom]* - *m.* thunder

грозница *[groznitsa]* - *f.* fever

грожђе *[grozjdje]* - *n.* grapes

груб *[grub]* - *a.* 1.rude, vulgar, 2.rough, approximate, 3.uneven, coarse

груди *[grudi]* - *f.* 1.chest *(pl)*, 2.breasts

губитак *[gubitak]* - *m.* loss

губити *[gubiti]* - *v.* to lose

гума *[guma]* - *f.* 1.rubber, 2.tire, 3.gum

гурати *[gurati]* - *v.* to push

гуска *[guska]* - *f.* goose

густ *[gust]* - *a.* dense, thick

гуштер *[guʃter]* - *m.* lizard

гутати *[gutati]* - *v.* to swallow, gulp

гужва *[guzjva]* - *f.* 1.crowd, 2.jam, 3.disturbance, commotion

гужвати *[guzjvati]* - *v.* to crumple, wrinkle

гвожђе *[gvozjdje]* - *n.* iron

Д

да *[da]* - *conj.* 1.that, 2.in order to, 3.to, 4.so what, 5.if, 6.in case, 7.(answer) yes

добар *[dobar]* - *m.* beaver

дах *[dah]* - *m.* breath

дакле *[dakle]* - *adv.* 1.then, 2. consequently, 3.thus, therefore

далек *[dalek]* - *a.* far, distant

далеко *[daleko]* - *adv.* far (away)

даље *[dalje]* - *adv.* further

дальина *[daljina]* - *f.* distance

дан *[dan]* - *m.* 1.day, 2.day-time

данас *[danas]* - *adv.* 1.today, 2.this day

дар *[dar]* - *m.* 1.present, gift, donation, 2.talent

даска *[daska]* - *f.* plank

дати *[dati]* - *v.* 1.to give, 2.to produce

дебео *[debeo]* - *a.* 1.fat, 2.thick

деца *[detsa]* - *n.* children

децембар *[detsembar]* - *m.* December

дечак *[detʃak]* - *m.* boy

делатност *[delatnost]* - *f.* activity

делити *[deliti]* - *v.* 1.to share, 2.to divide
дело *[delo]* - *n.* 1.deed, 2.literary work
десет *[deset]* - *num.* ten
десити *[desiti]* - *v.* 1.to happen, 2.to occur
десно *[desno]* - *adv.* 1.to the right, 2.right
деталь *[detalj]* - *m.* detail
дете *[dete]* - *n.* child
девет *[devet]* - *num.* nine
девојка *[devojka]* - *f.* girl
дићи (се) *[ditji (se)]* - *v.* 1.to lift, 2.raise, 3.hoist
дим *[dim]* - *m.* smoke
димњак *[dimnjak]* - *m.* chimney
диплома *[diploma]* - *f.* diploma
дирати *[dirati]* - *v.* to touch
директор *[direktor]* - *m.* director, manager
дисати *[disati]* - *v.* to breathe
дивити се *[diviti se]* - *v.* to admire
дивљи *[divlji]* - *a.* wild
дивљина *[divljina]* - *f.* wilderness
дизалица *[dizalitsa]* - *f.* crane
длака *[dlaka]* -*f.* hair
длан *[dlan]* - *m.* palm
дневник *[dnevnik]* - *m.* 1.journal, 2.diary

дно *[dno]* - *n.* bottom

до *[do]* - *prep.* 1.as far as, 2.till, until, 3.before, 4.beside; *adv.* 1.approximately, 2.only

доба *[doba]* - *f.* 1.time, 2.season, 3.age

добацити *[dobatsiti]* - *v.* to throw

добар *[dobar]* - *a.* 1.good, 2.kind

добит *[dobit]* - *f.* profit, gain

добош *[doboʃ]* - *m.* drum

добро *[dobro]* - *adv.* 1.well, 2.all right; *n.* 1.the good, 2.benefit, 3.well-being, welfare

добро јутро *[dobro jutro]* - good morning

добро вече *[dobro vetʃe]* - good evening

дочек *[dotʃek]* - *m.* 1.welcome, 2.reception

доћи *[dotji]* - *v.* 1.to come, 2.to arrive

додатак *[dodatak]* - *m.* 1.addition, supplement, 2.appendix, 3.attribute

додати *[dodati]* - *v.* to add

додир *[dodir]* - *m.* 1.touch, 2.contact

догађај *[dogadjaj]* - *m.* 1.event, happening, 2.incident

договор *[dogovor]* - *m.* agreement

договорити *[dogovoriti]* - *v.* to agree

доходак *[dohodak]* - *m.* income, revenue

дохватити *[dohvatiti]* - *v.* 1.to reach, 2.to seize, grasp

доиста *[doista]* - *adv.* 1.indeed, 2.really, 3.certainly, 4.truly

док *[dok]* - *conj.* 1.while, 2.till, until

доказ *[dokaz]* - *m.* 1.proof, 2.evidence

доказати *[dokazati]* - *v.* 1.to prove, 2.provide evidence

докле *[dokle]* - *adv.* 1.how far, 2.how long

долазак *[dolazak]* - *m.* 1.arrival, 2.coming

доле *[dole]* - *adv.* 1.down, 2.under, beneath

долина *[dolina]* - *f.* valley

дом *[dom]* - *m.* home

домаћи *[domatji]* - *a.* 1.homemade, 2.domestic

домаћица *[domatjica]* - *f.* 1.housewife, 2.hostess, 3.housekeeper

домаћин *[domatjin]* - *m.* 1.host, 2.head of a household

домаћинство *[domatjinstvo]* - *n.* household

домет *[domet]* - *m.* range

домородац *[domorodac]* - *m.* native

донети *[doneti]* - *v.* 1.to bring, 2.to fetch

доњи *[donji]* - *adv.* 1.lower, 2.under

допринос *[doprinos]* - *m.* 1.contribution, 2.share

допуна *[dopuna]* - *f.* 1.supplement, 2.addition

допуст *[dopust]* - *m.* leave

допутовати *[doputovati]* - *v.* to arrive at

доручак *[doruṭak]* - *m.* breakfast

досада *[dosada]* - *f.* boredom; *adv.* 1.until now, 2.so far

досадан *[dosadan]* - *a.* boring, dull

доселити *[doseliti]* - *v.* to move to, 2.immigrate

досељеник *[doseljenik]* - *m.* 1.immigrant, 2.settler

доследан *[dosledan]* - *a.* consistent

дословно *[doslovno]* - *adv.* literally

доста *[dosta]* - *adv.* enough

доставити *[dostaviti]* - *v.* to deliver

достојанство *[dostojanstvo]* - *n.* dignity

довољно *[dovoljno]* - *adv.* enough, sufficient

дознати *[doznati]* - *v.* 1.to learn, 2.to find out

дозвола *[dozvola]* - *f.* 1.permission, permit, 2.license

дозволити *[dozvoliti]* - *v.* to allow

доживљај *[dozjivljaj]* - *m.* 1.experience, 2.adventure

драг *[drag]* - *a.* 1.dear, 2.precious

драгуљ *[dragulj]* - *m.* precious stone

драстичан *[drastiṭan]* - *a.* drastic

драж *[drazj]* - *f.* charm

дремати *[dremati]* - *v*. to nap

дрхтати *[drhtati]* - *v*. 1.to tremble, 2.to shake

дрмати *[drmati]* - *v*. to shake

дробити *[drobiti]* - *v*. to crumble, to crush

друг *[drug]* - *m*. 1.friend, companion, 2.mate, spouse, 3.comrade

другачије *[drugatʃije]* - *adv*. otherwise

друкчији *[druktʃiji]* - *a*. different

друштво *[druʃtvo]* - *n*. 1.society, 2.association, 3.company

дрво *[drvo]* - *n*. 1.tree, 2.wood, 3.lumber

држати *[drzjati]* - *v*. 1.to hold, 2.to keep, 3.to give

држава *[drzjava]* - *f*. 1.state, 2.country

држављанство *[drzjavljanstvo]* - *n*. citizenship

дубина *[dubina]* - *f*. depth

дубок *[dubok]* - *a*. 1.deep, 2.profound

дућан *[dutjan]* - *m*. shop, store

дуг *[dug]* - *m*. debt, *a*. long

дугме *[dugme]* - *n*. button

дух *[duh]* - *m*. 1.spirit, soul, 2.ghost, 3.mind, intellect

духовит *[duhovit]* - *a*. witty, clever

душа *[duʃa]* - *f*. 1.soul, spirit, 2.darling, 3.person

душек *[duʃek]* - *m*. mattress

дужан *[duzjan]* - *a.* 1.indebted, owing, 2.obliged
дужина *[duzjina]* - *f.* length
дужност *[duzjnost]* - *f.* duty
два *[dva]* - *num.* two
двадесет *[dvadeset]* - *num.* twenty
дванаест *[dvanaest]* - *num.* twelve
двобој *[dvoboj]* - *m.* duel
двопек *[dvopek]* - *m.* biscuit, cracker
дворац *[dvorats]* - *m.* castle
дворана *[dvorana]* - *f.* hall
дворище *[dvoriʃte]* - *n.* yard, courtyard

Ђ

ђак *[djak]* - *m.* pupil, student

ђаконије *[djakonije]* - *f.* fine food (pl)

ђаво *[djavo]* - *m.* 1.devil, 2.extremely, 3.rascal

ђаволски *[djavolski]* - *adv.* very

ђаволство *[djavolstvo]* - *n.* devilry

ђерам *[djeram]* - *m.* 1.sweep, 2.toll

ђердан *[djerdan]* - *m.* necklace

ђердап *[djerdap]* - *m.* rapids (on a river)

ђон *[djon]* - *m.* sole

ђубравник *[djubravnik]* - *n.* shovel (for garbage)

ђубре *[djubre]* - *n.* 1.garbage, trash, 2.manure, 3.fertil-
izer, 4.scum

ђубретар *[djubretar]* - *m.* garbage collector

ђубретара *[djubretara]* - *f.* immoral woman

ђубриште *[djubriʃte]* - *n.* garbage pile

ђубриво *[djubrivo]* - *n.* fertilizer

ђубрити *[djubriti]* - *v.* to manure, to fertilize

ђуле *[djule]* - *n.* bullet, shell

ђус *[djus]* - *m.* 1.juice, 2.deuce (tennis)

ђускати *[djuskati]* - v. to dance

ђутуре *[djuture]* - *adv.* in bulk
ђувеч *[djuvetʃ]* - *m.* 1.stew, 2.pan of stew

Е

ефекат *[efekat]* - *m.* effect

ефективан *[efektivan]* - *a.* effective

егзактан *[egzaktan]* - *a.* exact

економија *[ekonomija]* - *f.* economy

екскурзија *[ekskurzija]* - *f.* excursion, trip

експедиција *[ekspeditsija]* - *f.* expedition

екперимент *[eksperiment]* - *m.* 1.experiment, 2.test

екватор *[ekvator]* - *m.* equator

елаборат *[elaborat]* - *m.* elaboration

елан *[elan]* - *m.* dash

еластичан *[elastit∫an]* - *a.* elastic, flexible

елеганција *[elegantsija]* - *f.* elegance

електрицитет *[elektritsitet]* - *m.* electricity

електричар *[eletrit∫ar]* - *m.* electrician

елеменат *[elemenat]* - *m.* element

емигрант *[emigrant]* - *m.* emigrant

емисија *[emisija]* - *f.* 1.broadcast, program, 2.issue, 3.emission

енергија *[energija]* - *f.* energy

енглески *[engleski]* - *a.* English

Енглез *[Englez]* - *m.* Englishman
епидемија *[epidemija]* - *f.* epidemic
епоха *[epoha]* - *f.* epoch, era
сротика *erotika]* - *f.* erotic
есеј *[esej]* - *m.* cssay
ескадрила *[eskadrila]* - *f.* squadron
етика *[etika]* - *f.* ethic
Европа *[Evropa]* - *f.* Europe
европски *[evropski]* - *a.* European

Ж

жаба *[zjaba]* - *f.* frog

жалба *[zjalba]* - *f.* complaint

жалост *[zjalost]* - *f.* sadness, grief

жбун *[zjbun]* - *m.* bush

жедан *[zjedan]* - *a.* thirsty

жега *[zjega]* - *f.* heat

желети *[zjeleti]* - *v.* 1.to wish, 2.to want, 3.to desire

железница *[zjeleznitsa]* - *f.* railroad

жеља *[zjelja]* - *f.* 1.wish, 2.desire

жена *[zjena]* - *f.* woman

женидба *[zjenidba]* - *f.* 1.marriage, 2.wedding

женски *[zjenski]* - *a.* 1.female, 2.woman's

жестина *[zjestina]* - *f.* 1.violence, rage, 2.force

жица *[zjitsa]* - *f.* 1.wire, cable, 2.string

жиг *[zjig]* - *m.* stamp, seal

жито *[zjito]* - *n.* 1.grain, 2.wheat

жив *[zjiv]* - *a.* 1.alive, living, 2.lively, 3.vivid, 4.raw, uncooked

живац *[zjivats]* - *m.* nerve

живети *[zjiveti]* - *v.* to live

живот *[zjivot]* - *m.* life
животиња *[zjivotinja]* - *f.* animal, 2.beast
жртва *[zjrtva]* - *1.*victim, 2.sacrifice
журба *[zjurba]* - *f.* hurry
жут *[zjut]* - *a.* yellow
жвакати *[zjvakati]* - *v.* 1.to chew, 2.to speak slowly

З

за *[za]* - *prep.* 1.for, 2.in

забава *[zabava]* - *f.* 1.amusement, 2.entertainment

заборавити *[zaboraviti]* - *v.* to forget

забрана *[zabrana]* - *f.* prohibition, ban

забуна *[zabuna]* - *f.* 1.confusion, 2.misunderstanding, 3.embarrassment, 4.error

зачин *[zatʃin]* - *m.* spice, seasoning

задатак *[zadatak]* - *m.* 1.task, 2.assignment, 3.homework

задњи *[zadnji]* - *a.* 1. last, 2.final, 3.rear

задовољство *[zadovoljstvo]* - *n.* 1.satisfaction, 2.pleasure

задужити *[zaduzjiti]* - *v.* 1.to oblige, 2.to encumber, 3.to put in charge

загадити *[zagaditi]* - *v.* to contaminate

загонетка *[zagonetka]* - *f.* 1.puzzle, 2.mystery

загрљај *[zagrljaj]* - *m.* embrace

захтев *[zahtev]* - *m.* 1.demand, 2.claim

захвалити *[zahvaliti]* - *v.* to thank

заиста *[zaista]* - *adv.* indeed, really

зајам *[zajam]* - *m.* loan

заједница *[zajednitsa]* - *f.* community

заједно *[zajedno]* - *adv.* together

закаснити *[zakasniti]* - *v.* to be late

заказати *[zakazati]* - *v.* 1.to schedule, 2.to make an appointment

заклетва *[zakletva]* - *f.* oath

заклон *[zaklon]* - *m.* shelter

закчоити *[zakotʃiti]* - *v.* to brake

закон *[zakon]* - *m.* law

закопати *[zakopati]* - *v.* to bury

залепити *[zalepiti]* - *v.* to glue, paste

залиха *[zaliha]* - *f.*, 1.supply, 2.stock

залив *[zaliv]* - *m.* gulf

заљубљен *[zaljubljen]* - *a.* in love

замак *[zamak]* - *m.* castle

замало *[zamaqlo]* - *adv.* almost

заменити *[zameniti]* - *v.* 1.to exchange, 2.to mistake for, 3.to relieve

замерка *[zamerka]* - *f.* objection

замисао *[zamisao]* - *f.* idea

замор *[zamor]* - *m.* fatigue

замрзнути *[zamrznuti]* - *v.* to freeze

занат *[zanat]* - *m.* trade

занимање *[zanimanje]* - *n*. occupation, profession

занимљив *[zanimljiv]* - *a*. interesting

заостатак *[zaostatak]* - *m*. remnant

запад *[zapad]* - *m*. west

запалити *[zapaliti]* - *v*. to set on fire

запамтити *[zapamtiti]* - *v*. to remember, memorize

запослити *[zaposliti]* - *v*. 1.to employ, 2.to get employed

зар *[zar]* - *adv*. really

зарада *[zarada]* - *f*. income

заробљеник *[zarobljenik]* - *m*. prisoner

засадити *[zasaditi]* - *v*. to plant

застава *[zastava]* - *f*. flag

заштита *[zaʃtita]* - *f*. 1.protection, 2.care, 3.defense

зашто *[zaʃto]* - *adv*. why

зато *[zato]* - *adv*. 1.because, 2.for that reason

затвор *[zatvor]* - *m*. jail, prison

заувек *[zauvek]* - *adv*. forever

завој *[zavoj]* - *m*. 1.bandage, 2.wrapping, 3.curve

збир *[zbir]* - *m*. sum

због *[zbog]* - *prep*. because of

здравље *[zdravlje]* - *n*. health

здраво *[zdravo]* - hello

зец *[zets]* - *m.* rabbit

зелено *[zeleno]* - *a.* green

земља *[zemlja]* - *f.* 1.earth, world, 2.ground, 3.soil, 4.land

земљотрес *[zemljotres]* - *m.* earthquake

зглоб *[zglob]* - *m.* joint

згодно *[zgodno]* - *adv.* conveniently

зграда *[zgrada]* - *f.* building

зид *[zid]* - *f.* wall

зима *[zima]* - *f.* 1.winter, 2.cold

злато *[zlato]* - *n.* gold

зло *[zlo]* - *n. & a.* evil; *adv.* ill

злочин *[zlotʃin]* - *m.* crime

змија *[zmija]* - *f.* snake

знак *[znak]* - *m.* 1.sign, 2.mark, 3.signal

знање *[znanje]* - *n.* knowledge

знати *[znati]* - *v.* to know

зора *[zora]* - *f.* down

зрео *[zreo]* - *a.* 1 ripe, 2.mature

зуб *[zub]* - *m.* tooth

зубар *[zubar]* - *m.* dentist

звати *[zvati]* - *v.* 1.to call, 2.to invite

звезда *[zvezda]* - *f.* star

звоно *[zvono]* - *n.* bell
звук *[zvuk]* - *m.* sound

И

иако *[iako] - conj.* although, even though
ићи *[itji] - v.* 1.to go, 2.to walk
идеја *[ideja] - f.* idea, thought
идиот *[idiot] - m.* idiot
игде *[igde] - adv.* anywhere
игла *[igla] - f.* needle
игра *[igra] - f.* 1.game, 2.play
играчка *[igratʃka] - f.* toy
игралиште *[igraliʃte] - n.* playground
играти *[igrati] - v.* 1.to play, 2.to dance, 3.to gamble
икад *[ikad] - adv.* ever
икакав *[ikakav] - a.* any
ико *[iko] - pron.* anyone, anybody
или *[ili] - conj.* or
имање *[imanje] - n.* 1.estate, property, 2.possession
имати *[imati] - v.* 1.to have, 2.to possess, own
име *[ime] - n.* 1.name; 2.title
именица *[imenitsa] - f.* noun
именик *[imenik] - m.* 1.telephone book, 2.directory
имућан *[imutjan] - a.* rich, well-off

иначе *[inatʃe]* - *adv.* otherwise, else

инсект *[insekt]* - *m.* insect

интерес *[interes]* - *m.* 1.interest, 2.advantage

интересовати *[interesovati]* - *v.* to interest

иоле *[iole]* - *adv.* at all

ионако *[ionako]* - *adv.* anyway

ипак *[ipak]* - *adv.* 1.however, 2.yet

исећи *[isetji]* - *v.* 1.to cut out, 2.to cut, 3.to slice

иселити *[iseliti]* - *v.* 1.to move out, 2.to emigrate

исход *[ishod]* - *m.* outcome, result

исхрана *[ishrana]* - *f.* 1.nutrition, 2.diet

исказ *[iskaz]* - *m.* statement

искочити *[iskotʃiti]* - *v.* to jump out

ископ *[iskop]* - *m.* excavation

ископати *[iskopati]* - *v.* 1.to dig out, 2.to excavate

искористити *[iskoristiti]* - *v.* 1.to utilize, 2.to take advantage

искрен *[iskren]* - *a.* sincere

искуство *[iskustvo]* - *n.* 1.experience, 2.routine

искушење *[iskuʃenje]* - *n.* temptation

искварити *[iskvariti]* - *v.* to spoil, ruin

испалити *[ispaliti]* - *v.* to discharge, fire off

испећи *[ispetji]* - *v.* 1.to bake, 2.to roast, 3.to grill, 4.to broil

испеглати *[ispeglati]* - *v.* to iron (press)

испирати *[ispirati]* - *v.* rinse

испит *[ispit]* - *m.* test, examination

испитати *[ispitati]* - *v.* 1.to examine, 2.to investigate, 3.to interrogate

исплата *[isplata]* - *f.* 1.payment, 2.settlement

испочетка *[ispotÔetka]* - *adv.* from the beginning

испод *[ispod]* - *prep.* below, under, beneath

испорука *[isporuka]* - *f.* delivery

исправити *[ispraviti]* - *v.* 1.to straighten, 2.to correct

исправка *[ispravka]* - *f.* correction

исправно *[ispravno]* - *adv.* 1.right, 2.correctly

испред *[ispred]* - *adv.* in front off

испричати *[ispritʃati]* - *v.* 1.to tell, 2.to narrate

испруеити *[ispruzjiti]* *v.* to stretch out, extend

испреити *[isprzjiti]* - *v.* to fry

испустити *[ispustiti]* - *v.* 1.to release, let go

исти *[isti]* - *a.* same

истина *[istina]* - *f.* truth

исто *[isto]* - adv. the same

исток *[istok]* - *m.* east, 2.orient

историја *[istorija]* - *f.* history

истовар *[istovar]* - *m.* unloading

истрага *[istraga]* - *f.* enquiry

истући *[istutji]* - *v.* to beat

иступ *[istup]* - *m.* 1.withdrawal, retirement, 2.declaration

ишта *[iʃta]* - *pron.* anything

ивица *[ivitsa]* - *f.* edge

из *[iz]* - *prep.* 1.from, 2.out, 3.off

иза *[iza]* - *prep.* 1.behind, 2.beyond, 3.after

изабрати *[izabrati]* - *v.* to choose

изаћи *[zatji]* - *v.* to come out

изазивати *[izazivati]* - *v.* 1.to challenge, 2.to provoke

избор *[izbor]* - *m.* 1.choice, 2.selection, 3.election

избрисати *[izbrisati]* - *v.* to wipe out, erase

избројити *[izbrojiti]* - *v.* to count up to

издахнути *[izdahnuti]* - *v.* 1.to die, expire, 2.to exhale

издаја *[izdaja]* - *f.* treason, betrayal

издајица *[izdajitsa]* - *f.* traitor

издалека *[izdaleka]* - *adv.* from afar

издање *[izdanje]* - *n.* edition, issue

издржати *[izdrzjati]* - *v.* 1.to bear, 2.to sustain, endure

издвојити *[izdvojiti]* - *v.* to separate, set apart

изглед *[izgled]* - *m.* 1.appearance, looks (pl), 2.prospects

изгледати *[izgledati]* - *v.* 1.to seem, 2.to appear

изгорети *[izgoreti]* - *v.* to burn out

изговор *[izgovor]* - *m.* excuse, 2.pronunciation

изграђивати *[izgradjivati]* - *v.* to build up, construct

изгубити *[izgubiti]* - *v.* to lose

изјава *[izjava]* - *f.* 1.statement, 2.declaration

изјавити *[izjaviti]* - *v.* 1.to state, 2.to declare

изједначити *[izjednatʃiti]* - *v.* 1.to equalize, level

излагати *[izlagati]* - *v.* 1.to expose, 2.to exhibit, 3.to display; 4.to state

излаз *[izlaz]* - *m.* exit

излечити *[izletʃiti]* - *v.* to cure, heal

излет *[izlet]* - *m.* 1.excursion, outing, 2.picnic

излог *[izlog]* - *m.* shop-window

излоеба *[izlozjba]* - *f.* exhibition

озмеђу *[izmedju]* - *adv.* between, among

измена *[izmena]* - *f.* 1.change, 2.alteration

измерити *[izmeriti]* - *v.* to measure

измешати *[izmeʃati]* - *v.* to mix, blend

измислити *[izmisliti]* - *v.* to invent

изнад *[iznad]* - *prep.* 1.above, 2.over

изнајмити *[iznajmiti]* - *v.* 1.to rent, 2.to hire

изненада *[iznenada]* - *adv.* suddenly

изненадити *[iznenaditi]* - *v.* to surprise

изнети *[izneti]* - *v.* to take (bring) out

износ *[iznos]* - *m.* amount, sum

износити *[iznositi]* - *v.* 1.to take out, carry out, 2.amount to

изнутра *[iznutra]* - *adv.* 1.from within, 2.within, 3.inside

изостанак *[izostanak]* - *m.* absence

израчунати *[izratʃunati]* - *v.* to calculate

израда *[izrada]* - *f.* 1.production, 2.finish

израз *[izraz]* - *m.* 1.expression, 2.phrase, idiom

изрека *[izreka]* - *f.* 1.saying, 2.proverb

изрезати *[izrezati]* - *v.* to cut out

изронити *[izroniti]* - *v.* to emerge

изум *[izum]* - *m.* invention

изути *[izuti]* - *v.* to take off shoes or boots

изузетак *[izuzetak]* - *m.* exception

извадити *[izvaditi]* - *v.* to take out, extract

изванредан *[izvanredan]* - *a.* 1.extraordinary, 2.re-
markable

извести *[izvesti]* - *v.* 1.to take out, 2.to carry out,
accomplish

извешстај *[izveʃtaj]* - m. report

извод *[izvod]* - *m.* extract

извођач *[izvodjatʃ]* - *m.* performer

извор *[izvor]* - *m.* 1.spring, well, 2.source, 3.origin

извоз *[izvoz]* - *m.* export

извозити *[izvoziti]* - *v.* to export

изврстан *[izvrstan]* - *a.* excellent

извршавати *[izvrʃavati]* - *v.* 1.to execute, 2.to per-
form, 3.to commit

J

ja *[ja]* - *pron.* I, me

јабука *[jabuka]* - *f.* 1.apple, 2.apple tree

јачина *[jat∫ina]* - *f.* strength

јагода *[jagoda]* - *f.* strawberry

јахати *[jahati]* - *v.* to ride

јаје *[jaje]* - *n.* egg

јак *[jak]* - *a.* strong

јако *[jako]* - *adv.* 1.strongly, 2.very

јануар *[januar]* - *m.* January

јасан *[jasan]* - *a.* 1.clear, obvious, 2.bright, 3.acute, sharp

јастук *[jastuk]* - *m.* pillow

јаук *[jauk]* - *m.* cry, scream

јавност *[javnost]* - *f.* the public

један *[jedan]* - *num.* one

једанаест *[jedanaest]* - *num.* eleven

једанпут *[jedanput]* - *adv.* once

једини *[jedini]* - *a.* the only

јединство *[jedinstvo]* - *n.* unity

једначина *[jednat∫ina]* - *f.* equation

једнак *[jednak]* - *a.* equal

једном *[jednom]* - *adv.* once

једрити *[jedriti]* - *v.* to sail

једро *[jedro]* - *n.* sail

једва *[jedva]* - *adv.* 1.hardly, 2.barely

јефтин *[jeftin]* - *a.* cheap, inexpensive

јелен *[jelen]* - *m.* deer

јело *[jelo]* - *n.* 1.food, 2.dish

јеловник *[jelovnik]* - *m.* menu

јер *[jer]* - *conj.* 1.because, as, 2.for

јесен *[jesen]* - *f.* fall, autumn

јести *[jesti]* - *v.* to eat

језеро *[jezero]* - *n.* lake

језик *[jezik]* - *m.* 1.tongue, 2.language

још *[joʃ]* - *adv.* 1.still, 2.more, 3.another, 4.even, 5.besides, in addition, 6.too

јуче *[jutʃe]* - *adv.* yesterday

југ *[jug]* - *m.* south

јул *[jul]* - *m.* July

јун *[jun]* - *m.* June

јунак *[junak]* - *m.* hero

К

кабаница *[kabanitsa] - f.* coat, raincoat

кабина *[kabina] - f.* cabin

кабинет *[kabinet] - m.* cabinet

кад-а *[kad-a] - adv.* 1.sometimes, 2.ever; *conj.* 1.when, 2.if

када *[kada] - f.* bathtub

кадар *[kadar] - a.* capable, able; *n.* 1.personnel, staff, 2.frame

кафа *[kafa] - f.* coffee

кафана *[kafana] - f.* bar, café

каиш *[kaiʃ] - m.* 1.belt, 2.strap, 3.band, 4.strip

кајати *[kajati] - v.* to regret

какав *[kakav] - a.* 1.what kind of, 2.any, 3.what; *conj.* which

како *[kako] - adv.* 1.how, 2.so, 3.in some way; *conj.* 1.as, 2.how, 3.however

календар *[kalendar] - m.* calendar

калуђер *[kaludjer] - m.* monk

калуп *[kalup] - m.* mold

камен *[kamen] - m.* stone

камин *[kamin] - m.* fireplace

камион *[kamion]* - *m.* truck

камоли *[kamoli]* - *conj.* not to mention

канал *[kanal]* - *m.* 1.canal, 2.channel

канцеларија *[kantselarija]* - *f.* office

као *[kao]* - *conj.* 1.as, 2.as if, 3.like, 4.as well as

кап *[kap]* - *f.* drop

капа *[kapa]* - *f.* cap

капетан *[kapetan]* - *m.* captain

капут *[kaput]* - *m.* coat, jacket

каријера *[karijera]* - *f.* career

карта *[karta]* - *f.* 1.card, 2.ticket, 3.map

картон *[karton]* - *m.* cardboard

каса *[kasa]* - *f.* 1.safe, 2.cash register

касније *[kasnije]* - *adv.* later

каснити *[kasniti]* - *v.* to be late

касно *[kasno]* - *adv.* late

кашаљ *[kaʃalj]* - *m.* cough

кашика *[kaʃika]* - *f.* spoon

кауч *[kautʃ]* - *m.* couch, sofa

кавез *[kavez]* - *m.* cage

казати *[kazati]* - *v.* to say, tell

казна *[kazna]* - *f.* 1.penalty, punishment, 2.fine

казнити *[kazniti]* - *v.* to penalize, punish, 2.to fine

кер *[ker]* - *m*. dog

кеса *[kesa]* - *f*. 1.pouch, 2.bag, sack

кичма *[kitʃma]* - *f*. spine

кидати *[kidati]* - *v*. 1.to tear, tear off, 2.to break off

километар *[kilometar]* - *m*. kilometer

киоск *[kiosk]* - *m*. stand, booth

кипети *[kipeti]* - *v*. to boil over

кирија *[kirija]* - *f*. rent

киселина *[kiselina]* - *f*. acid

кисео *[kiseo]* - *a*. sour

кисеоник *[kiseonik]* - *m*. oxygen

киша *[kiʃa]* - *f*. rain

кладити *[kladiti]* - *v*. to bet

клати *[klati]* - v. to slaughter, butcher

клавир *[klavir]* - *m*. piano

клешта *[kleʃa]* - *f*. pliers *(pl)*

клима *[klima]* - *f*. climate

климати *[klimati]* - *v*. 1.to shake, 2.to nod

климав *[klimav]* - *a*. 1.loose, 2.shaky

клин *[klin]* - *m*. wedge

клиника *[klinika]* - *f*. clinic

клип *[klip]* - *m*. 1.piston, 2.corncob

клизати *[klizati]* - *v*. 1.to slip, 2.to slide, 3.to ice-skate

клизав *[klizav]* - *a.* slippery

клопка *[klopka]* - *f.* trap

клозет *[klozet]* - *m.* bathroom, washroom

клуб *[klub]* - *m.* club

клупа *[klupa]* - *f.* bench

кључ *[kljutʃ]* - *m.* key

кључати *[kljutʃati]* - *mv.* to boil

кнап *[knap]* - *adv.* just enough, just right

књига *[knjiga]* - *f.* book

књижевник *[knjizjevnik]* - *m.* writer, author

књижевност *[knjizjevnost]* - *f.* literature

ко *[ko]* - *pron.* who

коцка *[kotska]* - *f.* 1.cube, 2.die, dice, 3.gambling

кочити *[kotʃiti]* - *v.* to brake, 2.to hold back

кочница *[kotʃitsa]* - *f.* brake

код *[kod]* - *prep.* 1.at, by, near, 2.in spite of, 3.along

кофа *[kofa]* - *f.* pail

кофер *[kofer]* - *m.* suitcase

који *[koji]* - *pron.* 1.which, 2.what, 3.who, 4.some,
5.whichever

кокошка *[kokoʃka]* - *f.* hen

кола *[kola]* - *f.* 1.cart, wagon, 2.car, automobile, vehicle

колач *[kolatʃ]* - *m.* cake

колега *[kolega]* -   *m.* 1.colleague, co-worker, 2.friend

колено *[koleno]* - *n.* 1.knee, 2.joint, 3.generation, 4.family background

колиба *[koliba]* - *f.* 1.hut, 2.cottage

колица *[kolitsa]* - *f.* 1.carriage, 2.cart

колики *[koliki]* - *a.* 1.how large, how big, 2.as large (big) as

колико *[koliko]* - *adv.* 1.how much, 2.how many

колона *[kolona]* - *f.* 1.column, 2.line

колут *[kolut]* - *m.* 1.ring, 2.hoop

комад *[komad]* - *m.* 1.piece, 2.play (stage)

команда *[komanda]* - *f.* 1.command, order, 2.crew, 3.authority, 4.headquarters

командант *[komandant]* -   *m.* commander, commanding officer

комарац *[komarats]* - *m.* mosquito

комби *[kombi]* - *m.* 1.pickup truck, 2.station wagon, 3.van

коментар *[komentar]* - *m.* commentary

комисија *[komisija]* - *f.* 1.commission, 2.board, 3.order

комора *[komora]* - *f.* 1.chamber, 2.compartment

комотан *[komotan]* -   *a.* 1.comfortable, 2.large, roomy, 3.relaxed

компанија *[kompanĮja]* - ƒ. 1.company, firm, 2.group

компјутер *[kompjuter]* - *m.* computer

комплет *[komplet]* - *m.* complete set

компликација *[komplikatsija]* - ƒ. complication

комплимент *[kompliment]* - *m.* compliment

комшија *[komʃija]* - *n.* neighbor

комшилук *[komʃiluk]* - *m.* neighborhood

конац *[konats]* - *n.* thread, yarn

концерт *[kontsert]* - *m.* concert

конгрес *[kongres]* - *m.* meeting, congress

конопац *[konopats]* - *m.* cord, rope

контакт *[kontakt]* - *m.* contact

контрола *[kontrola]* - ƒ. 1.inspection, verification, 2.control, 3.inspection team

конзерва *[konzerva]* - ƒ. can, tin

коњ *[konj]* - *m.* 1.horse, 2.knight, 3.horsepower

копати *[kopati]* - *v.* 1.to dig, 2.to search

копија *[kopija]* - ƒ. 1.copy, 2.transcript

копље *[koplje]* - *n.* 1.spear, lance, 2.javelin, 3.flag pole

копно *[kopno]* - *n.* land

корак *[korak]* - *m.* 1.step, 2.pace

корен *[koren]* - *m.* root

корица *[koritsa]* - *f.* crust

корист *[korist]* - *f.* 1.benefit, 2.profit

користити *[koristiti]* - *v.* 1.to be of use, 2.to utilize

корпа *[korpa]* - *f.* basket

коса *[kosa]* - *f.* hair

косина *[kosina]* - *f.* slope

коска *[koska]* - *f.* bone

костур *[kostur]* - *m.* 1.skeleton, 2.framework, 3.outline

кош *[koʃ]* - *m.* basket

кошарка *[koʃarka]* - *f.* basketball

коштати *[koʃtati]* - *v.* to cost

коштица *[koʃtitsa]* - *f.* pit, kernel

кошуља *[koʃulja]* - *f.* shirt

коверат *[koverat]* - *m.* envelope

коза *[koza]* - *f.* goat

кожа *[kozja]* - *f.* skin

краđa *[kradja]* - *f.* theft

крај *[kraj]* - *m.* 1.end, 2.region, area; *prep.* 1.next to, 2.near

краљица *[kraljitsa]* - *f.* queen

краставац *[krastavats]* - *m.* cucumber

красти *[krasti]* - *v.* to steal, rob

кратак *[kratak]* - *a.* short

кратко *[kratko]* - *adv.* shortly, briefly

крава *[krava]* - *f.* cow

креда *[kreda]* - *f.* chalk

кредит *[kredit]* - *m.* 1.credit, 2.loan

кренути *[krenuti]* - *v.* 1.to move, 2.to set in motion, 3.to start

кревет *[krevet]* - *m.* bed

крик *[krik]* - *m.* cry, scream

крило *[krilo]* - *n.* wing

крити *[kriti]* - *v.* to hide

крив *[kriv]* - *a.* 1.crooked, bent, 2.twisted, 3.guilty, 4.false, wrong

кривични *[krivitʃni]* - *a.* criminal

кривина *[krivina]* - *f.* curve

кривити *[kriviti]* - *v.* to accuse

криза *[kriza]* - *f.* 1.crisis, 2.shortage

кромпир *[krompir]* - *m.* potatoe(s)

кров *[krov]* - *m.* roof

кроз *[kroz]* - *prep.* 1.through, 2.in, 3.throughout

крпа *[krpa]* - *f.* 1.rag, 2.towel

крст *[krst]* - *m.* cross

крстити *[krstiti]* - *v.* to baptize

круг *[krug]* - *m.* 1.circle, 2.grounds, 3.lap

крупан *[krupan]* - *a.* 1.large, 2.heavy, 3.bulky

крушка *[kruʃka]* - *f.* 1.pear, 2.pear tree

крут *[krut]* - *a.* 1.stiff, 2.hard

крв *[krv]* - *f.* blood

крзно *[krzno]* - *n.* fur

кућа *[kutja]* - *f.* 1.house, 2.home

куд-а *[kud-a]* - *adv.* 1. where, 2.where to

кугла *[kugla]* - *f.* 1.ball, 2.bullet, shell, 3.scoop

кука *[kuka]* - *f.* hook

кукуруз *[kukuruz]* - *m.* corn

кула *[kula]* - *f.* tower

кум *[kum]* - *m.* 1.godfather, 2.witness of marriage

купати *[kupati]* - *v.* 1.to bathe, 2.to swim, bathe

купатило *[kupatilo]* - *n.* 1.bathroom, 2.bath

купити *[kupiti]* - *v.* to buy, purchase

купус *[kupus]* - *m.* cabbage

курс *[kurs]* - *m.* 1.direction, 2.course (training), 3.exchange rate

кутија *[kutija]* - *f.* box

кувати *[kuvati]* - *v.* 1.to cook, prepare food

квар *[kvar]* - m. 1.damage, 2.harm, 3.out of order

кварити *[kvariti]* - v. 1.to spoil, 2.to damage

Л

лабав *[labav]* - *a.* loose
лабуд *[labud]* - *n.* swan
лагатри *[lagati]* - *v.* to lie
лајати *[lajati]* - *v.* to bark
лак *[lak]* - *m.* 1.lacquer, 2.polish; *a.* light, not heavy
лакат *[lakat]* - *m.* elbow
лампа *[lampa]* - *f.* lamp, table lamp
лонац *[lonats]* - *m.* chain
ларма *[larma]* - *f.* noise
латиница *[latinitsa]* - *f.* Latin alphabet
лав *[lav]* - *m.* lion
лаж *[lazj]* - *f.* lie
лећи *[letji]* - *v.* 1.to lie down, 2.to go to bed
лед *[led]* - *m.* ice
ледити *[lediti]* - *v.* to freeze
леђа *[ledja]* - *f.* back
лек *[lek]* - *m.* medicine, remedy
лекар *[lekar]* - *m.* doctor, physician
лекција *[lektsija]* - *f.* lesson
лењ *[lenj]* - *a.* lazy

лењир *[lenjir]* - *m.* ruler

леп *[lep]* - *a.* 1.beautiful, pretty, handsome, 2.fine, 3.nice

лепак *[lepak]* - *m.* glue

лепити *[lepiti]* - *v.* 1.to glue, 2.to attach

лепота *[lepota]* - *f.* beauty

лептир *[leptir]* - *m.* butterfly

леш *[leʃ]* - *m.* corpse

лет *[let]* - *m.* flight

лето *[leto]* - *n.* summer

левак *[levak]* - *m.* funnel

лево *[levo]* - *adv.* 1.left, 2.to the left

лежати *[lezjati]* - *v.* to lie (down)

лице *[litse]* - *n.* 1.face, 2.person, 3.outside surface, 4.front

личити *[litʃiti]* - *v.* to resemble

личност *[litʃnost]* - *f.* 1.person, 2.character

лифт *[lift]* - *m.* elevator

лик *[lik]* - *m.* 1.looks, appearance, 2.image, 3.figure

лим *[lim]* - *m.* sheet metal

лиун *[limun]* - *m.* 1.lemon, 2.lemon tree

линија *[linija]* - *f.* line

лисица *[lisitsa]* - *f.* fox

лисице *[lisitse]* - *f.* handcutts *(pl)*

лист *[list]* - *m.* 1.leaf, 2.sheet, 3.page, 4.newspaper

литар *[litar]* - *m.* liter *(l)*

ливада *[livada]* - *f.* meadow

лизати *[lizati]* - *v.* to lick

логор *[logor]* - *m.* camp

локал *[lokal]* - *m.* 1.premises, 2.restaurant, bar

ломити *[lomiti]* - *v.* to break

лонац *[lonats]* - *m.* pot

лопата *[lopata]* - *f.* shovel

лопов *[lopov]* - *m.* thief

лопта *[lopta]* - *f.* 1.ball, 2.sphere

лош *[loʃ]* - *a.* 1.bad, 2.evil

лов *[lov]* - *m.* 1.hunt, hunting, 2.chase

ловац *[lovats]* - *m.* 1.hunter, 2.fighter plane, 3.bishop

ловити *[loviti]* - *v.* 1.to hunt, 2.to chase

лубеница *[lubenitsa]* - *f.* watermelon

луд *[lud]* - *a.* 1.insane, mad, 2.foolish, naive, 3.wild

лудак *[luduk]* - *m.* madman

лудило *[ludilo]* - *n.* insanity, madness

лук *[luk]* - *m.* 1.onion, 2.arc, 3.arch, 4.bow

лука *[luka]* - *f.* harbor, port

лула *[lula]* - *f.* pipe
лупа *[lupa]* - *f.* magnifying glass
лупати *[lupati]* - *v.* 1.to bang, 2,to knock
лупити *[lupiti]* - *v.* to hit
лутати *[lutati]* - *v.* to wander
лутка *[lutka]* - *f.* 1.doll, 2.puppet, 3.dummy
лутрија *[lutrija]* - *f.* lottery

Љ

љага *[ljaga]* - *f.* blemish

љигав *[ljigav]* - *a.* slimy

љубак *[ljubak]* - *a.* cute, charming

љубав *[ljubav]* - *f.* 1.love, 2.passion

љубавник *[ljubavnik]* - *m.* lover

љубазан *[ljubazan]* - *a.* kind, friendly

љубимац *[ljubimats]* - *m.* 1.pet, 2.idol

љубитељ *[ljubitelj]* - *m.* 1.lover, 2.fan

љубити *[ljubiti]* - *v.* 1.to love, 2.to kiss

љубомора *[ljubomora]* - *f.* jealousy

љубоморан *[ljubomoran]* - *a.* 1.jealous, 2.envious

љубопитљив *[ljubopitljiv]* - *a.* curious

људи *[ljudi]* - *m.* 1.men and women *(pl)*, 2.people *(pl)*

људски *[ljudski]* - *a.* 1.of people, 2.gentle, 3.decent; *adv.* properly

људство *[ljudstvo]* - *n.* 1.staff, personnel, 2.crowd

љуљашка *[ljuljaʃska]* - *f.* swing

љуљати *[ljuljati]* - *v.* to swing

љупкост *[ljupkost]* - *f.* grace, charm

љуска *[ljuska]* - *f.* shell

љуска *[ljuska]* - *f.* shell

љуштити *[ljuštiti]* - *v.* to peel

љут *[ljut]* - *a.* 1.angry, cross, 2.hot, spicy, 3.severe, 4.sharp, 5.fierce

љутити *[ljutiti]* - *v.* to anger, 2.to become angry

љуто *[ljuto]* - *adv.* 1.hot, spicy, 2.badly

М

мач *[matʃ]* - *m.* sword

мачка *[matʃka]* - *f.* cat

мада *[mada]* - *conj.* though, although

магла *[magla]* - *f.* fog

махати *[mahati]* - *v.* to wave

мај *[maj]* - *m.* May

мајка *[majka]* - *f.* mother

мајстор *[majstor]* - *m.* 1.skilled worker, 2.great artist

маказе *[makaze]* - *f.* scissors *(pl)*

макнути *[maknuti]* - *v.* 1.to move, 2.to displace

маљ *[malj]* - *a.* 1.small, 2.little, tiny

мало *[malo]* - *adv.* 1.little, few, 2.somewhat

мањина *[manjina]* - *f.* minority

марама *[marama]* - *f.* scarf

марамица *[maramica]* - *f.* handkerchief

марка *[marka]* - *f.* 1.stamp, 2.brand

март *[mart]* - *m.* March

маска *[maska]* - *f.* mask

маслина *[maslina]* - *f.* 1.olive, 2.olive tree

маст *[mast]* - *f.* 1.lard, 2.fat, grease

мастило *[mastilo]* - *n.* 1.ink, 2.dye

мазити *[maziti]* - *v.* 1.to caress, 2.to spoil

мед *[med]* - *m.* honey

медвед *[medved]* - *m.* bear

међу *[medju]* - *prep.* between

међутим *[medjutim]* - *adv.* in the meantime, meanwhile

мек *[mek]* - *a.* 1.soft, 2.tender

мењати *[menjati]* - *v.* 1.to change, 2.to exchange

мера *[mera]* - *f.* 1.measure, 2.rate, 3.size

мерити *[meriti]* - *v.* 1.to measure, 2.to take size

месар *[mwesar]* - *m.* butcher

месец *[mesec]* - *m.* moon

месо *[meso]* - *n.* 1.meat, 2.flesh

место *[mesto]* - *n.* 1.place, spot, 2.employment; *prep.* instead of

мета *[meta]* - *f.* target, aim

метар *[metar]* - *m.* meter

метла *[metla]* - *f.* broom

милети *[mileti]* - *v.* to crawl

милост *[milost]* - *f.* mercy, grace

мир *[mir]* - *m.* 1.peace, 2.silence, 3.tranquility

миран *[miran]* - *a.* 1.still, 2.quiet, 3.calm

мирис *[miris] - m.* scent, odor, smell
мисао *[misao] - f.* thought
мислити *[misliti] - v.* 1.to think, 2.to mean
миш *[miſ] - m.* mouse
мишић *[miſitj] - m.* muscle
млад *[mlad] - a.* 1.young, 2.new
младост *[mladost] - f.* youth
млеко *[mleko] - n.* milk
млети *[mleti] - v.* to grind
многи *[mnogi] - a.* many
много *[mnogo] - adv.* plenty, a lot of
множити *[mnozjiti] - v.* to multiply
моћ *[motj] - f.* 1.power, 2.might
могућност *[mogutjnost] - f.* possibility
мокар *[mokar] - a.* 1.wet, 2.soaked
молба *[molba] - f.* 1.request, 2.application, 3.petition
молити *[moliti] - v.* 1.to request, 2.to beg, 3.to pray
морати *[morati] - v.* must, have to
море *[more] - n.* sea
морнар *[mornar] m.* sailor
морнарица *[mornaritsa] - f.* navy
мост *[most] - m.* bridge
мозак *[mozak] - m.* brain

можда *[mozjda]* - *adv*. 1.perhaps, 2.probably

мрав *[mrav]* - *m*. ant

мраз *[mraz]* - *m*. frost

мрва *[mrva]* - *f*. crumb of bread

мучити *[mutʃiti]* - *v*. to torture

мука *[muka]* - *f*. nausea

муња *[munja]* - *f*. lightning

муж *[muzj]* - *m*. husband

мужјак *[muzjak]* - *m*. male

Н

на *[na]* - *prep.* 1.on, upon, 2.in, 3.at, 4.to, into, 5.by

набавити *[nabaviti]* - *v.* 1.to get, 2.to procure

набити *[nabiti]* - *v.* 1.to load, charge (weapon), 2.to stuff

нацртати *[natsrtati]* - *v.* 1.to draw, to draft

начелник *[natʃelnik]* - *m.* director

начин *[natʃin]* - *m.* 1.manner, 2.way, 3.made

наћи *[natji]* - *v.* to find

над *[nad]* - *prep.* 1.above, 2.over

нада *[nada]* - *f.* hope

надгледати *[nadgledati]* - *v.* to supervise

надлежност *[nadlezjnost]* - *f.* 1.authority, 2.competance

надмашити *[nadmaʃiti]* - *v.* to surpass, excel

надмоћ *[nadmotj]* - *f.* superiority

надморски *[nadmorski]* - *a.* above sea level

надница *[nadnitsa]* - *f.* wages *(pl)*

наг *[nag]* - *a.* naked, nude

нагао *[nagao]* - *a.* 1.sudden, 2.short-tempered

нагиб *[nagib]* - *m.* slope

нагласак *[naglasak]* - *m.* 1.accentm, 2.emphasis

нагодба *[nagodba]* - *f.* 1.agreement, 2.settlement

нагон *[nagon]* - *m.* 1.drive, 2.instinct

награда *[nagrada]* - *f.* 1.reward, 2.prize

нахлада *[nahlada]* - *f.* cold

нахранити *[nahraniti]* - *v.* to feed

наиме *[naime]* - *adv.* namely

наиван *[naivan]* - *a.* naive

најавити *[najaviti]* - *v.* to announce

накит *[nakit]* - *m.* jewels *(pl)*

накнада *[naknada]* - *f.* compensation

накнадно *[naknadno]* - *adv.* additionally

након *[nakon]* - *prep.* 1.after, 2.then

налог *[nalog]* - *m.* order, command

намера *[namera]* - *f.* intention

намерно *[namerno]* - *adv.* intentionally, on purpose

наново *[nanovo]* - *adv.* again

наочари *[naotʃari]* - *m.* eyeglasses

напад *[napad]* - *m.* 1.attack, 2.assault

напитак *[napitak]* - *m.* drink, beverage

напокон *[napokon]* - *adv.* 1.finally, at last, 2.in the end

напоље *[napolje]* - *adv.* 1.out, 2.outside

напомена *[napomena]* - *f.* remark

напор *[napor]* - *m.* effort

направити *[napraviti]* - *v.* 1.to make, 2.to construct, 3.to manufacture

напред *[napred]* - *adv.* 1.forward, 2.in front of

напредак *[napredak]* - *m.* progress, improvement

напротив *[naprotiv]* - *adv.* on the contrary

напунити *[napuniti]* - *v.* to fill

напустити *[napustiti]* - *v.* 1.to abandon, 2.to leave

народ *[narod]* - *m.* 1.people, 2.nation

наруквица *[narukvitsa]* - *f.* bracelet

насеље *[naselje]* - *n.* settlement, colony

насиље *[nasilje]* - *n.* violence

наследство *[nasledstvo]* - *n.* inheritance

наслов *[naslov]* - *m.* 1.title, 2.address

настава *[nastava]* - *f.* instruction

наставити *[nastaviti]* - *v.* to continue

наш *[naʃ]* - *pron.* our, ours

натпис *[natpis]* - *m.* 1.sign, 2.title

натраг *[natrag]* - *adv.* backwards

научити *[nautʃiti]* - *v.* 1.to teach, 2.to learn

наука *[nauka]* - *f.* science

назад *[nazad]* - *adv.* back

не *[ne]* - *adv.* no

небо *[nebo]* - *n.* sky

нећак *[netjak]* - *m.* nephew

недеља *[nedelja]* - *f.* 1.Sunday, 2.week

нега *[nega]* - *f.* 1.care, 2.nursing

него *[nego]* - *adv.* 1.but, 2.than

некад *[nekad]* - *adv.* 1.once, 2.formerly

неко *[neko]* - *pron.* somebody 2.anybody, anyone

неколико *[nekoliko]* - *pron.* some, several, a few

некуд *[nekud]* - *adv.* somewhere

нем *[nem]* - *a.* dumb

немир *[nemir]* - *m.* 1.anxiety, 2.commotion

необичан *[neobitʃan]* - *a.* unusual

непогода *[nepogoda]* - *f.* storm

непознат *[nepoznat]* - *a.* strange, unknown

непријатељ *[neprijatelj]* - *m.* enemy

нерадо *[nerado]* - *adv.* reluctantly

неред *[nered]* - *m.* 1.disorder, 2.riot

нерв *[nerv]* - *m.* nerve

нервозан *[nervozan]* - *a.* nervous

несрећа *[nesretja]* - *f.* 1.misfortune, 2.bad luck, 3.disaster, 4.accident

нестати *[nestati]* - *v.* to vanish, disappear

несвест *[nesvest]* - *f.* loss of consciousness

нешто *[neʃto]* - *pron.* 1.something, 2.some, 3.any

невеста *[nevesta]* *f.* bride

невин *[nevin]* - *a.* innocent

нигде *[nigde]* - *adv.* nowhere

никад *[nikad]* - *adv.* never

нико *[niko]* - *pron.* nobody

никуд *[nikud]* - *adv.* nowhere

ниско *[nisko]* - *adv.* low

ништа *[niʃta]* - *pron.* nothing

ниво *[nivo]* - *m.* level

ноћ *[notj]* - *f.* night

нога *[noga]* - *f.* 1.leg, 2.foot

нокат *[nokat]* - *m.* (finger) nail

нос *[nos]* - *m.* nose

нов *[nov]* - *a.* new

новац *[novats]* - *m.* 1.money, 2.currency

новчаница *[novtʃanitsa]* - *f.* bill, banknote

новчаник *[novtʃanik]* - *m.* wallet

новембар *[novembar]* - *m.* November

новина *[novina]* - *f.* 1.newspaper *(pl)*, 2.novelty

новинар *[novinar]* - *m.* journalist

ново *[novo]* - *adv.* new(ly)

нож *[nozj]* - *m.* knife

Њ

његов *[njegov]* - *pron.* his
њен *[njen]* - *pron.* hers, her
њихов *[njihov]* - *pron.* their, theirs
њива *[njiva]* - *f.* field
њух *[njuh]* - *m.* 1.smell, sense of smell, 2.sniff

O

обала *[obala]* - *f.* 1.coast, shore, 2.bank (river)

обавест *[obavest]* - *f.* 1.information, 2.notice, notification

обавестити *[obavestiti]* - *v.* to inform

обавеза *[obaveza]* - *f.* obligation

обављати *[obavljati]* - *v.* to perform

обе *[obe]* - *a.* both

обећање *[obetjanje]* - *n.* promise

обесити *[obesiti]* - *v.* to hang

обичај *[obitʃaj]* - *m.* custom

обичан *[obitʃan]* - *a.* 1.usual, 2.common

обитељ *[obitelj]* - *f.* family

објаснити *[objasniti]* - *v.* to explain

објект *[objekt]* - *m.* object

облачан *[oblatʃan]* - *a.* cloudy

облачити *[oblatʃiti]* - *v.* 1.to dress, 2.to become clouded

облак *[oblak]* - *m.* cloud

облик *[oblik]* - *m.* shape

обојити *[obojiti]* - *v.* 1.to paint, 2.to dye

образ *[obraz]* - *m.* cheek

образац *[obrazats]* - *m.* form

обријати *[obrijati]* - *v.* to shave

обрнут *[obrnut]* - *a.* 1.reversed, 2.opposite

оброк *[obrok]* - *m.* meal

обртај *[obrtaj]* - *m.* 1.revolution, 2.rotation

обртати *[obrtati]* - *v.* to rotate

обрва *[obrva]* - *f.* eyebrow

обука *[obuka]* - *f.* training

оцедити *[otsediti]* - *v.* to drain

оценити *[otseniti]* - *v.* 1.to judge, 2.to appraise, estimate, 3.to review

очух *[otʃuh]* - *m.* stepfather

одакле *[odakle]* - *adv.* from where

одати *[odati]* - *v.* to betray

одавно *[odavno]* - *adv.* long ago

одбити *[odbiti]* - *v.* 1.to refuse, 2.to reject

одбор *[odbor]* - *m.* 1.committee, 2.board

одбрана *[odbrana]* - *f.* defense

одећа *[odetja]* - *f.* clothes

одело *[odelo]* - *m.* suit

одговор *[odgovor]* - *m.* answer, reply

одговорити *[odgovoriti]* - *v.* to answer, reply

одлазак *[odlazak]* - *m.* departure

одличан *[odlitʃan]* - *a.* excellent

одлука *[odluka]* - *f.* decision

одмах *[odmah]* - *adv.* at once, immediately

одмор *[odmor]* - *m.* 1.rest, 2.recess, break, 3.holiday

однети *[odneti]* - *v.* to take away

одсек *[odsek]* - *m.* department, section

одсутан *[odsutan]* - *a.* absent

одустати *[odustati]* - *v.* to give up

одувек *[oduvek]* - *adv.* always

официр *[oficir]* - *m.* army officer

оглас *[oglas]* - *m.* 1.notice, 2.poster, 3.advertisement

огледало *[ogledalo]* - *n.* mirror

ограда *[ograda]* - *f.* 1.fence, 2.hedge

огрев *[ogrev]* - *m.* fuel

огрлица *[ogrlitsu]* - *f.* necklace

огроман *[ogroman]* - *a.* huge, enormous

океан *[okean]* - *m.* ocean

око *[oko]* - *n.* eye; *prep.* round, round about

околина *[okolina]* - 1. neighborhood, 2.environment

окривити *[okriviti]* - *v.* to accuse

округао *[okrugao]* - *a*. round
октобар *[oktobar]* - *m*. October
оловка *[olovka]* - *f*. pencil
олуја *[oluja]* - *f*. storm
омиљен *[omiljen]* - *a*. favorite
омладина *[omladina]* - *f*. youth
он *[on]* - *pron*. he
онда *[onda]* - *adv*. 1.then, 2.at that time
онде *[onde]* - *adv*. there
оно *[ono]* - *pron*. 1.it, 2.that
опасан *[opasan]* - *a*. dangerous
опасач *[opasatʃ]* - *m*. belt
опасност *[opasnost]* - *f*. danger
опет *[opet]* - *adv*. again
опис *[opis]* - *m*. description
опомена *[opomena]* - *f*. warning
опрати *[oprati]* - *v*. to wash
опрема *[oprema]* - *f*. 1.outfit, 2.equipment
опрезан *[oprezan]* - *a*. cautious
опростити *[oprostiti]* - *v*. 1.to forgive, pardon, 2.to say farewell, good-bye
опсада *[opsada]* - *f*. siege
оптужба *[optuzjba]* - *f*. 1.charge, 2.accusation

орао *[orao]* - *m.* eagle

оружје *[oruzjje]* - *n.* arms

осећај *[osetjaj]* - *m.* 1.feeling, 2.sense

осећати *[osetjati]* - *v.* to feel

ослободити *[oslobuditi]* - *v.* 1.to liberate, 2.to release

осмех *[osmeh]* - *m.* smile

оснивач *[osnivatʃ]* - *m.* founder

основ *[osnov]* - *m.* 1.foundation, 2.elements, 3.basis

особа *[osoba]* - *f.* 1.person, 2.individual

особље *[osoblje]* - *n.* staff, personnel

остатак *[ostatak]* - *m.* rest, remainder

острво *[ostrvo]* - *n.* island

осуда *[osuda]* - *f.* sentence, verdict

освета *[osveta]* - *f.* revenge

оштар *[oʃtar]* - *a.* 1.sharp, 2.severe

отац *[otats]* - *m.* father

отићи *[otitji]* - *v.* 1.go away, depart

отприлике *[otprilike]* - *adv.* approximately

отпустити *[otpustiti]* - *v.* to fire, dismiss

отров *[otrov]* - *m.* poison

отуд *[otud]* - *adv.* 1.therefrom, 2.there

отвор *[otvor]* - *m.* opening

отворен *[otvoren]* - *a.* 1.open(ed), 2.outspoken

овакав *[ovakav]* - *a.* such

овамо *[ovamo]* - *adv.* here

овластити *[ovlastiti]* - *v.* to authorize

ово *[ovo]* - *pron.* this

овуда *[ovuda]* - *adv.* this way

озледа *[ozleda]* - *f.* injury

ознака *[oznaka]* - *f.* 1.sign, 2.label

оженити *[ozjeniti]* - *v.* to marry

оживети *[ozjiveti]* - *v.* to revive

П

па *[pa]* - *conj.* 1.and, also, 2.again, 3. well

пацов *[patsov]* - *m.* rat

пад *[pad]* - *m.* fall, downfall

падина *[padina]* - *f.* slope

пак *[pak]* - *conj.* and, *adv.* 1.then, 2.on the contrary

пакао *[pakao]* - *m.* hell

паковати *[pakovati]* - *v.* to pack

палац *[palats]* - *m.* thumb

палити *[paliti]* - *v.* 1.to burn, 2.to set on fire, 3.to fire (shoot)

памћење *[pamtjenje]* - *n.* memory

паметан *[pametan]* - *a.* 1.intelligent, 2.clever

памтити *[pamtiti]* - *v.* to remember, memorize

памук *[pamuk]* - *m.* cotton

паника *[panika]* - *f.* panic

папир *[papir]* - *m.* paper

паприка *[paprika]* - *f.* pepper, paprika

папуча *[paputʃa]* - *f.* slipper

пар *[par]* - *m.* 1.pair, couple, 2.equal to

пара *[para] - f.* 1.money *(pl)*, 2.steam
парче *[partʃe] - n.* bit
пас *[pas] - m.* 1.dog, 2.waist
пасош *[pasoʃ] - m.* passport
пасуљ *[pasulj] - m.* beans
патка *[patka] - f.* duck
паук *[pauk] - m.* spider
пазити *[paziti] - v.* 1.to pay attention, 2.to take care,
  3.to watch
печурка *[petʃurka] - f.* mushroom
пегла *[pegla] - f.* iron
пекар *[pekar] - m.* baker
пензија *[penzija] - f.* pension
пепео *[pepeo] - m.* ashes
пепељара *[pepeljara] - f.* ashtray
перо *[pero] - n.* feather
песак *[pesak] - m.* sand
песница *[pesnitsa] - f.* fist
пешак *[peʃak] - m.* 1.pedestrian, 2.infantryman
пета *[peta] - f.* heel
петак *[petak] - m.* Friday
певач *[pevatʃ] - m.* singer
пиће *[pitje] - n.* 1.drink, 2.liquor

пипати *[pipati]* - *v.* 1.to touch, 2.to feel

пиринач *[pirinat∫]* - *m.* rice

писац *[pisats]* - *m.* writer, author

писати *[pisati]* - *v.* to write

писмо *[pismo]* - *n.* letter

питати *[pitati]* - *v.* to ask

пити *[piti]* - *v.* to drink

пиво *[pivo]* - *n.* beer, ale

пламен *[plamen]* - *m.* flame

план *[plan]* - *m.* 1.plan, 2.project

планина *[planina]* - *f.* mountain

плашити *[pla∫iti]* - *v.* to frighten, scare

платно *[platno]* - *n.* linen

плав *[plav]* - *a.* 1.blue, 2.blonde, hair

плажа *[plazja]* - *f.* beach

племе *[pleme]* - *n.* tribe

плес *[ples]* - *m.* dance

плитак *[plitak]* - *a.* shallow

пливати *[plivati]* - *v.* to swim

по *[po]* *prep.* 1.about, 2.at, by, 3.on, upon, 4.according to

победа *[pobeda]* - *f.* victory

побећи *[pobetji]* - *v.* 1.to run away, 2.to flee, escape

победити *[pobediti]* - *v.* to win, defeat

побити *[pobiti]* - *v.* to kill to the last

побољшати *[poboljʃati]* - *v.* to improve

побуна *[pobuna]* - *f.* 1.rebellion, 2.revolt

поцепати *[potsepati]* - *v.* to tear

почетак *[potʃetak]* - *m.* 1.beginning, start, 2.origin

почети *[potʃeti]* - *v.* to begin, start

почистити *[potʃistiti]* - *v.* to clean up

под *[pod]* - *m.* floor; *prep.* 1.under, 2.below

податак *[podatak]* - *m.* piece of information

подићи *[poditji]* - *v.* 1.to lift, 2.to raise

подједнако *[podjednako]* - *adv.* equally

подне *[podne]* - *n.* noon

поднети *[podneti]* - *v.* 1.to bear, tolerate, 2.to submit

подручје *[podrutʃje]* - *n.* 1.territory, 2.jurisdiction

подршка *[podrʃka]* - *f.* support

подрум *[podrum]* - *m.* cellar, basement

подсетити *[podsetiti]* - *v.* to remind

подухват *[poduhvat]* - *m.* undertaking

подвалити *[podvaliti]* - *v.* to deceive, trick

подвиг *[podvig]* - *m.* deed

погинути *[poginuti]* - *v.* to be killed by accident

поглед *[pogled]*   *m.* 1.look, 2.glance, 3.view

погодити *[pogoditi]* - *v.* 1.to guess, 2.to hit, 3.to agree, come to term

погреб *[pogreb]* - *m.* funeral

погрешан *[pogrešan]* - *a.* wrong

похађати *[pohadjati]* - *v.* to attend

похлепа *[pohlepa]* - *f.* greed

појачати *[pojačati]* - *v.* 1.to strenghten, 2.to intensify

појава *[pojava]* - *f.* 1.phenomenon, 2.occurence

појести *[pojesti]* - *v.* to eat up

покајати *[pokajati]* - *v.* to regret

показати *[pokazati]* - *v.* 1.to show, 2.to demonstrate

показивач *[pokazivač]* - *m.* 1.demonstrator, 2.exhibitor, 3.indicator

покрај *[pokraj]* - *prep.* 1.beside, 2.by

покрајина *[pokrajina]* - *f.* province

покрст *[pokret]* - *m.* 1.movement, 2.gesture

покривач *[pokrivač]* - *m.* 1.cover, 2.blanket

покупити *[pokupiti]* - *v.* 1.to collect, 2.to gather

покварен *[pokvaren]* - *a.* 1.spoiled, 2.corrupt

пола *[pola]* - *a. & n.* half

полако *[polako]* - *adv.* slowly

полазак *[polazak]* - *m.* departure

полица *[politsa]* - *f.* shelf
полиција *[politsija]* - *f.* police
поломити *[polomiti]* - *v.* to break
полуострво *[poluostrvo]* - *n.* peninsula
пољана *[poljana]* - *f.* field
поље *[polje]* - *n.* field
пољубац *[poljubats]* - *m.* kiss
помаћи *[pomatji]* - *v.* to move
помешати *[pome∫ati]* - *v.* to mix, blend
помножити *[pomnozjiti]* - *v.* to multiply
помоћ *[pomotj]* - *f.* help, aid, assistance
помоћи *[pomotji]* - *v.* to help, assist, aid
понеки *[poneki]* - *a.* some
поноћ *[ponotj]* - *f.* midnight
понос *[ponos]* - *m.* pride
понуда *[ponuda]* - *f.* offer
поп *[pop]* - *m.* priest
попис *[popis]* - *m.* 1.list, 2.inventory, 3.census
попити *[popiti]* - *v.* to drink out
поподне *[popodne]* - *n.* afternoon
поправак *[popravak]* - *m.* 1.repair, 2.correction
пораст *[porast]* - *m.* 1.increase, 2.growth
пораз *[poraz]* - *m.* defeat

поред *[pored]* prep. beside
поредити *[porediti]* - v. to compare
порез *[porez]* - m. tax
породица *[poroditsa]* - f. family
поручник *[porutʃnik]* - m. lieutenant

Р

рачун *[ratʃun] - m.* 1.account, 2.bill, 3.calculation

рачунати *[ratʃunati] - v.* 1.to calculate, 2.to consider

рад *[rad] - m.* 1.work, 2.labor

ради *[radi] - prep.* because of

радионица *[radionitsa] - m.* workshop

радити *[raditi] - v.* to work

радник *[radnik] - m.* 1.worker, 2.laborer

радња *[radnja] - f.* 1.work, operation, 2.action, 3.shop

радост *[radost] - f.* joy

рађати *[radjati] - v.* to give birth, deliver

рај *[raj] - m.* paradise

рам *[ram] - m.* frame

раме *[rame] - n.* shoulder

рана *[rana] - f.* wound

рано *[rano] - adv.* early

раскршће *[raskrʃtje] - n.* cross-road(s)

респоред *[raspored] - m.* 1.arrangement, 2.program, 3.plan

расправа *[rasprava] - f.* 1.debate, discussion, 2.trial, 3.hearing

распуст *[raspust]* - *m.* 1.holiday, 2.vacation

раст *[rast]* - *m.* growth

расти *[rasti]* - *v.* 1.to grow, 2.to rise

растојање *[rastojunje]* - *n.* distance

рат *[rat]* - *m.* war

ратник *[rutnik]* - *m.* 1.fighter, 2.warrior

раван *[ravan]* - *f.* 1.plane, 2.plateau; *a.* 1.level, 2.even, 3.flat, 4.straight

равно *[ravno]* - *adv.* 1.straight, 2.exactly

равнодушност *[ravnoduʃnost]* - *f.* indifference

равноправност *[ravnopravnost]* - *f.* equality

равнотжа *[ravnotezja]* - *f.* balance, equilibrium

разбити *[razbiti]* - *v.* 1.to break, 2.to smash

разбојник *[razbojnik]* - *m.* robber

раздаљина *[razdaljina]* - *f.* distance

раздвојити *[razdvojiti]* - *v.* to separate

разговор *[razgovor]* - *m.* conversation

различит *[razlitʃit]* - *a.* different

разлика *[razlika]* - *f.* 1.difference, 2.distinction

разлог *[razlog]* - *m.* 1.reason, 2.motive

разломак *[razlomak]* - *m.* fraction

размак *[razmak]* - *m.* 1.distance, 2.interspace, 3.interval

размена *[razmena]* - *f.* exchange, swap

размислити [*razmisliti*] - *v*. 1.to think over, 2.to consider

разочарање [*razotʃaranje*] - *n*. disappointment

разред [*razred*] - *m*. 1.class, 2.classroom

разум [*razum*] - *m*. 1.sense, reason, 2.intellect

разумети [*razumeti*] - *v*. 1.to understand, 2.to comprehend

развитак [*razvitak*] - *m*. 1.development, 2.evolution, 3.growth

рђа [*rdja*] - *f*. rust

рђав [*rdjav*] - *a*. bad

рецепт [*retsept*] - *m*. 1.recipe, 2.prescription

реч [*retʃ*] - *f*. 1.word, 2.promise

реченица [*retʃenitsa*] - *f*. sentence

речник [*retʃnik*] - *m*. 1.dictionary, 2.vocabulary, 3.glossary

рећи [*retji*] - *v*. to say

ред [*red*] - *m*. 1.order, 2.row, 3.file, 4.line

редак [*redak*] - *a*. 1.rare, 2.thin; *m*. line

редакција [*redaktsija*] - *f*. 1.editorial staff, 2.editorial office

редовно [*redovno*] - *adv*. regularly

регистар [*registar*] - *m*. register, file

река [*reka*] - *f*. river

религија *[religija]* - *f.* religion
реп *[rep]* - *m.* 1.tail, 2. queue
решен *[reʃen]* - a. 1.solved, 2.decided
решење *[reʃenje]* - *f.* 1.solution, 2.decision
рез *[rez]* - *m.* cut
резултат *[rezultat]* - *m.* result, outcome
риба *[riba]* - *f.* fish
рибар *[ribar]* - *m.* fisherman
риболов *[ribolov]* - *m.* fishing
ризик *[rizik]* - *m.* 1.risk, 2.hazard
роб *[rob]* - *m.* slave
роба *[roba]* - *f.* 1.goods *(pl)*, 2.merchandise
род *[rod]* - *m.* 1.sex, 2.gender, 3.relative
рођендан *[rodjendan]* - *m.* birthday
рог *[rog]* - *m.* horn
рок *[rok]* - *m.* 1.term, 2.period (deadline)
ронити *[roniti]* - *v.* to swim underwater, dive
роса *[rosa]* - *f.* dew
ров *[rov]* - *m.* trench
руб *[rub]* - *m.* 1.margin, 2.border
ручак *[rutʃak]* - *m.* lunch
ручка *[rutʃka]* - *m.* handle, lever
рудар *[rudar]* - *m.* miner

рудник *[rudnik] - m.* mine

рука *[ruka] - f.* 1.hand, 2.list, 3.arm

рукавица *[rukavitsa] - f.* glove

рупа *[rupa] - f.* 1.hole, 2.pit

рушити *[ruʃiti] - v.* 1.to destroy, 2.to demolish, tear down

ружа *[ruzja] - f.* rose

ружан *[ruzjan] - a.* 1.ugly, 2.nasty, 3.dishonest, 4.obscene

С

с, са *[s, sa]* - *prep.* with, together with

сабијен *[subijen]* - *a.* 1.compressed, condensed

сачекати *[satʃekati]* - *v.* to wait for, await

сачинити *[satʃiniti]* - *v.* to compose

сачувати *[satʃuvati]* - *v.* 1.to preserve, 2.to keep

сад *[sad]* - *a.* now, this moment

садашњи *[sadaʃnji]* - *a.* present

садити *[saditi]* - *v.* to plant

садржај *[sadrzjaj]* - *m.* 1.contents, content, 2.matter

саградити *[sagraditi]* - *v.* to build, construct

сахрана *[sahrana]* - *f.* 1.burial, 2.funeral

сакрити *[sakriti]* - *v.* to hide

сала *[sala]* - *f.* hall

сам *[sam]* - *a.* 1.alone, 2.sole

самац *[sumats]* - *m.* bachelor, single man

само *[samo]* - *adv.* 1.only, 2.just, 3.merely

самоћа *[samotja]* - *f.* solitude

самоодбрана *[samoodbrana]* - *f.* self-defense

самосталан *[samostalan]* - *a.* independent

сањати *[sanjati]* - *v.* to dream

саобраħај *[saobratjaj]* - *m.* traffic

сапун *[sapun]* - *m.* soap

сарадник *[saradnik]* - *m.* associate

састанак *[sastanak]* - *m.* meeting

састав *[sastav]* - *m.* 1.structure, 2.composition, 2.essay

саставити *[sastaviti]* - *v.* to join

састојак *[sastojak]* - *m.* 1.ingredient, constituent, 2.element

сасвим *[sasvim]* - *adv.* 1.completely, 2.entirely

сат *[sat]* - *m.* 1.watch, 2.clock, 3.hour

сав *[sav]* - *a.* 1.all, 2.whole, 3.complete

савест *[savest]* - *f.* conscience

савет *[savet]* - *m.* 1.advice, counsel, 2.council

саветник *[savetnik]* - *m.* adviser, counsellor

савез *[savez]* - *m.* alliance, coalition

савити *[saviti]* - *v.* 1.to bend, 2.to fold

савршен *[savrʃen]* - *a.* perfect

сеħати *[setjati]* - *v.* to remember, recall

седам *[sedam]* - *num.* seven

седамнаест *[sedamnaest]* - *num.* seventeen

седети *[sedeti]* - *v.* to sit

седиште *[sediʃte]* - *n.* 1.seat, 2.residence

село *[selo]* - *n.* village

сенка *[senka]* - *f.* shadow

септембар *[septembar]* - *m.* September

сестра *[sestra]* - *f.* sister

север *[sever]* - *m.* North

сићи *[sitji]* - *v.* 1.to descend, 2.to get off

сигуран *[siguran]* - *a.* 1.sure, 2.safe, 3.certain

сијалица *[sijalitsa]* - *f.* bulb (electric)

сила *[sila]* - *f.* 1.power, 2.force, 3.violence

силом *[silom]* - *adv.* by force

син *[sin]* - *m.* son

сипати *[sipati]* - *v.* to pour

сир *[sir]* - *m.* cheese

сиротиња *[sirotinja]* - *f.* 1.poverty, 2.the poor

ситан *[sitan]* - *a.* tiny

ситуација *[situatsija]* - *f.* 1.situation, 2.circumstance

сив *[siv]* - *a.* gray

склон *[sklon]* - *a.* 1.inclined to, 2.addicted

склониште *[skloniʃte]* - *n.* 1.shelter, 2.refuge

скок *[skok]* - *m.* jump

скоро *[skoro]* - *adv.* 1.soon, 2.recently, 3.nearly

скривен *[skriven]* - *a.* hidden

скроман *[skroman]* - *a.* modest, humble

скуп *[skup]* - *a.* expensive

слаб *[slab]* - *a.* 1.weak, 2.delicate

сладак *[sladak]* - *a.* sweet

сладолед *[sladoled]* - *m.* ice-cream

сламка *[slamka]* - *f.* straw

слан *[slan]* - *a.* salted

слати *[slati]* - *v.* to send

слава *[slava]* - *f.* 1.glory, fame, 2.Serbian family feast

славан *[slavan]* - *a.* famous, glorious

славина *[slavina]* - *f.* tap, faucet

следећи *[sledetji]* - *a.* next

слеп *[slep]* - *a.* blind

слика *[slika]* - *f.* 1.picture, 2.painting, 3.photograph

слобода *[sloboda]* - *f.* freedom, liberty

слон *[slon]* - *m.* elephant

слово *[slovo]* - *n.* letter, character

случај *[slutʃaj]* - *m.* 1.case, 2.chance, 3.accident

слух *[sluh]* - *m.* hearing

слушати *[sluʃati]* - *v.* 1.to listen, 2.to obey

служба *[sluzjba]* - *f.* 1.service, 2.job, 3.employment

службеник *[sluzjbenik]* - *m.* 1.clerk, 2.employee

смањити *[smanjiti]* - v. 1.to diminish, 2.to reduce, 3.to decrease

сматрати *[smatrati]* - v. to consider

смејати *[smejati]* - v. to laugh

смех *[smeh]* - m. laughter

смер *[smer]* - m. 1.direction, way, 2.course

смеса *[smesa]* - f. mixture, 2.composition

сместа *[smesta]* - adv. at once, immediately

сместити *[smestiti]* - v. 1.to place, 2.to accomodate, lodge, 3.to locate

смешан *[smeʃan]* - a. 1.funny, 2.ridiculous

сметати *[smetati]* - v. 1.to bother, 2.to disturb, 3.to obstruct

сметња *[smetnja]* - f. 1.disturbance, hindrance, 2.difficulty

смисао *[smisao]* - m. 1.sense, 2.meaning

смислити *[smisliti]* - v. 1.to conceive, think out, 2.to devise

смоква *[smokva]* - f. fig

смрт *[smrt]* - f. death

смрзнути *[smrznuti]* - v. to freeze

снабдети *[snabdeti]* - v. 1.to supply, 2.to provide

снага *[snaga]* - f. 1.strength, 2.power, 3.force

снажно *[snazjno]* - adv. 1.strongly, 2.vigorously

снег *[sneg]* - *m.* snow

снимити *[snimiti]* - *v.* 1.to photograph, 2.to film, 3.to record, register, 4.to X-ray

снизити *[sniziti]* - *v.* 1.to lower, 2.to reduce

со *[so]* - *f.* salt

соба *[soba]* - *f.* room

сок *[sok]* - *m.* juice

сомот *[somot]* - *m.* velvet

спас *[spas]* - *m.* 1.salvation, 2.rescue

спавати *[spavati]* - *v.* 1.to sleep, 2.to be asleep

спазити *[spaziti]* - *v.* 1.to notice, 2.to perceive

списак *[spisak]* - *m.* 1.list, 2.register

спој *[spoj]* - *m.* 1.connection, 2.junction, 3.combination

спојити *[spojiti]* - *v.* 1.to join, 2.to combine, 3.to connect

споља *[spolja]* - *adv.* 1.from the outside, 2.on the outside

споменик *[spomenik]* - *m.* 1.monument, 2.tombstone, gravestone, 3.manuscript

споменути *[spomenuti]* - *v.* to mention

спор *[spor]* - *m.* 1.conflict, 2.dispute, 3.controversy; *a.* slow

споразум *[sporazum]* - *m.* 1.agreement, 2.settlement

споредан *[sporedan]* - *a.* secondary

споро *[sporo]* - *adv.* slowly

способан *[sposoban]* - *a.* capable, able, 2.fit for

спрат *[sprat]* - *m.* floor, story

спреман *[spreman]* - *a.* 1.ready, 2.prepared

спречити *[spretʃiti]* - *v.* to prevent

спровод *[sprovod]* - *m.* funeral

спустити *[spustiti]* - *v.* 1.to lower, 2.to put down, 3. to descend

срам *[sram]* - *n.* shame

сразмеран *[srazmeran]* - *a.* proportional

срце *[srtse]* - *m.* hearth

сребро *[srebro]* - *n.* silver

срећа *[sretja]* - *f.* 1.happiness, 2.luck

среда *[sreda]* - *f.* Wednesday

средина *[sredina]* - *f.* 1.middle, 2.center, 3.environment

средство *[sredstvo]* - *n.* 1.means *(pl)*, 2.resources, funds *(pl)*

срез *[srez]* - *m.* district

сродство *[srdostvo]* - *n.* relationship, kinship

срушити *[sruʃiti]* - *v.* 1.to demolish, 2.to knock down

стабло *[stablo]* - *m.* 1.trunk (tree), 2.tree

стајати *[stajati]* - *v.* to stand

стакло *[staklo]* - *n.* glass

стан *[stan]* - *m.* apartment

станар *[stanar]* - *m.* 1.tenant, 2.lodger

станица *[stanitsa]* - *f.* station, stop

становати *[stanovati]* - *v.* to reside

становник *[stanovnik]* - *m.* inhabitant

становништво *[stanovni∫tvo]* - *n.* population

стање *[stanje]* - *n.* 1.state, condition, 2.situation

стар *[star]* - *a.* 1.old, aged, 2.ancient

стати *[stati]* - *v.* 1.to stand, 2.to stay, 3.to stop

став *[stav]* - *m.* 1.attitude, 2.position, 3.paragraph

ставити *[staviti]* - *v.* 1.to put, 2.to place

стаза *[staza]* - *f.* 1.path, trail, 2.track

стећи *[stetji]* - *v.* 1.to acquire, 2.to gain

стегнути *[stegnuti]* - *v.* to tighten

стена *[stena]* - *f.* rock

стићи *[stitji]* - *v.* 1.to arrive at, 2.to reach, 3.to catch up with

сто *[sto]* - *m.* 1.table, 2.desk, *num.* 3. hundred

стока *[stoka]* - *f.* cattle

столица *[stolitsa]* - *f.* chair

столњак *[stolnjak]* - *m.* table-cloth

стомак *[stomak]* - *m.* stomach

страх *[strah]* - *m.* 1.fear, 2.horror

стран *[stran]* - *a.* 1.strange, 2.foreign

страна *[strana]* - *f.* 1.side, 2.page

странац *[stranats]* - *m.* 1.stranger, 2.foreigner

странка *[stranka]* - *f.* party

страст *[strast]* - *f.* passion

страшан *[straʃan]* - *a.* 1.horrible, terrible, 2.awful, 3.strong, 4.great, 5.tremendous, terrific

стражар *[strazjar]* - *m.* 1.guard, watchman, 2.sentinel, sentry

стрела *[strela]* - *f.* arrow

стриц *[strits]* - *m.* uncle

стрина *[strina]* - *f.* aunt

стрм *[strm]* - *a.* steep

строг *[strog]* - *a.* 1.strict, 2.severe, rigorous

стручност *[strutʃnost]* - *f.* professional knowledge

стручњак *[strutʃnjak]* - *m.* specialist, expert

струја *[struja]* - *f.* 1.current, 2.electric current, electricity, 3.trend

струка *[struka]* - *f.* 1.profession, 2.field of specialization

стуб *[stub]* - *m.* 1.pillar, 2.post, 3.support

ствар *[stvar]* - *f.* 1.thing, 2.object

стваран *[stvaran]* - *a.* 1.real, 2.actual

стварати *[stvarati]* - *v.* to create

стварност *[stvarnost]* - *f.* reality

субјецт *[subject]* - *m.* subject

субота *[subota]* - *f.* Saturday

суд *[sud]* - *m.* 1.court, court of law, 2.judgement, 3.vessel

судар *[sudar]* - *m.* 1.crash, 2.collision

судбина *[sudbina]* - *f.* destiny, fate

суђе *[sudje]* - *n.* 1.dishes, 2.kitchen utensils

сукња *[suknja]* - *f.* skirt

сукоб *[sukob]* - *m.* conflict

сумња *[sumnja]* - *f.* suspicion, doubt

сумрак *[sumrak]* - *m.* dusk, twilight

сунце *[sunce]* - *m.* sun

сунчан *[suntʃan]* - *a.* 1.sunny, 2.solar

сунђер *[sundjer]* - *m.* sponge

супротан *[suprotan]* - *a.* opposite

супруг *[suprug]* - *m.* husband, spouse

супруга *[supruga]* - *f.* wife, spouse

сушити *[suʃiti]* - *v.* 1.to dry, 2.to smoke dry

суштина *[suʃtina]* - *f.* essence

сутра *[sutra]* - *adv.* tomorrow

сув *[suv]* - *a.* 1.dry, 2.thin, slim, 3.dull, 4.pure

сувише *[suviʃe]* - *adv.* 1.too much, 2.too many

суза *[suza]* - *f.* tear

свадба *[svadba]* - *f.* wedding

свађа *[svadja]* - *f.* 1.quarrel, 2.dispute

свакако *[svakako]* - *adv.* by all means

сваки *[svaki]* - *a. & pron.* 1.each, 2.everyone

свако *[svako]* - *pron.* everybody, everyone

све *[sve]* - *pron.* 1.everything, 2.all

свећа *[svetja]* - *f.* 1.candle, 2.candlepower

сведочанство *[svedotʃanstvo]* - *n.* 1.testimony, 2.certificate, diploma

сведок *[svedok]* - *m.* witness

свемир *[svemir]* - *m.* universe

свеска *[sveska]* - *f.* notebook

свест *[svest]* - *f.* 1.consciousness, 2.sense

свет *[svet]* - *m.* 1.world, earth, 2.people; *a.* 1.saint, 2.holy, sacred

светлост *[svetlost]* - *f.* 1.light, daylight

свеж *[svezj]* - *a.* 1.fresh, 2.cool

сви *[svi]* - *a. & n.* all

свиња *[svinja]* - *f.* pig, swine

свирати *[svirati]* - *v.* to play (music)

свој *[svoj]* - *pron.* one's own

својина *[svojina]* - *f.* 1.ownership, 2.property

свуда *[svuda]* - *adv.* 1.everywhere, 2.every place, all over

Т

табан *[taban]* - *m*. sole (of feet)

табла *[tabla]* - *f*. 1.board, 2.blackboard

тачан *[tatʃan]* - *a*. 1.exact, 2.accurate, 3.punctual, 4.correct

тачка *[tatʃka]* - *f*. 1.point, 2.dot, 3.full stop

тад *[tad]* - *adv*. 1.then, 2.in that case

тај *[taj]* - *pron*. this

тајна *[tajna]* - *f*. secret

тајни *[tajni]* - *a*. secret

такав *[takav]* - *pron*. such

такмичар *[takmitʃar]* - *m*. competitor

тако *[tako]* - *adv*. so, thus

такође *[takodje]* - *adv*. also, too, as well

таленат *[talenat]* - *m*. talent, gift

тама *[tama]* - *f*. darkness

тамо *[tamo]* - *adv*. there

тањир *[tanjir]* - *m*. 1.plate, 2.saucer, 3.platter

таст *[tast]* - *m*. father-in-law

тата *[tata]* - *m*. daddy, dad

таван *[tavan]* - *m*. attic

теча *[tetʃa]* - *m.* uncle

течан *[tetʃan]* - *a.* 1.liquid, 2.fluent

течност *[tetʃnost]* - *f.* liquid, fluid

тећи *[tetji]* - *v.* to flow

тег *[teg]* - *m.* weight

тегла *[tegla]* - *f.* jar

теле *[tele]* - *n.* calf

телетина *[teletina]* - *f.* veal

тело *[telo]* - *n.* body

тема *[tema]* - *f.* theme, topic

темељ *[temelj]* - *m.* foundation

терати *[terati]* - *v.* 1.to drive, 2.to urge, 3.to chase, pursue

терен *[teren]* - *m.* 1.terrain, 2.field

терет *[teret]* - *m.* 1.load, 2.burden, 3.freight

тесно *[tesno]* - *adv.* tightly

тестера *[testera]* - *f.* saw

тешко *[teʃko]* - *adv.* 1.heavily, 2.seriously, 3.badly, 4.severely, 5.with difficulty

тетка *[tetka]* - *f.* aunt

тих *[tih]* - *a.* quiet

тишина *[tiʃina]* - *f.* silence

то *[to]* - *pron.* 1.it, 2.this, that

ток *[tok]* - *m.* 1.course, 2.circulation

толики *[toliki]* - *a.* such

толико *[toliko]* - *adv.* so, so much, so many

топ *[top]* - *m.* cannon

топао *[topao]* - *a.* warm

топлина *[toplina]* - *m.* warmth

торањ *[toranj]* - *m.* tower

торба *[torba]* - *f.* bag

трава *[trava]* - *f.* grass

тражити *[trazjiti]* - *v.* 1.to look for, seek, 2.demand

трчати *[trtʃati]* - *v.* to run

требати *[trebati]* - *v.* 1.to need, 2.to want

трешња *[treʃnja]* - *f.* 1.cherry, 2.cherry tree

трезан *[trezan]* - *a.* sober

трг *[trg]* - *m.* 1.market, 2.square

трговац *[trgovats]* - *m.* 1.merchant, 2.dealer

трговина *[trgovina]* - *f.* trade, trading

трк *[trk]* - *m.* gallop

трка *[trka]* - *f.* race

трошак *[troʃak]* - *m.* 1.expense, 2.cost

тровање *[trovanje]* - *n.* poisoning

трпезарија *[trpezarija]* - *f.* dining room

труд *[trud]* - *m.* effort

трулеж *[trulezj]* - *f.* rottenness

ту *[tu]* - *adv.* here

туда *[tuda]* - *adv.* this way, that way

туђ *[tudj]* - *a.* foreign, strange

туга *[tuga]* - *f.* sorrow, sadness

тумач *[tumatʃ]* - *m.* interpreter

тужан *[tuzjan]* - *a.* sad

тужба *[tuzjba]* - *f.* 1.complaints, 2.accusation, 3.suit, 4.report

твој *[tvoj]* - *pron.* your, yours

тврд *[tvrd]* - *a.* hard

тврдити *[tvrditi]* - *v.* 1.to assert, 2.to declare, 3.to claim

тврдоглав *[tvrdoglav]* - *a.* stubborn

тврђава *[tvrdjava]* - *f.* fortress

Ћ

ћар *[tjar]* - *m.* profit
ћаскати *[tjaskati]* - *v.* to chat
ћебе *[tjebe]* - *n.* blanket
ћелав *[tjelav]* - *a.* bald
ћелија *[tjelija]* - *f.* cell
ћилим *[tjilim]* - *m.* carpet, rug
ћошак *[tjoʃak]* - *m.* corner
ћуд *[tjud]* - *f.* 1.temper, 2.nature
ћудљив *[tjudljiv]* - *a.* capricious
ћуфта *[tjufta]* - *f.* meatball
ћук *[tjuk]* - *m.* owl
ћумез *[tjumez]* - *m.* shack
ћумур *[tjumur]* - *m.* charcoal
ћуп *[tjup]* - *m.* jug, jar
ћуприја *[tjuprija]* - *f.* bridge
ћурка *[tjurka]* - *f.* turkey
ћушка *[tjuʃka]* - *f.* slap
ћућнути *[tjuʃnuti]* - *v.* 1.to slap, 2.to push
ћутање *[tjutanje]* - *n.* silence

ћутати *[tjutati]* - *v.* to keep silent, be silent
ћутке *[tjutke]* - *adv.* silently
ћутљив *[tjutljiv]* - *a.* 1.silent, 2.sensitive

у

у *[u]* - *prep.* in

убедити *[ubediti]* - *v.* to convince, persuade

убица *[ubitsa]* - *m.* 1.murderer, 2.killer

убиство *[ubistvo]* - *n.* murder

убити *[ubiti]* - *v.* 1.to kill, 2.to murder

убод *[ubod]* - *m.* sting

убрзање *[ubrzanje]* - *n.* acceleration

убрзо *[ubrzo]* - *adv.* soon

уценити *[utseniti]* - *v.* to blackmail

ученик *[utʃenik]* - *m.* 1.pupil, 2.student

учесникл *[utʃesnik]* - *m.* participant

учешће *[utʃeʃtje]* - *n.* 1.participation, 2.down payment

учионица *[utʃionitsa]* - *f.* classroom

учитељ *[utʃitelj]* - *m.* teacher

учити *[uʃiti]* - *v.* 1.to learn, 2.to teach

учтив *[utʃtiv]* - *a.* polite

ући *[utji]* - *v.* to enter

уд *[ud]* - *m.* limb

ударац *[udarats]* - *m.* 1.blow, 2.kick, 3.hit, 4.stroke

удобан *[udoban]* - *a*. comfortable

удружење *[udruzjenje]* - *n*. association

уџбеник *[udzjbenik]* - *m*. textbook

угаљ *[ugalj]* - *m*. coal

угао *[ugao]* - *m*. 1.corner, 2.angle

угасити *[ugasiti]* - *v*. 1.to extinguish, 2.to quench thirst

углавном *[uglavnom]* - *adv*. mainly

уговор *[ugovor]* - *m*. contract

уградити *[ugraditi]* - *v*. to build in

угрејати *[ugrejati]* - *v*. to warm up

угристи *[ugristi]* - *v*. to bite

угурати *[ugurati]* - *v*. to push into

ухапсити *[uhapsiti]* - *v*. to arrest

ухватити *[uhvatiti]* - *v*. to capture, catch

ујак *[ujak]* - *m*. uncle

уједно *[ujedno]* - *adv*. at the same time

ујутро *[ujutro]* - *prep*. in the morning

уколико *[ukoliko]* - *conj*. provided

украс *[ukras]* - *m*. ornament, decoration

украсти *[ukrasti]* - *v*. to steal

укратко *[ukratko]* - *adv*. in short

укупно *[ukupno]* - *adv*. totally

укус *[ukus]* - *m.* 1.taste, 2.flavor

улаз *[ulaz]* - *m.* 1.entrance, 2.gate, 3.door

улазница *[ulaznitsa]* - *f.* 1.admission ticket, 2.admission fee

улица *[ulitsa]* - *f.* street

улог *[ulog]* - *m.* 1.deposit, 2.investment

улога *[uloga]* - *f.* role

уље *[ulje]* - *n.* oil

умало *[umalo]* - *adv.* almost

уместо *[umesto]* - *adv.* instead

умети *[umeti]* - *v.* to know how

уметник *[umetnik]* - *m.* artist

уметност *[umetnost]* - *f.* art

умор *[umor]* - *m.* fatigue

уморан *[umoran]* - *a.* tired

умрети *[umreti]* - *v.* to die

унапред *[unapred]* - *adv.* in advance

уништити *[uniʃtiti]* - *v.* to destroy

унук *[unuk]* - *m.* grandson

унука *[unuka]* - *f.* granddaughter

унутра *[unutra]* - *adv.* inside

уобичајен *[uobitʃajen]* - *a.* usual

упала *[upala]* - *f.* inflamation

упалити *[upaliti]* - *v.* to set on fire, light up

упаљач *[upaljat]* - *m.* lighter

упамтити *[upamtiti]* - *v.* to memorize

упасти *[upasti]* - *v.* to fall into

упис *[upis]* - *m.* 1.registration, 2.enrollment

уплата *[uplata]* - *f.* 1.payment, 2.installment

упослити *[uposliti]* - *v.* 1.to employ, 2.to hire

употреба *[upotreba]* - *f.* usage

упознати *[upoznati]* - *v.* to get acquainted (with)

управа *[uprava]* - *f.* 1.direction, 2.administration

управљати *[upravljati]* - *v.* 1.to govern, rule, 2.to lead

упркос *[uprkos]* - *adv.* in spite of

упропастити *[upropastiti]* - *v.* to ruin

упутити *[uputiti]* - *v.* 1.to direct, 2.to instruct

урадити *[uraditi]* - *v.* 1.to do, 2.to make

уредба *[uredba]* - *f.* regulation

уручити *[urutiti]* - *v.* to deliver

усамљен *[usamljen]* - *a.* lonely

усамљеност *[usamljenost]* - *f.* solitude, loneliness

уселити *[useliti]* - *v.* 1.to move in, 2.to immigrate

ускоро *[uskoro]* - *adv.* shortly, before long, soon

услов *[uslov]* - *m.* 1.condition, 2.term
услуга *[usluga]* - *f.* 1.favor, 2.service
усна *[usna]* - *f.* lip
успех *[uspeh]* - *m.* succcss
успорити *[usporiti]* - *v.* to slow down
успут *[usput]* - *adv.* by the way
уста *[usta]* - *f.* month
установа *[ustanova]* - *f.* institution
устати *[ustati]* - *v.* to get up, stand up
устав *[ustav]* - *m.* constitution
уточиште *[utotʃiʃte]* - v. 1.refuge, 2.shelter
увек *[uvek]* - *adv.* always
уверен *[uveren]* - *a.* 1.convinced, 2.certain
увод *[uvod]* - *m.* 1.introduction, 2.preface
увоз *[uvoz]* - *m.* import
увреда *[uvreda]* - *f.* insult
уз *[uz]* - *prep.* 1.along with, 2.near by, 3.close to
узалуд *[uzalud]* - *adv.* in vain
узбрдо *[uzbrdo]* - *adv.* uphill
узбуна *[uzbuna]* - *f.* 1.alarm, 2.disturbance
узети *[uzeti]* - *v.* to take
узгред *[uzgred]* - *adv.* by the way
узор *[uzor]* - *m.* model

узорак *[uzorak]* - *m*. sample
узрок *[uzrok]* - *m*. 1.cause, 2.motive

Ф

фабрика *[fabrika]* - *f.* factory, plant

фактор *[faktor]* - *m.* factor

фалсификовати *[falsifikovati]* - *v.* to counterfeit, to forge

фанатик *[fanatik]* - *m.* fanatic

фантазија *[fantazija]* - *f.* fantasy, imagination

фебруар *[februar]* - *m.* February

федерација *[federatsija]* - *f.* federation

фигура *[figura]* - *f.* figure

фијаско *[fijasko]* - *m.* fiasco, failure

филијала *[filijala]* - *f.* branch, branch office

филозоф *[filozof]* - *m.* philosopher

филозофија *[filozofija]* - *f.* philosophy

фискултура *[fiskultura]* - *f.* physical culture, athletics

физичар *[fizitʃar]* - *m.* physicist

физика *[fizika]* - *f.* physics

флуид *[fluid]* - *m.* fluid

фризер *[frizer]* - *m.* hairdresser

фронт *[front]* - *m.* front

фрула *[frula]* - *f.* flute

фудбал *[fudbal]* - *m.* soccer
футур *[futur]* - *m.* future *(gram.)*

X

хајде *[hajde]* - come along, let's (go)

хајка *[hajka]* - *f.* 1.chasc, 2.hunt

хаљина *[haljina]* - *f.* dress, robe, gown

хан *[han]* - *m.* inn

хангар *[hangar]* - *m.* hanger

хаос *[haos]* - *m.* chaos

хапсити *[hapsiti]* - *v.* to arrest

харати *[harati]* - *v.* 1.to loot, pillage, 2.to devastate, 3.to rage, rampage

хармоника *[harmonika]* - *f.* accordion

хартија *[hartija]* - *m.* paper

хемија *[hemija]* - *f.* chemistry

хероизам *[heroizam]* - *m.* heroism

хсрој *[heroj]* - *m.* hero

хигијена */higijena/* - *f.* hygiene

хијерархија *[hierarhija]* - *f.* hierarchy

хиљада *[hiljada]* - *num.* thousand

химна *[himna]* - *f.* hymn, anthem

хирург *[hirurg]* - *m.* surgeon

хистеричан *[histeritʃan]* - *a.* hysteric *(al)*

хитац *[hitac]* - *m.* shot, gunshot

хитан *hitan]* - *a.* urgent

хитар *[hitar]* - *a.* quick, fast

хлад *[hlad]* - *m.* shade

хладан *[hladan]* - *a.* 1.cold, cool, 2.calm, 3.reserved

хладити *[hladiti]* - *v.* to cool

хладноћа *[hladnotja]* - *f.* 1.cold, 2.cold weather

хладњача *[hladnjatʃa]* - *f.* 1.refrigerator truck, 2.deep-freezer

хладовина *[hladovina]* - *f.* shade

хлеб *[hleb]* - *m.* bread

ходати *[hodati]* - *v.* to walk, march

ходник *[hodnik]* - *m.* 1.corridor, 2.hall

хор *[hor]* - *m.* choir

храбар *[hrabar]* - *a.* brave, courageous

храброст *[hrabrost]* - *n.* courage

храм *[hram]* - *m.* temple

храна *[hrana]* - *f.* food

хранити *[hraniti]* - *v.* to feed, nourish

храст *[hrast]* - *m.* 1.oak, 2.oaktree

хришћанство *[hriʃtjanstvo]* - *n.* Christianity

хркати *[hrkati]* - *v.* to snore

хрпа *[hrpa]* - *f.* pile

хтети *[hteti]* - *v.* to want

хумор *[humor]* - *m.* humor

хвала *[hvala]* - *f.* 1.thanks, gratitude, 2.thanks, thank you; 3.praise

хватати *[hvatati]* - *v.* 1.to catch, 2.to grab

Ц

цар *[tsar]* - *m.* emperor

царевати *[tsarevati]* - *v.* to reign

царевина *[tsarevina]* - *f.* empire

царица *[tsaritsa]* - *f.* 1.empress, 2.emperor's wife

царина *[tsarina]* - *f.* customs (pl.)

царинарница *[tsarinarnitsa]* - *f.* custom house, customs station

цариник *[tsarinik]* - *m.* customs officer

царство *[tsarstvo]* - *n.* empire

цедиљка *[tsediljka]* - *f.* strainer, filter

цедити *[tsediti]* - *v.* 1.to strain, 2.to drain

целина *[tselina]* - *f.* 1.whole, 2.entity

цемент *[tsement]* - *m.* cement

цена *[tsena]* - *f.* 1.price, 2.value, importance

ценити *[tseniti]* - *v.* 1.to appreciate, value, 2.to estimate, 3.to respect

центар *[tsentar]* - *m.* center

централа *[tsentrala]* - *f.* central station, headquarters

цензура *[tsenzura]* - *f.* 1.censorship, 2.the censors

цењен *[tsenjen]* - *a.* respected

цео *[tseo]* - *a.* 1.whole, entire, 2.complete, 3.intact

цепач *[tsepatʃ]* - *m.* cutter, chopper

цепати *[tsepati]* - *v.* 1.to tear (up), 2.to ent, 3.to chop

цепити *[tsepiti]* - *v.* to vaccinate

цев *[tsev]* - *f.* 1.pipe, 2.tube, 3.barrel (of a weapon)

цифра *[tsifra]* - *f.* figure, digit

цигара *[tsigara]* - *m.* cigar

цигарета *[tsigareta]* - *f.* cigarette

цигла *[tsigla]* - *f.* brick

цика *[tsika]* - *f.* squeeling

ципела *[tsipela]* - *f.* shoe

цреп *[tsrep]* - *m.* tile

црево *[tsrevo]* - *n.* 1.intestines, 2.hose

црква *[tsrkva]* - *f.* church

црн *[tsrn]* - *a.* black

црнац *[tsrnats]* - *m.* negro

црпило *[tsrnilo]* - *n.* 1.ink, 2.darkness

црнити *[tsrniti]* - *v.* to blacken

црпсти *[tsrpsti]* - *v.* 1.to draw, 2.to gather, 3.to exhaust

црта *[tsrta]* - *n.* 1.line, 2.feature, 3.dash

цртач *[tsrtatʃ]* - *m.* 1.draftsman, 2.designer

цртати *[tsrati]* - *v.* 1.to draw, 2.to design

цртеж *[tsrtezj]* - *m.* drawing

црв *[tsrv]* - *m.* worm

црвен *[tsrven]* - *a.* red

црвено *[tsrveno]* - *adv.* red

црвљив *[tsrvljiv]* - *a.* wormy

цура *[tsura]* - *f.* girl

цурити *[tsuriti]* - *v.* 1.to leak, 2.to drip

цвасти *[tsvasti]* - *v.* to blossom

цват *[tsvat]* - *m.* bloom

цвећар *[tsvetjar]* - *m.* florist

цвећара *[tsvetjara]* - *f.* florist's shop

цвеће *[tsvetje]* - *n.* flowers *(pl.)*

цвет *[tsvet]* - *m.* 1.flower, 2.bloom

цветати *[tsvetati]* - *v.* to bloom, blossom, 2.flourish

цвилети *[tsvileti]* - *v.* to whine

цврчак *[tsvrt∫ak]* - *m.* cricket

Ч

чачкалица *[tʃatʃkalica]* - *f.* toothpick
чај *[tʃaj]* - *m.* tea
чак *[tʃak]* - *adv.* even
чамац *[tʃamats]* - *m.* 1.boat, 2.rowboat
чар *[tʃar]* - *m.* 1.grace, 2.charm
чарапа *[tʃarapa]* - *f.* 1.stocking, 2.sock
чаролија *[tʃarolija]* - *f.* 1.charm, 2.witchcraft
чаршаф *[tʃarʃaf]* - *m.* 1.sheet, 2.tablecloth
час *[tʃas]* - *m.* 1.moment, instant, 2.hour
часопис *[tʃasopis]* - *m.* journal, magazine
часовник *[tʃasovnik]* - *m.* 1.clock, 2.watch
част *[tʃast]* - *f.* 1.honor, 2.respect, 3.celebration
частити *[tʃastiti]* - *v.* to treat
чаша *[tʃaʃa]* - *f.* glass
чавао *[tʃavao]* - *m.* nail
чек *[tʃek]* - *m.* check
чекаоница *[tʃekaonica]* - *f.* waiting room
чекати *[tʃekati]* - *v.* to wait

чекић *[tʃekitʃ]* - *m.* hammer

челик *[tʃelik]* - *m.* steel

чело *[tʃelo]* - *m.* 1.forehead, brow, 2.front

чељуст *[tʃeljust]* - *f.* jaw

чеп *[tʃep]* - *m.* 1.cork, 2.plug

чесма *[tʃesma]* - *f.* 1.fountain, 2.sink, faucet, tub

чест *[tʃest]* - *a.* frequent

честица *[tʃestitsa]* - *f.* particle

честитати *[tʃestitati]* - *v.* to congratulate

честитка *[tʃestitka]* - *f.* 1.greeeting card, 2.congratu-
lations

често *[tʃesto]* - *adv.* often, frequently

чешаљ *[tʃeʃalj]* - *m.* comb

чешати *[tʃeʃati]* - *v.* to scratch

чешљати *[tʃeʃljati]* - *v.* to comb

чета *[tʃeta]* - *f.* 1.company, 2.squad, 3.crowd

четири *[tʃetiri]* - *n.* four

четка *[tʃetka]* - *f.* brush

четкати *[tʃetkati]* - *v.* to brush

четрдесет *[tʃetrdeset]* - *num.* forty

четрнаест *[tʃetrnaest]* - *num.* fourteen

четвртак *[tʃetvrtak]* — *m.* Thursday

чији *[tʃiji]* - *pron.* whose

чим *[tʃim]* - *adv.* as soon as; *pron.* 1.where, 2.with

чинити *[tʃiniti]* - *v.* 1.to act, 2.to do, to make

чиповник *[tʃinovnik]* - *m.* clerk, officer

чињеница *[tʃinjenitsa]* - *f.* fact

чист *[tʃist]* - *a.* 1.clean, 2.pure

чистач *[tʃistatʃ]* - *m.* cleaner

чистити *[tʃistiti]* - *v.* to clean

читалац *[tʃitalats]* - *m.* reader

читати *[tʃitati]* - *v.* to read

читав *[tʃitav]* - *a.* 1.whole, entire, 2.complete

чизма *[tʃizma]* - *f.* boot

члан *[tʃlan]* - *m.* 1.member, 2.article *(gram.)*

чланак *[tʃlanak]* - *m.* 1.joint, 2.ankle, 3.article (newspaper)

чланарина *[tʃlanarina]* - *f.* membership fee

чланство *[tʃlanstvo]* - *n.* membership

чоколада *[tʃokolada]* - *f.* chocolate

чорба *[tʃorba]* - *f.* soup

човечанство *[tʃovetʃanstvo]* - *n.* 1.humanity, 2.mankind

човек *[tʃovek]* - *m.* man

чудак *[tʃudak]* - *a.* queer, strange, eccentric

чудити *[tʃuditi]* - *v.* 1.to amaze, to wonder

чудити се *[tʃuditi se]* - *v.* to wonder, to be amazed

чудо *[tʃudo]* - *n.* miracle, marvel

чудовиште *[tʃudoviʃte]* - *n.* monster

чуђење *[tʃudjenje]* - *n.* 1.wonder, 2.astonishment

чуло *[tʃulo]* - *n.* sense

чути *[tʃuti]* - *v.* to hear

чувар *[tʃuvar]* - *m.* 1.guard, watchman, 2.custodian

чувати *[tʃuvati][* - *v.* to keep, to guard, to protect

чувен *[tʃuven]* - *a.* famous

чвор *[tʃvor]* - *m.* knot

чврст *[tʃvrst]* - *a.* 1.solid, firm, 2.hard

Џ

џаба, џабе *[dzjaba, dzjabe]* - *adv.* 1.in vain, 2.gratis, free

џада *[dzjada]* - *f.* road

џак *[dzjak]* - *m.* sack, bag

џамбас *[dzjambas]* - *m.* 1.horse seller, 2.cheat

џамија *[dzjamija]* - *f.* mosque

џапати се *[dzjapati se]* - *v.* to quarrel

џбун *[dzjbun]* - *m.* bush

џелат *[dzjelat]* - *m.* hangman, executioner

џем *[dzjem]* - *m.* jam

џемпер *[dzjemper]* - *m.* sweater

џентлмен *[dzjentlmen]* - *m.* gentleman

џеп *[dzjep]* - *m.* pocket

џепарац *[dzjeparats]* - *m.* pocket money

џепарош *[dzjeparoʃ]* - *m.* pickpocket

џезва *[dzjezva]* - *f.* coffeepot

џигерица *[dzjigeritsa]* - *f.* liver

џин *[dzjin]* - *m.* 1.giant, 2.gin

џип *[dzjip]* - *m.* jeep

џокеј *[dzjokej]* - *m.* jockey
џомба *[dzjomba]* - *f.* bump
џукац *[dzjukats]* - *m.* 1.dog, 2.cud
џумбус *[dzjumbus]* - *m.* 1.disorder, chaos, 2.noise
џунгла *[dzjungla]* - *f.* jungle

Ш

шах *[ʃah]* - *m.* 1.chess, 2.check

шака *[ʃaka]* - *f.* 1.fist, 2.handful

шал *[ʃal]* - *m.* scarf

шала *[ʃala]* - *f.* joke

шумар *[ʃumar]* - *m.* slap

шапа *[ʃapa]* - *f.* paw

шатор *[ʃator]* - *m.* tent

шећер *[ʃetjer]* - *m.* sugar

шеф *[ʃef]* - *m.* 1.boss, manager, 2.chief

шерпа *[ʃerpa]* - *f.* saucepan

шешир *[ʃeʃir]* - *m.* hat

шетати *[ʃetati]* - *v.* 1.to walk, 2.to go for a walk

шибица *[ʃibitsa]* - *f.* match

шина *[ʃina]* - *f.* rail

шипка *[ʃipka]* - *f.* 1.rod, 2.bar

ширење *[ʃirenje]* - *n.* 1.spreading, 2.expansion, 3.diffusion

ширина *[ʃirina]* - *f.* 1.width, 2.latitude

широк *[ʃirok]* - *a.* wide

шити *[ʃiti]* - *v.* to sew, stitch

школа *[ʃkola]* - *f.* school

школька *[ʃkoljka]* - *f.* shell

шлем *[ʃlem]* - *m.* helmet

шљива *[ʃljiva]* - *f.* 1.plum, 2.prune, 3.plumtree

шофер *[ʃofer]* - *m.* driver

шоља *[ʃolja]* - *f.* cup

шпијун *[ʃpijun]* - *m.* spy

шта *[ʃta]* - *pron.* what

штала *[ʃtala]* - *f.* stable

штампа *[ʃtampa]* - *f.* 1.press, 2.printing

штап *[ʃtap]* - *m.* 1.stick, 2.cane

штедети *[ʃtedeti]* - *v.* to save

штета *[ʃteta]* - *f.* 1.damage, 2.harm

штит *[ʃtit]* - *m.* 1.shield, 2.screen

шум *[ʃum]* - *m.* 1.noise, 2.hum

шума *[ʃuma]* - *f.* forest, woods

шунка *[ʃunka]* - *f.* ham

шупа *[ʃupa]* - *f.* shed

English - Serbian

Енглеско - Српски

A

a [*ej*] - *art*. 1.један, неки, 2.по

abandon [ə'бæндəн] - *v*. напустити, оставити

abbreviate [əбривијеѿ] - *v*. скратити

abbreviation [əбривиејшəн] - *n*. 1. скраћење, 2.скраћеница

abdomen ['æбдəмəн] - *n*. трбух

abduct [æбдəкѿ] - *v*. отети

aberrance [æ'берəнс] - *n*. ненормалност, застрањење, одступање

abhor [æб'хор] - *v*. гнушати се

abide [ə'бајд] - *v*. 1.трпети, 2.повиновати се

ability [ə'билəѿи] - *n*. способност, моћ

able ['ејбл] - *a*. 1.способан, вешт, 2.у стању

abnormal [æб'нормəл] - *a*. абнормалан, ненормалан

aboard [ə'бо(р)д] - *adv*. укрцан, на броду

abode [ə'боуд] - *n*. боравиште, пребивалиште

abolish [ə'балиш] - *v*. укинути, поништити

aborigine [æбə'риђəни] - *n*. урођеник, домородац

abortion [ə'боршəн] - *n*. побачај, прекид трудноће, аборус

about [ə'bauṻ] - *adv.* 1.око, отприлике, 2.скоро, безмало; 3.баш, таман; *prep.* 1.о, око, због; 2.по

above [ə'бəв] - *adv.* горе, одозго

above [ə'бəв] - *prep.* над, изнад

abroad [ə'брод] - *n.* иностранство

abrupt [ə'брəṻṻ] - *a.* 1.изненадан, нагао, 2.осоран; 3.стрм

absent [*'æбсенṻ]* - a. одсутан

absolute ['æбсəлуṻ] - *a.* потпун, апсолутан

absorb [æб'со(р)б] - *v.* упијати, усисати

abstract ['æбсṻрæкṻ] - *a.* апстрактан; *n.* извод, сиже, резиме

absurd [æб'сə(р)д] - *n.* бесмислица, абсурд

abundant [ə'бəндəнṻ] - *a.* изобилан, обилан

abuse [ə'бју:с] - *n.* 1.злоупотреба, 2.злостављање; 3.псовање, грђење

accelerate [æк'селəрејṻ] - *v.* убрзати

accent ['æксенṻ] - *n.* нагласак, акценат; *v.* нагласии, акценоваи

accept [æк'сеṻṻ] - *n.* 1.приступ, 2. прилаз, пут, пролаз; 3.распадање; 4.наступ

access ['æксес] - *n.* 1.приступ, 2.прилаз, пролаз

accident ['æксиденṻ] - *n.* несрећан случај, несрећа, удес, незгода

accompany [ə'kʌmũ(ə)ни] - *v.* 1.пратити, 2.про-
пратити

accomplish [ə'комũлиш] - *v.* 1.извршити, пост-
ићи, остварити, 2.свршити

accord [ə'ко(р)д] - *n.* споразум, сагласност; *v.*
1.дати, признати, 2.слагати се

according [ə'кординг] - *adv.* према, по

account [ə'каунũ] - *n.* 1. рачун, извештај, 2.об-
јашњење; *v* 1.објаснити, оправдати, 2.рачунати

accumulate [ə'кјумП7.5длејũ] - *v.* гомилати,
згртати

accurate ['æкјəрдũ] - *a.* тачан, прецизан

accuse [ə'кјуз] - *v.* оптужити, окривити, тужити

accustom [ə'кдсũäм] - *v.* навикнути

ache [ејк] - *n.* бол; *v.* болети

achieve [ə'чи:в] - *v.* постићи, остварити, стећи

acid ['æсид] - *n.* 1.киселина, 2.халуциногено сред-
ство; *a.* 1. кисео, 2. заједљив

acknowledge [æк'налец] - *v.* 1.потврдити, 2.при-
знати

acne ['æкни] - *n.* бубуљице, осип

acquaintance [ə'кwəјнũäнс] - *n.* познанство,
познаник

acquire [ə'кwaj(ер)] - *v.* стећи, добити

acre ['ејкə(р)] - *n.* јутро (земље) 4047м^2

across [ə'крос] - *adv.* унакрст, попреко, преко; *prep.* 1.преко, кроз, 2. прекопута

act [æкт] - *n.* 1.радња, дело, акција, 2.одлука, декрет, 3.чин; *v.* 1.играти, глумити, 2.поступати, понашати се, радити

action ['æкшн] - *n.* 1.радња

active ['æктив] - *a.* 1.активан, жив, 2. активан

actor ['æтр] - *n.* глумац

actual ['æктчуал] - *a.* прави, стваран

adapt [ə'dæпт] - *v.* прилагодити, удесити, подесити

add [æд] - *v.* додати, припојити, сабирати

addition [ə'дишн] - *n.* додатак, сабирање, збир

address [ə'дрес] - *n.* 1.говор, 2.адреса; *v.* ословити

adjust [ə'џаст] - *v.* подесити, прилагодити, дотерати, исправити

administration [æдминистрејшн] - *n.* управа, администрација

admire [æд'мај(р)] - *v.* 1.дивити се, 2.обожавати

admission [æд'мишн] - *n.* 1.улазак, 2.упис, 3.признање

admit [æд'мит] - *v.* 1.примити, 2. признати

adopt [ə'даптт] - *v.* усвојити

adore [ə'до(р)] - *v.* обожавати

adult [ə'dʌlш] - *n* опрасла особа

advance [æd'вænс] - *n.* 1.кретање напред, 2.ак-
онтација, 3.унапред; *a.* 1.истурен, 2.претходан;
v. 1.крепути напред, 2.унапредити, 3.напре-
довати

advantage [æd'веншц] - *n.* 1.предност, 2.преи-
мућство, 3.искористити нешто

adventure [æd'венчд(р)] - *n.* 1.пустоловина, аван-
тура, 2.опасан подухват, 3.доживљај

adverb ['æдвд(р)б] - *n.* прилог

advertisement [æдвд(р)'шајзмднш] - *n.* оглас,
реклама

advice [æд'вајс] - *n.* савет

advise [æд'вајз] - *v.* 1.саветовати, 2.обавестити

advocate ['æдvдкиш] [~ејш] - *n.* заступник, адво-
каш, поборник; *v.* заузимати се за, залагати сс
за

aerial ['ериⅾл] - *n.* антепа; *a* ваздушан

affair [ə'феи(р)] - *n.* 1.посао, ствар, предмет,
2.афера

affect ['ⅿфекш] - *n.* осећање; *v.* 1.утицати, 2.дир-
нути, 3.(*med.*) заразити, 4.цравити се

affection [ə'фекшдн] - *n.* љубав, пријатељство

affirm [ə'фд(р)м] - *v.* потврдити, афирмирати

afford [ə'фо(р)д] - v. 1.дати, пружити, 2. моћи по-нети, бити у стању

afraid [ə'фрејд] - a. уплашен, престрашен

after [æftə(р)] - a. задњи; prep. 1.после, 2.за, иза; conj. пошто

afternoon [~ну:н] - n. послеподне

afterward(s) [~wə(р)д(з)] - adv. доцније, касније

again [ə'ӟен] - adv. опет, поново

against [~стᵻ] - prep. против, према

age [ејџ] - n. 1.доба, период, епоха, 2.старост, 3.узраст; v. 1.остарити, 2.сазрети

agency ['ејџенси] - n. 1.заступништво, 2.аген-ција, 3.посредовање

agent ['ејџəнтᵻ] - n. 1.агент, заступник, 2.сред-ство

aggression [ə'ӟрешəн] - n. агресија, напад, навала

ago [ə'ӟоу]W0 - a. и adv. пре, прошли

agony ['æӟəни] - n. патња, мука, агонија

agree [ə'ӟри] - v. сложити се, пристати, сагла-сити се

agriculture ['æӟрикəлчə(р)] - n. пољопривреда, ратарство

ahead [ə'хед] -adv. напред, испред

aid [ејд] - n. помоћ; v. помоћи

---

aim [ejм] *n.* циљ, мета; *v.* 1.нишанити, гађати, циљати, 2.уперити

air [eд(p)] - *n.* ваздух; *a.* ваздушни

airplane [~йлejн] - *n.* авион

alarm [ə'ли(p)м] - *n.* 1.узбуна, аларм, 2.алармни уређај, 3.узнемиреност; *v.* збунити, узнемирити

album [æлбəм) - *n.* албум

alibi [æлəбаj] - *n.* алиби

alien ['елиjен] - *n.* странац

alike [ə'лаjк] - *a.* сличан; *adv.* слично

alive [ə'лаjв] - *a.* 1.жив, 2. живахан

all [o:л] - *n.* све, цело; *adv.* сасвим, потпуно; *a.* сав

alley ['æлиj] - *n.* 1.пролаз, 2.уличица, сокак

allow [ə'лау] - *v.* дозволити, пустити

alloy ['æлаj] - *n.* легура

allusion [ə'лужəн] - *n.* алузија

ally ['æлаj] - *n.* савезник; *v.* здружити се

almost ['oл'мосш] -*adv.* скоро, умало, замало

alone [ə'лоун] - *a.* сам, усамљен; *adv.* само, једино

along [ə'лонг] -*adv.* 1.дуж, уздуж, 2.заједно; *prep.* дуж, уз, поред

aloud [ə'лауд] -*adv.* гласно

alphabet [*æлфәбеш*] *-n.* алфабет, азбука, абецеда

already [*ол'реди*] *-adv.* 1.већ, 2.ионако

also ['*олсоу*] *-adv.* такође

although [*ол'шхоу*] - *conj.* мада, ионако, иако, премда

altitude ['*æлшишјуд*] - *n.* висина

altogether ['*олшә'гешхә(р)*] *-adv.* сасвим, укупно

always ['*олwејз*] *-adv.* увек

amaze [ә'*мејз*] - *v.* задивити, зачудити

ambition [*æмбишән*] - *n.* амбиција, частољубље

ambulance ['*æмбјәләнс*] *-n.* амбулантна кола, хит- на помоћ

ambush ['*æмбуш*] - *n.* заседа; *v.* напасти из заседе

amend [ә'*менд*] - *v.* 1.поправити, 2. допунити, изменити

amiable ['*ејмијәбел*] - *a.* љубазан, мио, пријатан

ammunition [*æмјә'нишн*] - *n.* муниција

among (st) [ә'*мәнг*] *(сш)* - *prep.* између, међу

amount [ә'*маунш*] - *n.* износ, количина; *v.* 1.износити, 2.вредити

ample ['*æмпл*] - *a.* 1.обиман, опширан, 2.обилан

amuse [ə'mjуз] - v. забављати

an [æн] - art. један, неки

analyse [æналајз] - v. анализирати

ancestor [æнсестːə(р)] - n. предак, праотац

anchor [æнкə(р)] - n. сидро; v. усидрити

ancient ['ејшəнːтː] - n. старац; a. стар, древни

and [æнд] - conj. и, а, па, такође

angel ['ејнцəл] - n. анђео

anger ['æнгːəр] - n. љутња, гнев; v. наљутити

angle ['æнгːəл] - n. 1.угао, 2.страна

angry ['æнгːри] - a. љут, срдит

anguish ['æнгːwиш] - n. бол, мука, мучење

animal ['æнимал] - n. животиња

ankle ['æнкл] - n. глежањ, чланак

annex ['æникс] - n. додатак; v. придодати, припојити

anniversary [æнə'вə(р)сəри] - n. годишњица

announce [ə'наунс] - v. најавити, објавити

annual ['æнјуəл] - n. годишњак; a. годишњи

another [ə'нотːхə(р)] - pron. други; a. други, још један

answer ['æнсə(р)]Тимес "ЦТимесИтːалиц" - n. 1.одговор, 2.решење; v. 1.од- говорити, 2.одазвати се

ant [*æнū̄*] - *n.* мрав

anthem ['*æнū̄хəм*] - *n.* химна

anticipate [*æн'ū̄исд̄ејū̄*] - *v.* 1.предвидети, наслутити, 2.предухитрити

anxious ['*æнг̄(к)шəс*] - *a.* 1.забринут, 2.жељан

any ['*ени*] - *a.* и *pron.* ма који, било који, икакав, неки, сваки; *adv.* нешто, што

anybody [*~бади*] -*pron.* ико, ма ко, когод, свако

anyhow [*~хау*] -*adv.* 1.у сваком случају, свакако, 2.никако

anymore [*~мо(р)*] -*adv.* никад више

anyone [*~wəн*] - *pron.* види **anybody**

anything [*~ū̄хинг̄*] - *pron.* ишта, ма шта, било шта

anyway [*~wej*] -*adv.* види **anyhow**

anywhere [*~we(р)*] -*adv.* игде, било где, било куда

apart [*ə'ū̄а(р)ū̄*] - *adv.* засебно, одвојено, издвојено

apartment [*~мəнū̄*] - *n.* стан

ape [*ejū̄*] - *n.* мајмун; *v.* опонашати, имитирати

apology [*ə'ū̄олџи*] - *n.* 1.извињење, 2.одбрана

apparent [*ə'ū̄æрəнū̄*] - *a.* 1.очигледан, 2.видљив

appeal [ə'пил] -*n.* 1.апел, обраћање, молба, 2.жал-ба; *v.* 1.жалити се, 2.обратити се, 3.молити

appear [ə'пи(р)] - *v.* 1.појавити се, 2.чинити се

applaud [ə'плод] - *v.* пљескати, аплаудирати

apple ['æпəл] - *n.* јабука

appliance [ə'плајəнc] - *n.* уређај, справа

application [æпликејшн] - *n.* 1.молба, тражење, 2.примена

apply [ə'плај] - *v.* 1.применити, 2.молити, тражи-ти, 3.ставити , 4.конкурисати

appoint [ə'поинт] - *v.* именовати, поставити

appointment [~мəнт] - *n.* 1.именовање, 2.сас-танак

appraisal [ə'прејзəл] - *n.* процена

appreciate [ə'пришиејт] - *v.* ценити

approach [ə'проуч] -*n.* приближавање, прилаз; *v.* приближити се

appropriate [ə'проупри јəт] - *a.* подесан, згодан

approve [ə'прув] -*v.* одобрити, примити, потврдити

approximate [ə'прəксəмит] - *a.* приближни

apricot [æприкəт] - *n.* кајсија

April ['ejпрəл] - *n.* април

---

apron [ˈdȷūrən] - *n.* кецеља

apt [æūū] -*a.* 1.згодан, погодан, 2.способан, 3.склон

arc [a(p)к] - *n.* лук

ardor [ˈардə(p)] - *n.* жар, ватреност, жестина

area [ˈеријə] - *n.* 1.површина, 2.подручје, област, зона

argument [ˈa(p)ѓјəмənū] - *n.* 1.аргумент, разлог, доказ, 2.расправа, дискусија

arise [əˈрајз] - *v.* 1.устати, дићи се, 2.настати, појавити

arm [a(p)м] - *n.* 1.рука, мишица, 2.оружје; *v.* наоружати се

armor [~ə(p)] - *n.* оклоп; *v.* оклопити

army [~u] - војска, армија

around [əˈраунд] -*adv.* 1.око, отприлике, приближно, 2.около, у близини; *prep.* око, отприлике

arouse [əˈрауз] -*v.* 1.пробудити, узбунити, 2.побу-дити

arrange [əˈрејнц] -   *v.* 1.удесити, уредити, средити, спремити, 2.подесити

arrangement [~мəнū] -*n.* 1.уређење, распоред, 2.споразум, договор

arrest [əˈресū] - *n.* хапшење, притвор; *v.* ухапсити

arrival [ə'рајвəл] - *n.* долазак

arrive [ə'рајв] - *v.* доћи, стићи

arrogance ['æрəгəнс] - *n.* охолост, дрскост

arrow ['æроу] - *n.* стрела

art [а(р)ш̄] - *n.* умстност, вештина; *а.* уметнички

article [~икəл] *n.* 1.предмет, ствар, артикал, 2.чланак, 3.члан

artificial [~əфишəл] - *а.* вештачки

as [æз] -*adv.* и *conj.* 1.као, као што, 2.исто тако, 3.пошто, будући да, 4.кад, док; -**as well** такође; -**as well as** као и, и; - **as soon as** чим; - **as if** као да; -**as far as** докле

ash [æш] - *n.* пепео

ashamed [ə'шејмд] - *а.* постиђен, посрамљен

aside [ə'сајд] -*adv.* на страни, на страну

ask [æск] - *v.* 1.питати, поставити питање, 2.тражити, 3.позвати

asleep [ə'слиш̄] - *а.* и *adv.* спавајући, у сну

ass [æс] - *n.* 1.магарац, 2.глупак

assassin [ə'сæсин] - *n.* убица из заседе, атентатор

assault [ə'солш̄] - *n.* 1.напад, 2.јуриш, десант

assemble [ə'сембл] - *v.* 1.скупити, 2.склопити, саставити

assembly [ə'сембли] - *n.* скуп, скупштина

assent [ə'сенū] - *n.* пристанак, сагласност

assert [ə'сə(р)ū] - *v.* тврдити, изјавити

assess [ə'сес] - *v.* оценити, проценити

assign [ə'сајн] - *v.* 1.одредити, 2.доделити (дуж-
ност), 3.задати, 4.распоредити

assignment [~мəнū] -   *n.*   1.задатак,
2.одређивање

assist [ə'сисū] - *n.* помоћ; *v.* помоћи

associate [ə'соушијū] -*n.*   1.колега,   ортак,
2.помоћ-ник, заменик

associate [~иејū] - *v.* удружити се

assorted [ə'со(р)ūūид] - *a.* 1.сортиран, 2.разновр-
сан

assume [ə'сјум] - *v.* 1.преузети,   2.претпоста-
вити

assure [ə'сју(р)] -*v.* 1.уверити, 2.обезбедити,
3.јамчити

astonish [ə'сūаниш] -*v.* задивити, зачудити, запре-
пастити

at [æū] - *prep.* 1.у, на, 2.код, 3.према, 4.о, 5.при

atrocity [ə'ūрəсиūи] - *n.* 1.грозота, 2.зверство

attach [ə'ūæч] - *v.* 1.причврстити, везати, спо-
јити, 2.приложити

attack [ə'ūæк] - *n.* напад, јуриш; *v.* напасти

attain [ə'тејн] - *v.* постићи

attempt [ə'темпт] - *n.* покушај; *v.*покушати

attend [ə'тенд] - *v.* 1.посећивати, посетити, 2.присуствовати

attention [ə'теншəн] - *n.* пажња

attic ['ætик] - *n.* поткровље, таван

attitude ['ætитјуд] - *n.* став

attorney [ə'тə(р)ниј] -*n.* адвокат, заступник;   ~ **General** - јавни тужилац

atract [ə'трæкт] - *v.* привући, примамити

attribute ['æтрəбјут] - *n.* 1.особина, 2.придев

attribute [ə'трибјут] - *v.* приписати

audible ['одəбəл] - *a.* чујан

audience ['одијенс] -*n.* публика, гледаоци, слушаоци

August ['оғəст] - *n.* аугуст

aunt [æнт]   *n.* тетка, стрина, ујна

author ['отхə(р)] - *n.* аутор, писац

authority [ə'тхорəти] -   *n.* 1.ауторитет, 2.управа, 3.пуномоћ, 4.власт

autumn ['отəм] - *n.* јесен

available [ə'вејлəбəл] -   *a.* расположив,   на располагању

avalanche ['æвəлæнч] - *n.* лавина

avenge [ə'венџ] - *v.* осветити

avenue [æвењу] - *n.* улица, авенија

average ['æверџ] -*n.* просек, средина; *a.* просечан, средњи, осредњи; *v.* израчунати просек

aversion [ə'ве(р)жн] - *n.* одвратност, аверзија

avert [ə'вə(р)т̄] - *v.* одвратити, спречити

avid ['æвид] - *a.* 1.жудан, 2.страсан

avoid [ə'војд] - *v.* избећи

awake [ə'wejк] - *a.* 1.пробуђен, будан, 2.свестан

awakening [~ənинг̄] - *n.* буђење

award [ə'wo(р)д] - *n.* награда; *v.* доделити

aware [ə'we(р)] - *a.* свестан

away [ə'wej] -*adv.* далеко, удаљено

awful ['офəл] - *a.* страшан, ужасан, грозан

awkward ['окwə(р)д] - *a.* 1. незграпан, трапав, 2.незгодан

ax, axe [æкс] - *n.* секира

axis ['æксис] - *n.* осовина

B

baby [*бејби*] -*n.* беба, новорођенче, одојче; *a.* детињаст, дсчји

bachelor [*бæч(ə)лə(р)*] -*n.* 1.момак, нежења, 2.дипломирани студент

back [*бæк*] - *n.* 1.леђа, 2.наслон, 3.полеђина, позадина; *adv.* натраг, позади, уназад, пре; *v.* 1.подупирати, подржати, 2.кретати се уназад

background [*~граунд*] - *n.* 1.позадина, залеђе, 2.биографија, порекло; *a.* позадински

backward [*~wə(р)д*] - *a.* 1.обрнут уназад, 2.заостао; *adv.* натраг, натрашке, уназад

backyard [*~ја(р)д*] - *n.* двориште

bacon [*бејкəн*] - *n.* слапина

bad [*бæд*] - *a.* лош, рђав, зао, поквареħ

bag [*бæг*] - *n.* кеса, вреħа, торба, ташна

baggage [*бæгиџ*] - *n.* пртљаг

bail [*бејл*] - *n.* кауција, јемство

bake [*бејк*] - *v.* испећи, пећи се

bakery [*~əри*] - *n.* пекара

balance [*бæлəнс*] - *n.* 1.равнотежа, однос снага, биланс, 2.вага, 3.салдо; *v.* уравнотежити

bald [*болд*] - *n.* ћелав

ball [*бол*] - *n.* 1.лопта, кугла, 2.клупко

ban [*бæн*] - *n.* забрана; *v.* забранити

band [*бæнд*] - *n.* 1.узица, трака, пантљика, 2.оп-сег, 3.обруч, појас, 4.дружина, 5.оркестар, музички састав; *v.* повезати, спојити

bandage [*~иџ*] - *n.* завој; *v.* завити, превити

bang [*бæнг*] -*n.* тресак, лупњава; *v.* лупити, залу-пити, ударити

bank [*бæнк*] - *n.* 1.банка, 2.насип, 3.плићак

banner ['*бæнд(р)*] - *n.* застава, барјак; *a.* 1.одли-чан, 2.крупан

bar [*ба(р)*] - *n.* 1.шипка, пречага, 2.препрека, 3.табла, 4.адвокатска комора, 5.решетка, 6.ка-фана, шанк; *v.* 1.затворити, 2.забранити

barbecue ['*ба(р)бикју*] - *n.* 1. роштиљ, 2.месо пе-чено на роштиљу; в. пећи на роштиљу

barber ['*ба(р)бер*] - *n.* берберин, мушки фризер

bare [*беи(р)*] - *a.* наг, го; *v.* разголитити

barely [*~ли*] -*adv.* једва

bargain ['*ба(р)гин*] - *n.* 1.погодба, 2.пазар, до-бар пазар; *v.*погађати се, цењкати се

bark [*ба(р)к*] - *n.* лавеж; *v.* лајати

barn [*ба(р)н*] - *n.* амбар, житница

barracks ['*бæрǝкс*] - *n.* касарна

barrel [*бæрǝл*] - *n.* буре

barrier [´бæриø(р)] -n. 1.препрека, 2.брана, рампа

barrister [´бæрисūд(р)] - n. адвокат

base [бejc] - n. 1.основа, темељ, 2.база; *adv.* основни; *v.* засновати, базирати

basic [бejсик] - *a.* основни, главни

basket [´бæскиū] - n. корпа, кош

bath [бæūx] - n. купање

bathroom [~рум] - n. купатило, клозет

battle [´бæūл] - n. борба, битка; *v.* борити се

bay [бej] - n. 1.залив, 2.ловор; *v.* лајати

be [би] - *v.* 1.бити, 2.налазити се

beach [би:ч] - n. обала, плажа

beam [би:м] - n. 1.греда, балван, 2.сноп; *v.* 1.усме-рити, 2.сијати

bean [би:н] - n. пасуљ

bear [бæ(р)] - n. медвед; *v.* 1.носити, 2.сносити (кривицу), 3.поднети, 4.држати се

beard [би(р)д] - *n.* брада

beast [би:сū] - n. животиња, звер

beat [би:ū] - n. 1. ударац, 2.откуцај; *v.* 1.истући, тући, 2.ударати, 3.победити

beautiful [бjуūифул] - n. лепо; *a.* леп (а) (о)

because [би´коз] - *conj.* јер; *prep.* због, ради, зато

become [*би'кǝм*] - *v.* постати

bed [*бед*] -*n.* 1.кревет, постеља, 2.корито (реке)

bedroom [*~рум*] - *n.* спаваћа соба

bee [*би:*] - *n.* пчела

beef [*би:ф*] - *n.* 1.говедина, 2.говече

beer [*би:р*] - *n.* пиво

before [*бǝ'фо(р)*] -*adv.* раније; *prep.* пре, пред, испред

beg [*бег*] -*v.* 1.преклињати, 2.просити

begin [*би'гин*] - *v.* почети, започети

beginning [*~инг*] - *n.* почетак; *a.* почетни

behalf [*би'хæф*] - *n.* 1.корист, 2.у корист, у име

behave [*би'хејв*] - *v.* понашати се, владати се

behavior [*~јо(р)*] - *n.* понашање, владање

behind [*би'хајнд*] - *n.* задњица; *prep. & adv.* отрага, иза, назад

being [*бијинг*] - *n.* 1.постојање, 2.биће

belief [*били:ф*] - *n.* 1.вера, 2.уверење, убеђење

bell [*бел*] - *n.* звоно

belong [*билонг*] - *v.* припадати

below [*би'лоу*] -*adv.* доле, ниже; *prep.* испред, под

belt [*белш*] - *n.* 1.појас, каиш, ремен, 2.зона, појас; *v.* опасати

bench [*бенч*] - *n.* клупа

bend [*бенд*] - *n.* кривина, окука; *v.* савити

beneath [*би'ни:ūх*] - *prep.* 1.испод, под, 2.ниже

benefit [*бенәфиū*] -*n.* 1.корист, 2.накнада, 3.бене фиција

bent [*бенū*] - *n.* склоност

berry ['*бери*] - *n.* бобица

beside [*би'сајд*] - *prep.* 1.крај, поред, 2.сем, осим

besides [*~з*] -*adv.* уосталом, уз то, сем тога; *prep.* поред, осим, сем, поврх

best [*бесū*] - *n.* најбоље; *adv.* најбоље; *a.* најбољи

bet [*беū*] -*n.* опклада; *v.* опкладити се, 2.кладити се

betray [*би'ūреј*] - *v.* издати, одати

betrayal [*~ал*] - *n.* издаја

better [*беūә(р)*] -*n.* оно што је боље; *a.* & *adv.* бољи, боље, више; *v.* побољшати

between [*би'ūwи:н*] - *prep.* између, међу

beverage [*бевәриџ*] - *n.* пиће

beware [*би'wеuр*] - *v.* чувати се, пазити се

beyond [*бијонд*] -*adv.* даље; *prep.* 1.иза, 2.после, 3.изван, изнад, преко

bias [*бајәс*] - *n.* 1.косина, 2.пристрасност

Bible [*'бајбəл*] - *n.* Библија

bicycle [*бајсикл*] - *n.* бицикл

bid [*бид*] - *n.* 1.понуда, 2.покушај

big [*биг*] - *a.* велики, крупан

bill [*бил*] - *n.* 1.рачун, 2.новчаница; *v.*
  наплатити

bind [*бајнд*] -*n.* веза; *v.* везати, свезати, повезати

bird [*бə(р)д*] - *n.* птица

birth [*бə(р)ѿх*] - *n.* рађање, порођај

birthday [*~деј*] - *n.* рођендан

biscuit [*'бискиѿ*] - *n.* неслађен колач, двопек

bit [*биѿ*] - *n.* 1.комадић, 2.врх, глава

bite [*бајѿ*] -*n.* 1.ујед, убод, 2.залогај, мезе; *v.*
  ујести

bitter [*биѿə(р)*] - *a.* 1.горак, 2.огорчен, љут

black [*блæк*] - *n.* 1.црна боја, 2.црнац; *a.* црн; *v.*
  обојити у црно

blacksmith [*~смиѿх*] - *n.* ковач

blade [*блејд*] - *n.* сечиво, оштрица

blame [*блејм*] -   *n.* кривица, одговорност,
  прекор; *v.* окривити

blank [*блæнк*] - *n.* празнина; *a.* празан

blanket [*~иѿ*] - *n.* ћебе, покривач

blast [*бласт*] - *n.* 1.удар, 2.струјање, 3.звук, екс-
плозија; *v.* 1.порушити, срушити, 2.пробити

blaze [*блејз*] -*n.* 1.пламен, 2.бљесак, сјај; *v.*
планути

bleach [*бли:ч*] - *n.* белило; *v.* белити

bleak [*бли:к*] - *a.* пуст, туробан, хладан

blend [*бленд*] - *n.* мешавина; *v.* помешати

bless [*блес*] - *v.* благословити

blind [*блајнд*] - *n.* 1.ролетна, 2.слепац; *a.* слеп; *v.*
ослепити, заслепити

blink [*блинк*] - *n.* трепет; *v.* трепнути

block [*блок*] -*n.* 1.пањ, балван, 2.блок, 3.блокира-
ње, спречавање; *v.* 1.препречити, 2.зауста-
вити се, 3.зачепити

blood [*блад*] - *n.* крв; *a.* крвни

bloody [*~и*] - *a.* 1.крвав, 2.проклет, ужасан

bloom [*блу:м*] - *n.* цвет; *v.* цветати

blossom ['*бласам*] - *n.* 1.цвет, 2.цветање; *v.* цве-
тати, пупити

blow [*блоу*] - *n.* удар ветра; *v.* трубити, 2.дувати

blue [*блу:*] - *n.* плава боја; *a.* плав

board [*бо(р)д*] - *n.* 1.даска, 2.табла, 3.одбор,
коми-сија; *v.* 1.даскама обложити, 2.укрцати
се

boat [*боут*] - *n.* брод, чамац

body ['*бади*] - *n.* 1.тело, 2.леш, 3.каросерија

bogus ['*боуѓс*] - *a.* лажан

boil [*бојл*] - *n.* кључање; *v.* 1.скувати, 2.прокувати се, 3.обарити, 4.кључати

bold [*боулд*] - *a.* 1.храбар, смео, 2.бестидан, безобразан

bone [*боун*] - *n.* кост

book [*бук*] - *n.* књига; *v.* 1.укњижити, завести, 2.резервисати

boom [*бу:м*] - *n.* 1.брз пораст, успон, 2.тутњава, 3.полуга; *v.* 1.бучати, тутњити, 2.процветати

boost [*бу:сш*] - *n.* 1.помоћ, подршка, 2.повећање, пораст; *v.* 1.дићи, подићи, 2.повећати

boot [*бу:ш*] - *n.* чизма

booth [*бушх*] - *n.* 1.кабина, 2.тезга, штанд

border ['*бо(р)дѓ(р)*] - *n.* 1.граница, 2.ивица; *v.* ои-вичити; *a.* гранични

bore [*бо(р)*] - *n.* 1.бушилица, 2.гњаватор; *v.* 1.про-бушити, 2.досадити

born [*бо(р)н*] - *a.* рођен

borrow ['*бороу*] - *v.* позајмити

bosom ['*базѓм*] -*n.* 1.груди, прса, 2.загрљај; *a.* присан

boss [*бос*] - *n.* газда, шеф

both [*боуйх*] -*pron.* обојица, обадве; *a.* оба, обе

bother ['*байхд(р)*] -*n.* брига; досадити, угњавити

bottle [*байл*] - *n.* флаша, боца; *v.* флаширати

bottom ['*байдм*] - *n.* 1.дно, 2.дубина; *a.* најнижи

bounce [*баунс*] - *n.* одскок; *v.* бацити да одскочи, одскочити

boundary ['*баундэри*] - *n.* граница, међа

bow [*бау*] - *n.* 1.наклон, 2.лук; *v.* 1.погнути, повити, 2.поклонити се

bowl [*боул*] - *n.* чинија, здела; *v.* куглати

box [*бокс*] - *n.* 1.кутија, 2.ложа, 3.удар; *v.* 1.ставити у кутију, 2.ударити, 3.боксовати

boy [*бој*] - *n.* дечак, момак

brain [*брејн*] -*n.* 1.мозак, 2.памет, ум, 3.покретач

brake [*брејк*] - *n.* кочница; *v.* укочити, кочити

branch [*брӕнч*] - *n* 1.грана, 2.огранак, 3.филија-ла, представништво; *v.* одвојити се, рачвати се

brand [*брӕнд*] -*n.* 1.марка, 2.жиг, знак; *v.* жигосати

brass [*брӕс*] - *n.* месинг; *a.* месинган

brave [*брејв*] - *a.* храбар

bread [*бред*] -*n.* хлеб; *v.* увијати у мрвице, поховати

break [_брејк_] -*n.* 1.прелом, 2.прекид, 3.одмор, пауза; *v.* сломити, преломити, разбити

breakfast ['_брекфәст_] -*n.* доручак; *v.* доручковати

breast [_брест_] - *n.* груди, прса, дојка

breath [_брешх_] - *n.* дах, задах

breathe [_бришх_] - *v.* дисати

breed [_брид_] - *n.* пасмина, врста; *v.* 1.радити, ство-рити, 2.одгајити (стоку, коње), 3.васпитати

breeze [_бри:з_] - *n.* поветарац

brew [_бру_] - *n.* пиће; *v.* варити (пиво)

bribe [_брајб_] - *n.* мито; *v.* подмитити

brick [_брик_] - *n.* цигла, опека; *a.* од цигле

bride [_брајд_] - *n.* млада, невеста

bridegroom [~_ґрум_] - *n.* младожења

bridge [_бриџ_] - *n.* мост; *v.* премостити

brief [_бри:ф_] - *n.* кратак напис, 2.извод; *a.* кратак; *v.* обавестити, информисати

bright [_брајт_] - *a.* 1.светао, јасан, сјајан, 2.бистар, паметан

bring [_бринґ_] -*v.* 1.донети, 2. носити, 3.давати, 4.увести

brisk [_бриск_] - *a.* 1.живахан, 2.оштар

broad [*брод*] - *a.* 1.широк, 2.простран, 3.општи

broadcast [*~каст*] - *n.* емисија, пренос; *a.* емито-ван; *v.* емитовати

broken ['*броукдн*] - *a.* 1.сломљен, 2.пропао

broker [*броукдр*] - *n.* посредник

broom [*брум*] - *n.* метла

brother [*брдтхер*] - *n.* 1.брат, 2.фратар

brow [*брау*] - *n.* обрва

brown [*браун*] - *n.* смеђа боја; *a.* смеђ, браон; *v.* запећи

bruise [*бруз*] - *n.* модрица; *v.* направити модрицу

brush [*браш*] - *n.* четка; *v.* 1.четкати, 2.опрати

bubble ['*бдбдл*] - *n.* мехур; *v.* кључати, врити

bucket ['*бдкит*] - *n.* кофа, ведро

budget ['*бдџит*] - *n.* буџет

bug [*бдг*] -*n.* 1.инсекат, буба, 2.прислушниу ре-ђај; *v.* 1.прислушкивати, 2.гњавити

build [*билд*] - *n* стас; *v.* изградити, сазидати

building [*~инг*] - *n.* 1.зграда, 2.изградња

bulb [*бдлб*] - *n* 1.лоптица, 2.сијалица

bulk [*бдлк*] - *n.* 1.велики обим, 2.опсег, 3.неу-пако-ван, расут; *a.* расут; *v.* правити се велики

bull [*бул*] - *n.* 1.бик, 2.мужјак, 3.снажан

bullet [*бөлеш*] - *n.* зрно, метак

bully ['*були*] -*n.* силеција, насилник; *v.* злостављати

bum [*бәм*] - *n.* скитница; *v.* испросити, измолити

bump [*бәмш*] -*n.* 1.лак ударац, 2.чворуга, 3.испупче-ње, џомба; *v.* 1.ударити, лупити, 2.налетети

bunch [*бәнч*] - *n.* 1.грозд, веза, 2.свежањ, 3.дружи-на, група; *v.* нагомилати, груписати

bundle [*бәндл*] - *n.* 1.свежањ, 2.нарамак, 3.замо-туљак; *v.* замотати

burden ['*бә(р)дн*] -*n.* терет, бреме; *v.* оптеретити

bureau ['*бјуроу*] - *n.* 1.биро, управа, уред

burglar ['*бә(р)ѓлә(р)*] - *n.* провалник, обијач

burial ['*беријәл*] - *n.* сахрана, погреб; *a.* погребни

burn [*бә(р)н*] - *n.* опекотина; *v.* 1.спалити, 2.прогорети, 3.опећи (се), 4.изгорети

burst [*бә(р)сш*] - *n.* експлозија; *v.* 1.завалити, 2.пу-ћи, 3.прснути

bury ['*бери*] - *v.* закопати

bus [*бәс*] - *n.* аутобус

bush [*буш*] - *n.* жбун, грм

business ['*бизнис*] - *n.* 1.занимање, посао, 2.трго-вина, бизнис

busy ['*бизи*] - *a.* заузет, запослен

but [*бат*] - *adv.* само; *prep.* осим; *conj.* а, али, него, већ

butcher [*бучә(р)*] -*n.* месар, касапин; *v.* искас-апити

butter [*батә(р)*] - *n.* путер; *v.* намазати путером

button [*батн*] - *n.* дугме; *v.* закопчати

buy [*бај*] - *n.* куповина; купити, набавити

buzz [*баз*] -*n.*1.зујање, 2.жагор; *v.*1.телефонира-ти, 2.зујати, 3.жагорити

by [*бај*] -*adv.* у близини;   *prep.* 1.крај, покрај, поред, 2.мимо, дуж, 3.до

bypass [~*пас*] -*n.* 1.заобилазак,   2.премош-тавање; *v.* заобићи

C

cab [*кӕб*] - n.1.такси, 2.кабина

cabbage ['*кӕбиџ*] - n. купус

cabin ['*кӕбин*] - n.1.кућица,брвнара, 2.кабина

cabinet ['*кӕбинеш*] - n.1.орман,плакар, 2.креденац, 3.кућиште, 4.кабинет

cable ['*кејбӟл*] - n.кабл

cage [*кејџ*] - n. кавез

cake [*кејк*] - n.1.колач,торта, 2.комад

calamity [*кӟ'лӕмиши*] - n.1.несрећа,2.беда

calculate [*кӕлкјӟлејш*] - v.1.израчунати, 2.проценити

calendar ['*кӕлӟндӟ(р)*] - n. календар

calf [*кӕф*] - n. теле

call [*кол*] - n. 1.зов,позив, 2.посета; v. 1.позвати,звати, 2.викнути, 3.сазвати

calm [*кам*] - n. мир, 2.тишина

camera ['*кӕмерӟ*] - n.1.камера, 2.фото апарат

camp [*кӕмш*] - n. 1.логор, 2.камп; v.1.логоровати, 2.камповати

campaign [*кӕм'йејн*] - кампања

can [кæн] - *n.* 1.конзерва, 2.канта; *v.*1.моћи, 2.умети

cancel [кæнсәл] - *v.*1.отказати,укинути, 2.прецртати

candidate ['кæндәдејш] - *n.* кандидат

candle ['кæндәл] - *n.* свећа

candy ['кæнди] - *n.* бомбона, слаткиш

cane [кејн] - *n.*1.трска, 2.штап,палица

cannon ['кæнән] - *n.* топ

canoe ['кәну] - *n.* чамац,кану

canvas [кæнвәс] - *n.*1.платно, 2.слика,платно

cap [кæш] - *n.* 1.капа,качкет, 2.поклопац, 3.каписла

capable ['кејшабәл] - *a.*1.способан, 2.у стању, кадар

capacity ['кәшæсәши] - *n.*1.капацитет, 2.способност, 3.својство

cape [кејш] - *n.* 1.огртач,кабаница, 2.рт

capital ['кæшишәл] - *n.*1.главни град,престоница, 2.капитал, 3.велико слово

captain ['кæшшән] - *n.* капетан,вођа

captive ['кæшшив] - *n.* заробљеник, *a.* заробљен

capture ['кæшчәр] - *v.*1.заробити, 2.ухватити, 3.заузети, 4.освојити

car [*кар*] - *n.*1.аутомобил,кола, 2.вагон

card [*кард*] - *n.* 1.карта, 2.честитка

care [*кæр*] - *n.* брига, пажња, *v.* бринути се

career [*кəрир*] - *n.* каријера

careful [*кæрфəл*] - *a.* 1.опрезан, 2.брижан, пажљив

careless [*кæрлес*] - *a.*1.неопрезан, 2.непажљив

caress [*кəрес*] - *n.* миловање

cargo [*карг̄о*] - *n.* терет, товар

carpenter [*карйəнйəр*] - *n.* столар

carpet [*карйиш̄*] - *n.* тепих

carrier [*кæриəр*] - *n.* 1.носач, 2.превозник

carrot [*кæрəш̄*] - *n.* шаргарепа

carry [*кæри*] - *v.* носити, 2.пренети

cart [*ка(р)ш̄*] - *n.* 1.колица, 2.теретна кола

carve [*ка(р)в*] - *v.* 1.резбарити, 2.урезати, исећи

case [*кејс*] - *n.*1.случај, 2.ствар, 3.парница, предмет, 4.кутија, сандук, 5.футрола, 6.кућиште

cash [*кæш*] - *n.* готовина; *v.* уновчити

castle [*кæсəл*] - *n.* 1.замак, 2.тврђава, 3.топ

casual [*кæжјуал*] - *a.* 1.неочекиван, 2.неформалан, ноншалантан

cat [*кæш̄*] - *n.* мачка

catch [кӕч] - *n.* 1.хватаьс, 2.лов, улов, 3.замка; *v.* 1.уловити, 2.ухватити, 3.оболети, 4.заплести

cathedral [кӕшидрӕл] - *n.* катедрала

catholic [кӕйхолик] - *n.* католик; *а.* католички

cattle [кӕйӕл] - *n.* стока, марва

cause [коз] - *n.* 1.узрок, 2.разлог, 3.процес, парница, 4.циљ, ствар; *v.* проузроковати, узроковати

cautious [коушјӕс] - *а.* обазрив, опрезан

cave [кејв] - *n.* пећина; *v.* 1.издубити, 2.улегнути се

cease [сииз] - *v.* 1.престати, 2.прекинути

ceiling [сиилинг] - *n.* 1.плафон, таваница, 2.врхунац, 3.облачност

celebrate [селӕбрејш] - *v.* 1.славити, величати, 2.прослављати

cell [сел] - *n.* 1.ћелија, 2.собица

cellar [селар] - *n.* подрум

cemetery [семӕшери] - *n.* гробље

census [сенсӕс] - *n.* попис; *v.* пописивати

cent [сенш] - *n.* цент

center [сенйӕ(р)] - *n.* центар, средиште; *а.* средишњи; *v.* 1.центрирати, 2.концентрисати се

central [*сенше̅рəл*] - *а.*1.средишњи, 2.главни

century [*сенћјури*] - *п.* век

cereal [*си(р)иəл*] - *п.* 1.жито, житна каша; *а.* житни

ceremony [*серəмони*] - *п.* 1.обред, свечаност, 2.формалност

certain [*сə(р)ше̅н*] - *а.*1.сигуран, уверен, 2.поуздан, 3.известан

certificate [*сə(р)ше̅ификеј̅ш*] - *п.* 1.сведочанство, уверење, 2.потврда

chain [*чејн*] - *п.* 1.ланац, 2.окови *(pl)*, 3.низ; *v.* везати, оковати

chair [*чер*] - *п.* 1.столица, 2.катедра, 3.председавајући; *v.* председавати

chalk [*чок*] - *п.* креда

challenge [*чаленџ*] - *п.* изазов; *v.* изазвати

chamber [*чæјмбə(р)*] - *п.* 1.комора, 2.соба

champion [*чамйјон*] - *п.* 1.шампион, првак, победник, 2.борац

chance [*чæнс*] - *п.* 1.случај, случајност, 2.срећа, 3.ризик, 4.могућност, 5.веровнатоћа

change [*чејнџ*] - *п.* 1.промена, измена, 2.кусур, 3.ситан новац; *v.* 1.променити, 2.пресвући, 3.сменити

channel [*чæнл*] - *n,* 1.канал, 2.пролаз, 3.канал (ТВ)

chapter [*чайūд(р)*] - *n.* 1.глава, поглавље, 2.период

character [*'кæрдкūд(р)*] - *n.* 1.карактер, 2.морал, 3.личност, 4.слово, 5.симбол; *a.*1.карактерни, 2.лични

charge [*ча(р)џ*] - *n.* 1.надзор, брига, 2.оптужба, 3.трошак, цена, 4.терет, 5.набој, 6.пуњење, 7.јуриш; *v.* 1.обавезати, 2.оптужити, 3.оптеретити, 4.јуришати

charity [*чæриūи*] - *n.* милосрђе, милостиња

charm [*чарм*] - *n.* шарм, чар; *v.* очарати, шармирати

charter [*чарūд*] - *n.* 1.повеља, 2.уговор, 3.повластица, право, 4.закуп; *v.* 1.основати, 2.изнајмити, закупити

cheap [*чи:ū*] - *a.*1.јефтин, 2.лош

cheat [*чи:ū*] - *n.* превара; *v.* преварити

check [*чек*] - *n.* 1.чек, 2.контрола, 3.провера, 4.шах; *v.* 1.зауставити, 2.дати шах, 3.предати

cheek [*чи:к*] - *n.* образ

cheer [*чи:р*] - *n.* веселост; *v.* клицати

cheerful [*чи:(р)фл*] - *a.* весео

cheese [*чи:з*] - *n.* сир

chest [*чесū*] - *n.* 1.прса, груди *(pl)*, 2.сандук, 3.орман, 4.кутија

chew [*чу:*] - *v.* жвакати, гристи

chicken [*чикдн*] - *n.* 1.кокошка, 2.кокошије месо, *a.* кукавички

chief [*чи:ф*] - *n.* 1.шеф, 2.поглавица; *a.* главни

child [*чајлд*] - *n.* дете

chill [*чил*] - *n.* хладноћа; *a.*1.хладан, леден, 2.немилосрдан

chimney [*чимни*] - *n.* димњак, оцак

chin [*чин*] - *n.* 1.брада, 2.подбрадк

chocolate ['*чоклиū*] - *n.* чоколада, *a.* чоколадни

choice [*чоис*] - *n.* избор, *a.* одабран, одличан

choir ['*куаид*] - *n.* хор

choke [*чоук*] - *n.* 1.гушење, 2.сауг, чок, *v.* 1.гушити (се), 2.загушити, пригушити

choose [*чууз*] - *v.* 1.бирати, 2.изабрати, 3.одлучити

chop [*чоū*] - *n.* 1.шницла, одрезак, 2.расцеп, чељуст; *v.* 1.сећи, одсећи, 2.резати, 3.фашират

Christ [*Крајсū*] - *n.* 1.Христ, 2.месија

christen ['*крисдн*] - *v.* крстити

Christian ['*крисчдн*] - *n.* хришћанин

Christmas [*крисмәс*] - *n.* Божић

chronic [*кроник*] - *a.* хроничан

chronicle [*кроникәл*] - *n.* хроника, летопис, *v.* уписати, забележити

church [*чә(р)ч*] - *n.* црква, *a.* црквени

cigarette [*сигәреш*] - *n.* цигарета

cinema [*синәмә*] - *n.* 1.биоскоп, 2.филм

circle [*сә(р)кл*] - *n.* 1.круг, 2.друштво; *n.* 1.заокружити, 2.кружити, 3.окретати се

circuit [*сә(р)киш*] - *n.* 1.круг, обилазак, 2.кружни пут, 3.обртање, 4.обим

circular [*сә(р)кјулә*] - *n.* 1.распис, 2.циркулар; *a.*1.заокружен, округао, 2.заобилазан

circumstance [*сә(р)кәмсшәнс*] - *n.* 1.прилика, околност, 2.стање, 3.појединост

circus [*сә(р)кәс*] - *n.* 1.циркус, 2.раскрсница; *a.* циркуски

citizen [*сишәзән*] - *n.* 1.грађанин, грађанка, 2.држављанин

city [*сиши*] - *n.* град

civil [*сивәл*] -   *a.*1.грађански, цивилан, 2.државни, 3.грађевински, 4.учтив

claim [*клеим*] - *n.* 1.захтев, 2.потраживање, тражење, 3.полагање права; *v.* 1.захтевати, тражити, 2.тврдити

clap [клæй] - *n.* пљесак, прасак, *v.* 1.пљеснути, 2.пљескати, аплаудирати, 3.стрпати

clash [клæш] - *n.* 1.удар, 2.судар, 3.сукоб, *v.* 1.сударити се, 2.сукобити се

class [клаас] - *n.* 1.класа, 2.разред, *v.* класирати, поделити у класе

claw [кло] - *n.* канџа; *v.* грепсти канџама

clay [клеи] - *n.* глина, иловача

clean [клишн] - *a.*1.чист, 2.невин, 3.празан, неиспиcан; *adv.* 1.чисто, 2.сасвим; *v.* 1.чистити, очистити, почистити, 2.прати, опрати

clear [клиџ] - *a.*1.јасан, 2.светао, 3.ведар, 4.провидан; *adv.* 1.савршено, 2.сасвим; *v.* 1.чистити, 2.поспремити, 3.распремити, 4.испразнити, 5.уклонити

clearly [клиџрли] - *a.* јасно

clergy ['клџ(р)џи] - *n.* свештенство

clerk [клџ(р)к] - *n.* 1.писар, 2.службеник

clever ['клевџ] - *a.* 1.паметан, бистар, 2.способан, вешт, вичан

client ['клаиднт̄] - *n.* клијент

cliff [клиф] - *n.* литица, гребен

climate ['клаимџт̄] - *n.* клима

climb [клаим] - *n.* пењање, успињање; *v.* 1.пењати се, попети се

cling [клин(г)] - v. 1.приањати, 2.држати се (нечега)

clip [клип] - n. 1.нешто острижено, 2.оквир, магацин (на пушци); v. 1.остриђи, 2.поткресати, резати

cloak [клоук] - n. 1.огртач, 2.маска; v. 1.заогрнути, 2.прикрити

clock [клок] - n. часовник, сат; v. измерити време

close [клоуз] - n. крај, завршетак; a.1.близак, 2.затворен, 3.садржајан, 4.тајан; v. 1.затворити, 2.завршити

closely [клоузли] - adv. 1.блиско, присно, тесно, 2.пажљиво

closet [клозит] - n. ормар, плакар

cloth [клоth] - n. 1.материјал, штоф, 2.покривач

clothe [клоуth] - v. обуђи (се)

clothing [клоуthинг] - n. одећа, одело

cloud [клауд] - n. облак; v. 1. наоблачити се, 2.замрачити се

club [клаб] - n. 1.клуб, 2.тољага, батина; v. 1.допринети, 2.уједињавати се, 3.батинати

cluster ['клѕстѕр] - n. 1.свежањ, 2.група, 3.бокор, 4.грозд; v. скупљати се

coach ['коуч] - *n.* 1.кола, 2.васпитач, 3.тренер; *v.* 1.подучавати, 2.бити тренер

coal [коул] - *n.* угаљ; *v.* угљенисати

coarse [ко(р)с] - *a.*1.груб, необрађен, 2.прост, 3.сиров

coast [коусӣ] - *n.* 1.обала, 2.падина; *v.* пливати уз обалу

coat [коуӣ] - *n.* 1.капут, 2.омот, 3.слој; *v.* 1.обући, 2.превући, 3.премазати

cock [кок] - *n.* 1.петао, 2.окидач на пушци; *v.* 1.напети пушку, 2.нађулити уши, 3.накривити шешир

cockroach [кокроуч] - *n.* бубашваба

cocktail ['кокӣеил] - *n.* коктел

cocoa ['коукоу] - *n.* какао

code [коуд] - *n.* 1.законик, 2.правилник, 3.код, шифра; *v.* шифровати, кодирати

coffee ['кофи] - *n.* кафа

coffin ['кофин] - *n.* мртвачки сандук

coin [коин] - *n.* 1.ковани новац, 2.новчић; *v.* 1.ковати, 2.правити, сковати, 3.смислити

coincidence [коу'инсӣӣнс] - *n.* 1.подударање, поклапање, коинциденција, 2.случајност

cold [коулд] - *n.* 1.хладноћа, 2.назеб; *a.* хладан

collaboration [кӑлӕбӑ'реишӑн] - *n.* сарадња

collapse [kə'л ɐйс] - n. 1.пад, 2.пропадање, 3.расуло, 4.колапс; v. 1.срушити се, 2.изнемоћи

collar ['колə] - n. 1.оковратник, крагна, 2.огрлица

collect [кə'лекш] - v. 1.скупљати (се), 2.скупити (се), 3.сабирати

collection [кə'лекшн] - n. 1.збирка, колекција, 2.износ скупљеног новца, 3.прибраност

collective [кə'лекшив] - a.1.заједнички, колективан, 2.удружен

college ['колиц] - n. 1.колец, 2.колегијум, 3.академија

collusion [кə'лужн] - n. дослух

colonel ['кə(р)нəл] - n. пуковник

colonial [кə'лоунидл] - a. колонијалан

colony ['кəлəни] - n. 1.колонија, 2.насеље

color ['калə(р)] - n. боја, колор, v. обојити, колорисати

colt [коулш] - n. 1.ждребац, 2.неискусан младић, 3.новајлија

column ['колəм] - n. 1.стуб, 2.стубац, колона

comb [коум] - n. 1.чешаљ, 2.креста од петла, 3.саће; v. 1.чешљати(се), 2.претраживати

combination [*комбиʼнеишəн*] - *n.* 1.комбинаци-
ја, 2.састав, 3.спој, спајање

combine [*кəмʼбаин*] - *v.* 1.комбиновати, 2.саста-
вити, 3.ујединити, здружити

come [*кам*] - *v.* 1.доћи, 2.збити се, одиграти се

comfort [*ʼкамфəт̄*] - *n.* 1.удобност, 2.задово-
љство, 3.утеха; *v.* тешити, утешити

comfortable [*ʼкəмфт̄əбəл*] - *a.* удобан

coming [*ʼкаминг̄*] - *n.* долажење, приближа-
вање; *a.* будући, који долази

command [*кəʼма:нд*] - *n.* 1.заповест, наредба,
команда, 2.власт, 3.управљање; *v.* 1.наредити,
заповедити, 2.управљати

commander [*кəʼма:ндə*] - *n.* командант

commence [*кəʼменс*] - *v.* 1.почети, започети,
2.настати

commend [*кəʼменд*] - *v.* 1.препоручити, 2.по-
хвалити, 3.предати

comment [*ʼкəмент̄*] - *n.* коментар, примедба; *v.*
коментарисати

commerce [*ʼкомə(р)с*] - *n.* 1.трговина, 2.размена

commission [*кəʼмишəн*] - *n.* 1.посао, 2.наредба,
3.комисија, 4.пуномоћ, 5.комисион; *v.* 1.изда-
ти налог, 2.ставити у службу, 3.наименовати

commit [кә'мит] - v. 1.извршити, 2.предати, 3.посветити (се), ангажовати (се)

committee [кә'мити] - n. одбор, комитет, комисија

common ['комән] - n. 1.општинско или државно земљиште, 2.обичност, безначајност; a.1.обичан, 2, неоригиналан, 3.незанимљив, 4.општи, заједнички

communication [кәмјуникејшн] - n. 1.комуникација, 2.веза, 3.саопштавање, саопштење

community [кәмјунити] - n. 1.заједница, 2.подударност, сличност

companion [кәмпӕнидн] - n. 1.друг, сапутник, 2.ортак

company [к'ампдни] - n. 1.друштво, 2.чета, 3.компанија, предузеће

compare [к'омпер] - v. поредити, упоређивати

comparison [к'омпӕрисн] - n. поређење, упоређење

compartment [к'омпартмент] - n. 1.одслење, 2.купе

competition [к'омпетишдн] - n. 1.такмичење, 2.конкурс

complain [к'омплејн] - v. 1.жалити (се), 2.оптуживати

complete [*к'омплит*] - *a.*1.довршен, 2.цео; *v.* 1.употпунити, усавршити, 2.завршити, 3.испунити

completely [*к'омплитли*] - *adv.* у потпуности

complicate [*к'омпликејт*] - *v.* компликовати

compliment [*к'омплимент*] - *n.* 1.честитање, 2.поздрав, 3.комплимент; *v.* 1.поздравити, 2.вршити комплимент

compose [*к'омпоуз*] - *v.* 1.компоновати, 2.саставити, 3.написати

composition [*к'омпозишдн*] - *n.* 1.композиција, 2.састав, 3.смеса, 4.једињење

compound [*к'омпау(н)д*] - *n.* 1.састав, 2.спој; *v.* 1.саставити, 2.сјединити, 3.измешати; *a.* састављен

comprehension [*к'омприехеншн*] - *n.* разумевање, схватање

compression [*к'омпдшн*] - *n.* 1.збијеност, 1.компресија

compromise [*к'омпрдмајз*] - *n.* компромис; *v.* нагодити се

compute [*к'омпјут*] - *v.* рачунати

comrade [*к'омрад*] - *n.* друг

conceal [*кднси:л*] - *v.* сакрит

conceive [*кднси:в*] - *v.* 1.разумети, 2.зачети

concentrate [*к'онсəнūрејū*] - *v.* 1.концентри-
рати (се); *n.* концентрат

concept [*к'онсəūū*] - *n.* појам, концепција

concern [*к'онсəрн*] - *n.* 1.брига, забринутост,
2.интерес; *v.* 1.забринути, 2.забринути, 3.ти-
цати се

concert [*к'онсə(р)ū*] - *n.* 1.концерт, 2.саглас-
ност; *a.* концертни

conclude [*конклуд*] - *v.* 1.завршити, 2.закљу-
чити

conclusion [*конклужəн*] - *n.* 1.закључак, 2.крај,
3.решење

concrete [*конкри:ū*] - *n.* 1.бетон; *a.*1.згуснут,
2.конкретан

condemn [*кондем(н)*] - *v.* осудити

condition [*кондишəн*] - *n.* 1.стање, 2.услов

conduct [*кондəкū*] - *n.* 1.држање, понашање,
2.вођење; *v.* 1.водити, 2.дириговати,
3.понашати се

conference [*конферəнс*] - *n.* конференција, сас-
танак

confession [*конфəшин*] - *n.* 1.признање, 2.ис-
повест

confidence [*конфидəнс*] - *n.* поверење

conflict [*конфликū*] - *n.* 1.сукоб, 2.борба

confront [кон'фронт] - v. суочити

confusion [кəн'фјужн] - n. 1.забуна, 2.збуњеност, 3.конфузија

congratulation [кəнгрæтјулејшн] - n. честитање

congress [конгрес] - n. конгрес

connect [кəнект] - v. везти, спојити

connection [кəнекшн] - n. веза

conscience [коншəнс] - n. савест

conscious [коншјус] - a. свестан

consent [кəнсент] - n. пристанак; v. пристати

consequence [консиквəс] - n. 1.последица, 2.исход

consequent [консиквəнт] - a.1.доследан, 2.следећи

conservation [конзəрвејшн] - n. чување

conserve [кəнзə:в] - v. 1конзервирати, 2.чувати, 3.одржавати

consider [кəнсидə:] - v. 1.размотрити, 2.сматрати, 3.уважавати

considerable [кəнсидрəбл] - a. знатан

consideration [кəнсидəрејшн] - n. 1.обзир, 2.разматрање, 3.накнада

consist [кəнсист] - v. састојати, сачињавати

consolidate [кә'солидејш] - v. утврдити, учврс-
тити

constant [констәнш] - n. константа; а.сталан,
постојан

constitution [консшишју:шн] - n. устав

construct [кәнсшра:кш] - v. 1.градити, 2.смис-
лити

construction [кәнсшрә:кшн] - n. 1.градња, 2.сас-
тав, 3.конструкција

consult [кәнсулш] - v. саветовати (се)

consume [кәнзјум] - v. 1.потрошити, 2.појести,
попити

contact [коншакш] - v. 1.ступити у везу, 2.додир

contain [кәншејн] - v. садржати

content [кәншенш] - n. 1.садржај, 2.количина; а.
задовољан; v. задовољити се

contest [кәншесш] - n. 1.борба, 2.такмичење; v.
оспорити

continue [кәншињу] -   v. 1.наставити, про-
дужити, 2.истрајати

continuous [кәншињуус] - а. непрекидан, трајан

contract [коншрæкш] - n. уговор; v. уговорити

contrast [коншрасш] - n. 1.супротност, 2.кон-
траст; v. 1.упоредити, 2.ставити насупрот

contribution [*контри'бју:шн*] - *n.* 1.допринос, 2.прилог

control [*контроул*] - *n.* 1.надзор, 2.управљање, 3.контрола; *v.* 1.надзирати, 2.проверавати, 3.управљати

convenience [*конвиниенс*] - *n.* погодност

convention [*кәнвеншн*] - *n.* 1.састанак, скуп, 2.конвенција, 3.споразум

conversation [*конвәрсејшн*] - *n.* разговор

conviction [*конвикшн*] - *n.* 1.осуда, 2.убеђење

convince [*конвинс*] - *v.* уверити, убедити

cook [*кук*] - *n.* кувар

cool [*ку:л*] - *a.* 1.свеж, хладан, 2.миран; *v.* хладити

cooperation [*ко(у)оûәрејшн*] - *n.* сарадња

copy [*коûи*] - *n.* 1.копија, 2.примерак; *v.* копирати

cord [*ко(р)д*] - *n.* уже

cork [*ко(р)к*] - *n.* чеп од плуте; *v.* зачепити

corn [*ко(р)н*] - *n.* кукуруз

corner [*ко(р)нә(р)*] - *n.* 1.угао, 2.ћошак; *v.* стерати у ћошак

corpse [*ко(р)ûс*] - *n.* леш

correct [*корекû*] - *a.* 1.исправан, 2.тачан, пристојан; *v.* 1.исправити, 2.поправити

cost [*кост*] - *n.* 1.цена, 2.трошак

costly [*костли*] - *a.*1.скуп, 2.скупоцен, драгоцоп

costume [*костјум*] - *n.* костим, гардероба

cottage [*котац*] - *n.* кућица, летњиковац

cotton [*котн*] - *n.* 1.памук, 2.вата

cough [*ко:ф*] - *n.* кашаљ

council [*каунсл*] - *n.* савет, веће

councel [*каунсл*] - *n.* 1.савет, 2.адвокат; *v.* саве-
тoвaње

counsellor [*каунсəлр*] - *n.* 1.саветник, 2.адвокат

count [*каунт*] - *n.* 1.гроф, 2.број, бројање,
3.рачун; *v.* 1.бројити, 2.рачунати

country [*каунтри*] - *n.* земља, држава

county [*каунти*] - *n.* 1.округ, срез, 2.грофовија

couple [*капл*] - *n.* пар, двоје

courage [*кəрц*] - *n.* храброст

courier [*куриə:*] - *n.* курир

course [*ко:с*] - *n.* 1.ток, 2 кретање, 3.ред, 4.трка,
5.правац, 6.мера, 7.јело, оброк; *v.* трчати, ју-
рити

court [*ко(р)т*] - *n.* 1.суд, 2.игралиште, двoрана,
3.двор

cousin [*к'азн*] - *n.* рођак, рођакиња

cover [*ковэр*] -   *n.* 1.покривач, 2.омотач, 3.заштита, 4.корице; *v.* 1.покрити, 2.штитити

cow [*кау*] - *n.* крава

coward [*кауа(р)д*] - *n.* кукавица

crack [*крæк*] - *n.* 1.пукотина, 2.прасак, 3.ударац, 4.покушај; *a.*1.сломити, 2.разбити, 3.крцкати, 4.решити, 5.пући

cradle [*крејдл*] - *n.* 1.колевка, 2.заштитни оквир

craft [*крафт̄*] - *n.* 1.вештина, 2.занат, 3.пловни објекат

crash [*крæш*] - *n.* прасак, 2.судар; 1.разбити, 2.сударити, 3.упасти; *a.* хитан

crawl [*краул*] - *n.* пузање; *v.* пузити

crazy [*крејзи*] - *a.*1.луд, 2.одушевљен

cream [*кри:м*] - *n.* 1.кајмак, 2.крем

create [*криејт̄*] - *v.* створити, креирати

creature [*кричур*] - *n.* створење

credit [*кредит̄*] -   *n.* 1.кредит, 2.поверење, 3.част; *v.* поверовати, веровати

creed [*кри:д*] - *n.* вера, убеђење

creek [*кри:к*] - *n.* поток

crew [*кру*] - *n.* 1.посада, 2.дружина

crime [*крајм*] - *n.* злочин

criminal [*криминэл*] - *n.* злочинац, криминалац; *a.* злочиначки, криминални

cripple [*крипл*] - *n.* богаљ; *v.* осакатити

crisis [*крајсис*] - *n.* криза

critical [*критикэл*] - *a.* критичан

criticism [*критисизм*] - *n.* критика

crop [*кроп*] - *n.* жетва; *v.* 1.одрезати, 2.родити

cross [*крос*] - *n.* 1.крст, 2.раскршће; *v.* 1.прекрстити се, 2.прецртати, 3.пресецати, 4.укрштати; *a.*1.унакрстан, 2.противан

crowd [*крауд*] - *n.* маса, гомила људи; *v.* 1.напунити, 2.гурати се

crown [*краун*] - *n.* 1.круна, 2.глава, теме, 3.врх; *v.* 1.крунисати, 2.окитити

cruel [*круэл*] - *a.* окрутан, суров

crush [*крэш*] - *n.* 1.ударац, 2.судар, 3.ломљење; *v.* 1.смрвити, 2.згњечити

cry [*крај*] - *n.* 1.плач, 2.крик; *v.* 1.викати, 2.плакати

culture [*калчр*] - *n.* култура; *v.* образовати

cup [*кап*] - *n.* 1.шоља, 2.пехар

cure [*кјур*] - *n.* 1.лечење, 2.лек, 3.оздрављење; *v.* лечити, опоравити

curious [*кјуриус*] - *a.* радознао

curl [*кэ(р)л*] - *n.* коврџа; *v.* 1.коврџати, 2 увијати

current [кʼарəн̄ш] - *n.* 1.струја, 2.ток; *a.* 1.теку-
ћи, 2.садашњи

curse [кə(р)с] - *n.* 1.клетва, 2.псовка; *v.* псовати

curtain [кə(р)ш̄н] - *n.* завеса

curve [цə(р)в] - *n.* 1.кривина, 2.лук, 3.прегиб; *v.*
1.савити, 2.кривити

cushion [кəшн] - *n.* јастук

custom [касш̄əм] - *n.* 1.царина, 2.обичај

cut [каш̄] - *n.* 1.рез, 2.пресек, 3.посекотина; *v.*
1.сећи, расећи, 2.кројити

cynic [синик] - *n.* циник

D

dad *[дæд] - n.* отац

daily *[дејли] - n.* дневник; *a.*1.дневни, 2.свакодневан; *adv.* 1.дневно, 2.свакодневно

dairy *[деири] - n.* млекара

damage *[дæмџ] - n.* 1.штета, 2.повреда

damp *[дæмп] - n.* влага; *v.* овлажити; *a.* влажан, мокар

dance *[дæнс] - n.* плес; *v.* плесати, играти

danger *[дæинџе(р)] - n.* опасност

dangerous *[дæинџэрэс] - a.* опасан

dare *[дæи(р)] - v.* 1. усудити се, 2. изазивати, 3. ризиковати

dark *[да(р)к] - n.* тама; *a.* таман, мрачан

darkness *[даркнис] - n.* тама, мрак

darling *[да(р)линг] - n.* 1.драги, драга, 2.љубимац; *a.* драг, драга

date *[деит] - n.* 1.датум, 2.урма; *v.* 1.рачунати временски, 2.забављати се

daughter *[до:тдр] - n.* ћерка

dawn *[до:н] - n.* зора; *v.* свитати

day *[деј] - n.* дан

dead *[дед]* - *a.* мртав

deaf *[деф]* - *a.* глув

deal *[ди:л]* - *n.* пазар, договор

dealer *[ди:лəр]* - *n.* трговац

dear *[ди:(р)]* - *a.* драг, мио

death *[дæūх]* - *n.* смрт

debt *[деū]* - *n.* дуг, дуговање

deceive *[диси:в]* - *v.* преварити, обманути

December *[дисæмбə(р)]* - *n.* децембар

decent *[дисəнū]* - *a.* пристојан

decide *[дисајд]* - *v.* одлучити

decision *[дəсижн]* - *n.* одлука

deck *[дек]* - *n.* палуба

declare *[дəклæр]* - *v.* 1.изјавити, 2.објавити

decline *[диклајн]* - *v.* 1.опадати, 2.одбити; *n.* 1.опадање, 2.слабљење

decoration *[декорејшн]* - *n.* декорација, украс

decree *[дикри:]* - *n.* 1.одлука, 2.пресуда, 3.наређење

deem *[ди:м]* - *v.* 1.судити (о нечему), 2.ценити, 3.веровати

deep *[ди:ū]* - *n.* дубина; *a.* дубок

deer *[ди:р]* - *n.* јелен

defeat *[дифи:ш]* - *n.* пораз; *v.* поразити

defend *[дифенд]* - *v.* одбранити

defense *[дифенс]* - *n.* одбрана

define *[дифајн]* - *v.* дефинисати

definite *[дефиниш]* - *a.* одређен, прецизан

definition *[дефинишн]* - *n.* дефиниција

degree *[дигри]* - *n.* 1.степен, 2.чин, 3.ранг, 4.академски степен

delegate *[делэгејш]* - *n.* изасланик, делегат; *v.* поверити

delicate *[деликэш]* - *a.* 1.фин, 2.нежан, 3.осетљив

delicious *[делишс]* - *a.* изврстан

delight *[дилајш]* - *n.* 1.уживање, 2.радост, усхићење; *v.* 1.радовати се, 2.уживати

deliver *[ди'ливэ(р)]* - *v.* 1.ослободити, 2.породити, 3.испоручити, доставити, 4.разносити

demand *[диманд]* - *n.* захтев; *v.* 1.тражити, 2.захтевати

democracy *[димокрэси]* - *n.* демократија

demolish *[ди'молиш]* - *v.* 1.срушити, порушити, 2.уништити

demonstrate *[демэнсшрејш]* - *v.* 1.показати, 2.доказати, 3.демонстрирати

den *[ден]* - *n.* 1.јазбина, 2.соба за одмор

dense *[денс] - а.* 1.густ, 2.непробојан

deny *[динај] - v.* 1.порећи, 2.одбијати

depart *[ди'ūа(р)ū] - v.* 1.отићи, 2.кренути, 3.удаљити се

departure *[ди'ūачр] - n.* 1.одлазак, 2.полазак

depend *[ди'ūенд] - v.* 1.зависити, 2.ослонити се

deposit *[де'ūозиū] - n.* 1.наслага, нанос, 2.улог; *v.* 1.оставити, 2.уложити

depth *[деūūх] - n.* дубина

describe *[ди'скрајб] - v.* описати

description *[де'скриūшн] - n.* опис

desert *['дизә(р)ū] - n.* пустиња; *а.* 1.пуст, 2.пустињски; *v.* 1.напустити, 2.побећи, 3.дезертирати

deserve *['дизә(р)в] - v.* заслужити

desk *[деск] - n.* писаћи сто

desperate *[десūриū] - а.* очајан

despite *[дәсūајū] - prep.* упркос

destiny *[десūини] - n.* судбина

destruction *[ди'сūракшн] - n.* 1.уништење, 2.пропаст

detail *[ди:ūејл] - n.* детаљ

detest *[ди'ūесū] - v.* 1.мрзити, 2.гнушати (се)

develop *[ди'велоū] - v.* развити, развијати

---

development *[ди'велоῐменῐ]* · *n.* 1.развоj, развитак, 2.проширење

devil *[де'вил]* - *n.* ђаво

dew *[дjу]* - *n.* роса

diamond *[даимə(н)д]* - *n.* 1.диjамант, 2.ромб; *a.* диjамантски

die *[даи]* - *v.* 1.калуп, матрица, 2.коцка; *v.* 1.умрети, 2.чезнути

diet *[даjеῐ]* - *n.* 1.храна, 2.диjета; *v.* бити на диjети

difference *[диференс]* - *n.* разлика

difficult *[дификəлῐ]* - *a.* тежак, jогунаст

dig *[диḡ]* - *v.* копати, ископати; *n.* ископина

digest *[даjḡесῐ]* - *v.* варити, сварити

dimension *[димəншн]* - *n.* димензиjа, величина

diminish *[диминиш]* - *v.* смањити, умањити

dine *[даjн]* · *v.* обедовати (ручак или вечера)

dinner *[динəр]* - *n.* ручак, вечера

direction *[дирəкшн]* - *n.* 1.правац, смер, 2.управа, руководство, 3.режиjа

directly *[даjрекῐли]* - *adv.* 1.директно, непосредно, 2.право

dirt *[дə(р)ῐ]* - *n.* 1.прљавштина, 2 блато

dirty *[дə(р)ῐи]* - *a.* 1.прљав, 2.гадан

disability *[дисәбилищи]* - *n.* инвалидност, нес-
способност

disagree *[дисәгри]* - *v.* не слагати се

disappear *[дисәши(р)]* - *v.* нестати, ишчезнути

disappoint *[дисәшоинщ]* - *v.* разочарати

disaster *[дизасщә(р)]* - *n.* велика несрећа, ката-
строфа

discipline *[дисишлин]* - *n.* 1.дисциплина, 2.казна;
в. казнити

discourage *[диск'арџ]* -   *v.* 1.обесхрабрити,
2.одвратити, одговорити

discover *[дисковә(р)]* - *v.* открити, пронаћи

discovery *[дисковәри]* - *n.* откриће, проналазак

discussion *[диск'ашн]* - *n.* дискусија, расправа

disease *[диси:з]* - *n.* болест

dish *[диш]* - *n.* 1.тањир, чинија, 2.јело

dislike *[дислајк]* - *n.* недопадање, одвратност; *v.*
не волети, не допадати се

dismiss *[димис]* - *v.* отпустити

display *[дисшлеј]* - *n.* 1.излагање, изложба, 2.ис-
пољавање, 3.видео-приказ

dispose *[дисшоз]* - *v.* разместити, расподелити

dispute *[дисшјущ]* -   *n.* препирка, свађа; *v.*
1.расправљати, 2.оспоравати

dissolve *[дизолв]* - *v.* 1.растворити, 2.распустити

distance *[дистанс]* - *n.* растојање, удаљеност; *v.* удаљити

distant *[дистант]* - *a.* далек, удаљен

distribution *[дистрибјушн]* - *n.* дистрибуција, подела

district *[дистрикт]* - *n.* срез, подручје, област

disturb *[диста(р)б]* - *v.* 1.сметати, 2.узнемиравати

ditch *[дич]* - *n.* ров, јарак

dive *[дајв]* - *v.* ронити; *n.* роњење

diver *[дајвəр]* - *n.* рониоц, гњурац

divide *[дивајд]* - *v.* делити, поделити

division *[дивижн]* - *n.* 1.подела, 2.део, 3.дивизија

divorce *[диворс]* - *n.* развод; *v.* развести

do *[ду]* - *v.* 1.чинити, 2.вршити, извршити, 3.спремати, 4.удаљити, 5.урадити, 6.скувати, испећи, 7.као помоћни глагол

dog *[дог]* - *n.* пас, куче

doll *[дол]* - *n.* лутка

domestic *[доместик]* - *a.* домаћи

door *[до:р]* - *n.* врата

dot *[доū]* - *n.* тачка

double *[дабл]* - *a.* 1.двострук, двојни, 2.лукав, 3.двапут већи, 4.дупли; *adv.* 1.двоструко, 2.удвоје; *v.* 1.удвостручити, 2.савити; *n.* 1.двојник, 2.двострука количина, 3.заменик

doubt *[дауū]* - *n.* сумња; *v.* сумњати

down *[даун]* - *n.* 1.паперије, 2.неуспех; *a.* 1.који силази, 2.смањен, опао, 3.потиштен; *adv.* доле; *prep.*1.низ, 2.дуж, 3.на доле; *v.* оборити

dozen *[дозен]* - *n.* туце

drag *[д(р)ǣ]* - *v.* 1.вући, 2.развлачити

drain *[дреин]* - *n.* 1.канал, одвод, 2.канализација; *v.* 1.исушивати, 2.одводити воду, 3.исцрпсти

dramatic *[д(р)æмаūик]* - *a.* 1.драматичан, 2.драматски

draw *[дро:]* - *n.* вучење, 2.нерешена игра, 3.извлачење; *v.* 1.навући, 2.потегнути, 3.извадити, 4.црпсти, 5.привући, 6.цртати

drawer *[дро:ə(р)]* - *n.* 1.фиока, 2.цртач

dream *[дри:м]* - *n.* 1.сан, 2.маштање; *v.* 1.сањати, 2.маштати

dress *[дрес]* - *n.* 1.одело, 2.хаљина; *v.* обући (се)

drill *[дрил]* - *n.* вежба, увежбавање; *v.* 1.бушити, 2.тренирати, вежбати

drink *[дринк] - n.* пиће; *v.* 1.пити, 2.опијати се

drive *[драјв] - n.* вожња; *v.* возити, управљати

driver *[драјвәр] - n.* возач, шофер

drop *[дроп] - n.* 1.кап, 2.пад; *v.* 1.испустити, 2.спустити, 3.напустити, 4.одустати, 5.падати, 6.изручити, 7.срушити се

drown *[драун] - v.* удавити (се)

drug *[др'аг] - n.* 1.дрога, 2.лек

drum *[др'ам] - n.* добош, бубањ; *v.* ударати у добош

dry *[драи] - a.* сув; *v.* осушити, исушити

due *[дју] - n.* 1.признање, 2.чланарина; *a.* 1.доспео, 2.дужан, 3.очекиван

dull *[д'ал] - a.* 1.туп, 2.глуп, 3.досадан, 4.слаб, 5 потмуо; *v.* 1.иступити, 2.ублажити

dumb *[д'ам] - a.* 1.нем, 2.глуп

during *[дјуринг] - prep.* за време, у току

dust *[д'асй] - n.* прашина; *v.* брисати прашину

duty *[дјуйи] - n.* 1.дужност, 2.служба, 3.поштовање, 4.царина

dye *[дај] - n.* боја; *v.* обојити

dying *[дајинг] - a.* који умире

E

each *[и:ч]* - *a.* сваки

eager *['и:ғә(р)]* - *a.* 1.жудан, 2.похлепан, 3.нестрпљив

eagle *['и:ғл]* - *n.* орао

ear *[иә]* - *n.* 1.уво, 2.слух, 3.клас; *v.* класати

early *['ә:ли]* - *a.* ран; *adv.* 1.рано, 2.благовремено

earn *[ә:н]* - *v.* 1.зарадити, зарађивати, 2.стећи, 3.заслужити

earth *[ә:ūх]* - *n.* 1.Земља, 2.земља; *v.* 1.покрити земљом, 2.окопати, 3.уземљити

ease *[и:з]* - *n.* 1.лакоћа, 2.лагодност, удобност, 3.олакшање, 4.неусиљеност, 5.олакшање; *v.* 1.проширити, 2.попустити, олабавити, 3.олакшати, 4.ублажити

easily *[и:зили]* - *adv.* лако, глатко

east *[и:сūū]* - *n.* исток; *a.* источни, на истоку; *adv.* источно, према истоку

Easter *['и:сūūә(р)]* - *n.* Ускрс

easy *['и:зи]* - *a.* 1.лак, угодан, 2.безбрижан, 3.лабав, 4.слободан, 5.неусиљен; *adv.* лако

eat *[и:ūū]* - *v.* јести

echo *['екоу] - n.* одјек, одзив; *v.* одјекивати

economical *[и:кд'номикдл] -   a.* 1 економски, 2.штедљив

edge *[ец] - n.* 1.оштрина, 2.ивица, 3.граница; *v.* 1.наоштрити, 2.оивичити, 3.обрнути

edition *[и'дишн] - n.* издање

educate *['едјукеиш] - v.* васпитавати

education *[едју'кеишн] -   n.* 1.васпитавање, 2.образовање

effect *[и'фекш] -   n.* 1.резултат, последица, 2.утисак, 3.деловање, 4.корист

effective *[и'фекшив] - a.* 1.делотворан, 2.корис-тан

efort *['ефд(р)ш] - n.* 1.напор, труд, 2.покушај

egg *[ег] - n.* jaje, *v.* наводити на узбуну

eight *[еиш] - n.* осам

eighteen *['еи'ши:н] - n.* осамнаест

eighty *['еиши] - n.* осамдесет

either *['аишхер] - n.* 1.један од двојице, 2.један или други, 3.обоје, *conj.* или

elaborate *[и'лæбдреиш] - v.* развити, разрадити; *a.* усавршен, дотеран

elapse *[и'лæис] - v.* протећи, проћи

elbow *[длбоу] - n.* 1.лакат, 2.прегиб; *v.* 1.гурати се лактовима, потискивати, мувати се

elder *['елдә]* - *n.* 1.старији, 2.старешина, виши по чину, 3.зова; *a.* старији

elect *[и'лект̄]* - *v.* бирати, изабрати

election *[и'лекшән]* - *n.* избори

electrician *[илек'т̄ришн]* - *n.* електричар

electricity *[илек'т̄рисит̄и]* - *n.* електрицитет

element *['еләмәнт̄]* - *n.* 1.елемент, састојак, 2.основ

elephant *['елифәнт̄]* - *n.* слон

elevate *['еливејт̄]* - *v.* уздићи, подићи

elevator *['еливејт̄ә]* - *n.* 1.лифт, 2.дизалица

eleven *[и'левән]* - *n.* једанаест

eliminate *[и'лиминеит̄]* - *v.* 1.елиминисати, уклонити, 2.избацити, изоставити

else *[елс]* - *a.* други; *ad.* 1.иначе, 2.уз то, 3.уместо, 4.осим, поред

emergency *[и'мәџенси]* - *n.* 1.изненадан догађај, 2.хитност, 3.хитна потреба, 4.ванредно стање

emotion *[и'моушн]* - *n.* 1.осећање, 2.осећај, 3.узбуђење

empire *['емт̄аид(р)]* - *n.* империја, царевина

employ *[им'т̄лои]* - *v.* 1.запослити, 2.употребити, 3. применити, 4.служити се

employee *[ем'т̄ли:]* - *n.* службеник

---

employer *[им'плоид(р)]* - *n.* послодавац

employment *[им'плојмент]* - *n.* 1.запосленост, 2.служба, 3.коришћење

empty *['емпти]* - *a.* празан, *v.* испразнити, празнити

enable *[и'неибл]* - *v.* 1.омогућити, 2.оспособити

enclose *[ен'клоуз]* - *v.* 1.затворити, 2.оградити, окружити, 3.приложити

encounter *[ин'каунтд]* - *v.* 1.сусрести, 2.сукобити се; *n.* 1.сусрет, 2.сукоб, борба

encourage *[ин'кариц]* - *v.* охрабрити, подстакнути

end *[енд]* - *n.* 1.крај, завршетак, 2.циљ, намера; *v.* завршити

enemy *['енәми]* - *n.* непријатељ

energy *[енд(р)џи]* - *n.* 1.енергија, 2.сила

enforce *[ин'фо:(р)с]* - *v.* присилити

engine *['енџин]* - *n.* 1.машина, 2.локомотива

engineer *[енџи'нид]* - *n.* 1.инжењер, 2.машиновођа

enjoy *[ин'џои]* - *v.* 1.уживати, 2.веселити се, радовати се, 3.користити

enlarge *[ин'ла:ц]* - *v.* 1.повећати, 2.умножити, 3.проширити се

enough *[и'наф]* - *a.* довољан; *adv.* довољно доста

enter *['енйд(р)]* - *v.* 1.ући, 2.увести, 3.почети

entertain *[ентд'тиеин]* - *v.* гостити, забављати

entire *[ин'тиаид]* - *a.* цео, потпун

entry *['ентири]* - *n.* 1.улаз, улажење, 2.уношење

envelope *['енвдлоуи]* - *n.* 1.коверат, 2.омот, 3.чаура

environment *[ин'ваидрмент]* - *n.* околина, средина

envy *['енви]* - *n.* завист, злоба; *v.* завидети

equal *[и'квдл]* - *n.* личност равна по богатству или рангу; *a.* 1.једнак, раван, 2.дорастао; *v.* 1.изједначити, 2.бити једнак

equality *[и'кволити]* - *n.* једнакост, равноправност

equipment *[и'квиймднт]* - *n.* 1.опрема, 2. опремање

equivalence *[и'квивдлднт]* - *n.* еквивалент, нешто што је једнако; *a.* 1.једнак, 2.одговарајући

erase *[и'реиз]* - *v.* 1.избрисати, 2.уништити

error *['ерд]* - *n.* 1.погрешка, 2.заблуда

eruption *[и'райшн]* - *n.* ерупција, провала

escape *[ис'кеип]* - *n.* бекство, бег; *v.* 1.побећи, умаћи, 2.избегавати, 3.истећи

especial *[ис'пешл]* - *a.* нарочит, посебан, особен

essay *['есеи]* - *n.* 1.есеј, књижевни састав, 2.покушај; *v.* покушати

essence *['есднс]* - *n.* суштина, бит, есенција

essential *[и'сеншдл]* - *n.* суштина; *a.* битан, основни, есенцијални

establish *[ис'тæблиш]* - *v.* 1.основати, успоставити, 2.утврдити

establishment *[ис'тæблишмднт]* - *n.* 1.установа, 2.потврда, 3.уредба

estate *[ис'теит]* - *n.* имање, имовина

esteem *[ис'ти:м]* - *n.* 1.поштовање, 2.процена; *v.* 1.поштовати, 2.разматрати, 3.ценити

estimate *['естимеит]* - *v.* оценити, прорачунати

ethics *['еихикс]* - *n.* 1.етика, 2.филозофија морала, 3.моралност

evacuate *[и'вæкјуеит]* - *v.* 1.евакуисати, 2.испразнити, 3.избацити

evaporate *[и'вæипрвит]* - *v.* испаравати, испарити

eve *[и:в]* - *n.* вече уочи празника

even *['и:вн]* - *n.* вече; *a.* једнак, подједнак, раван; *adv.* једнако, сасвим, чак

evening *['и:внинг]* - *n.* вече; *a.* вечерњи

event *[и'вент]* - *n.* 1.догађај, 2.резултат

eventual *[и'венчуәл]* - *a.* 1.евентуалан, 2.могућ, 3.крајњи, 4.зависан

ever *['евә]* - *adv.* 1.увек, 2.икада, 3.иколико, 4.уопште

every *['еври]* - *a.* сваки, сав, сва, све

everybody *['еврибоди]* - *n.* 1.свски, 2.сви

everyday *['евридеи]* - *a.* свакидањи

evryone *['евриуан]* - *n.* 1.свски, 2.поједини

everything *['евритхинг]* - *n.* 1.свашта, 2.све

everywhere *['евриуеә]* - *adv.* свуда

evidence *['евидәнс]* - *n.* 1.доказ, 2.очевидност, 3.сведочење; *v.* доказати

evident *['евидәнт]* - *a.* очевидан, јасан, евидентан

evil *[и:вл]* - *n.* зло; *a.* 1.рђав, зао, 2.грешан

exact *[иг'зæкт]* - *a.* тачан, правилан; *v.* 1.изнудити, 2.захтевати

examine *[иг'зæмин]* - *v.* испитати

example *[иг'зæмпл]* - *n.* пример

exceed *[ик'си:д]* - *v.* превазићи, надвисити

excel *[ик'сел]* - *v.* 1.надвишавати, 2. Истицати се

excellence *['ексәләнс]* - *n.* 1.изврсност, 2 узвише-
ност

excellent *['ексәләнш]* - *a.* одличан, изврстан

except *[ик'сейш]* - *v.* изоставити, направити
изузетак; *adv.* осим, ван, до

exception *[ик'сейшн]* - *n.* 1.изузетак, 2.приго-
вор

excess *[ик'сес]* - *n.* 1.вишак, 2.разузданост,
неумереност

exchange *[әкс'чејнц]* - *n.* 1.размена, 2.промена,
3.берза; *v.* 1.мењати, разменити

excite *[әксајш]* - *v.* 1.узбудити, узрујати, 2.пот-
стицати

exciting *[әксајшинг]* - *a.* узбудљив

exclaim *[әксклеим]* - *v.* узвикнути

exclamation *['екскләмејшн]* - *n.* узвик, усклик

exclude *[әксклуд]* - *v.* искључити

exclusion *[әксклужн]* - *n.* искључење, искључи-
вање

excuse *[әкскју:з]* - *n.* 1.извињење, 2.изговор; *v.*
1.извинити, 2.оправдати

execute *['ексикјуш]* - *v.* 1.погубити, 2.извршити,
3.управљати

execution *['ексикјушн]* - *n.* 1.извршење, извршавање, 2.погубљење

executive *[иг̄зекјӯш̄ив]* - *n.* извршна власт; *a.* извршни

executor *[иг̄зекјӯш̄(р)]* - *n.* 1.извршилац, 2.извршилац тестамента

exercise *['ексəрсаис]* - *n.* 1.вежба, 2.пракса, 3.кретање; *v.* 1.вежбати, 2.вршити

exhaust *[иг̄'зо:сш̄]* - *n.* издувна цев; *v.* исцрпети, истрошити

exhibit *['ег̄зибиш̄]* - *n.* 1.изложба, 2.изложени предмет, 3.експонат; *v.* 1.изложити, 2.показати, 3.излагати

exhibition *[екси'бишн]* - *n.* 1.изложба, 2.излагање

exile *['ексајл]* - *n.* изгнанство; *v.* изгнати, прогнати

exist *[иг̄'зисш̄]* - *v.* 1.постојати, бити, 2. живети

existence *[иг̄'зисш̄əнс]* - *v.* 1.постојање, 2. живот

exit *[ексиш̄]* - *n.* 1.излаз, 2.одлазак; *v.* изаћи

expand *['ексрæнд]* - *v.* 1.развити, 2.повећати, 3.раширити

expect *[икс'йекш̄]* - *v.* очекивати

expedition *[ексйиđишн]* - *n.* 1.путовање, 2.експедиција, 3.журба

expel [*икс'йел*] - *v.* истерати, избацити

expense [*икс'йенс*] - *n.* трошак, расход

expensive [*икс'йенсив*] - *a.* скуп, драгоцен

experience [*'ексйи:(р)иенс*] - *n.* искуство

experiment [*'екс'йеримднй*] - *n.* експеримент, проба; *v.* вршити експеримент, пробу

expert [*'ексйерй*] - *n.* стручњак; *a.* 1.вешт, 2.стручан

explain [*'ексйлејн*] - *v.* објаснити

explanation [*'ексйлднејшн*] - *n.* објашњење, тумачење

explicit [*'ексйлисий*] - *a.* 1.јасан, 2.изричит

explode [*'ексйлоуд*] - *v.* експлодирати

explore [*'ексйло:(р)*] - *v.* истраживати, испитивати

explosion [*'ексйложн*] - *n.* експлозија

expose [*'ексйоуз*] - *v.* 1.изложити, изнети, 2.открити, 3.осветлити

express [*'ексйрес*] - *n.* 1.брзи воз, 2.експрес, 3.хитна пошиљка; *v.* 1.изразити, 2.објавити, 3.хитно послати; *a.* 1.хитан, 2.јасан

expression [*'ексйрешн*] - *n.* израз

extend [*'ексйенд*] - *v.* 1.испружити, 2.продужити, 3.проширити, 4.указати, изразити, 5.протезати

extension *['ексшеншн]* - *n.* 1.продужетак, продужење, 2.испружање, 3.локал (телефон)

extensive *['ексшенсив]* - *a.* 1.простран, широк, 2.обиман

exterior *[ексши:(р)иəр]* - *n.* спољашност; *a.* спољни

external *[ексшə(р)нəл]* - *a.* 1.спољни, 2.иностран

extra *[ексшра]* - *n.* 1.додатак, 2.споредан издатак; *a.* 1.посебан, засебан, 2.сувишан, 3.споредан; *adv.* посебно, засебно

extract *[екс'шракш]* - *n.* извод, екстракт; *v.* 1.извући, 2.исцедити, 3.излучити

extraordinary *['ексшра'о:днəри]* - *a.* 1.изванредан, нарочит, 2.необичан

extreme *[ексшри:м]* - *n.* крајност, екстрем; *a.* крајни

eye *[ај]* - *n.* око; *v.* 1.гледати, 2.мотрити

eyebrow *[ајбрау]* - *n.* обрва

eyelash *[ајлаш]* - *n.* трепавица

eyelid *[ајлид]* - *n.* очни капак

F

fabric [фӕбрик] - n. 1.тканина, 2.творевина, 3.ткиво, 4.грађевина

face [феис] - n. 1.лице, 2.изглед, 3.површина, 4.гримаса; в. 1.бити окренут према, 2.суочити, 3.пркосити

facility [фӕсилиūи] - n. 1.лакоћа, 2.вештина, 3.објекти, инсталације, постројења (pl)

fact [фӕкū] - n. 1.чињеница, 2.дело, 3.истина

factor [фӕкūдр] - n. 1.агент, 2.фактор, чинилац

factory [фӕкūри] - n. фабрика

faculty [фӕклūи] - n. 1.способност, моћ, 2.факултет

fade [феид] - в. 1.ишчезнути, избледити, 2.венути

fail [фејл] - в. 1.промашити, 2.не успети, 3.подбацити, 4.пропасти, 5.немати

failure [фејлдр] - n. 1.недостатак, 2.оскудица, 3.неуспех

faint [феинū] - v. 1.онесвестити се, 2.клонути; a. 1.слаб, 2.бојажљив

fair [фӕ(р)] - a. 1.леп, 2.праведан, светле коже и косе; n. вашар; adv. часно, поштено

faith *[феј͠тх]* - *n.* 1.вера, 2.верност

fall *[фол]* - *v.* 1.пасти, 2.спустити се, 3.опадати; *n.* 1.јесен, 2.пад, 3.пропаст

false *[фалс]* - *a.* 1.лажан, 2.погрешан, 3.неверан, 4.вештачки

fame *[фејм]* - *v.* 1.прославити; *n.* 1.слава, 2.глас

familiar *[фамилијар]* - *a.* 1.познат, 2.присан, 3.обичан

family *[фӕмили]* - *n.* породица

famous *[фејмͻс]* - *a.* 1.славан, 2.чувен

fan *[фӕн]* - *n.* 1.вентилатор, 2.пропелер, 3.лепеза; *v.* 1.хладити, 2.распалити

fancy *[фӕнси]* - *v.* 1.замишљати, 2.уображавати; *n.* 1.фантазија, илузија, 2.наклоност; *a.* 1.уображен, 2.украшен

fantasy *[фӕн͠тӡи]* - *n.* 1.фантазија, 2.илузија

far *[фа:(р)]* - *a.* далек; *adv.* далеко

farm *[фа:(р)м]* - *n.* 1.фарма, салаш, 2.газдинство; *v.* обрађивати (земљу)

farmer *[фа:(р)мͻ(р)]* - *n.* фармер, земљорадник

fashion *[фӕшин]* - *n.* 1.начин, 2.мода, 3.навика; *v.* 1.правити, 2.образовати, 3.уобличити, 4.прилагодити

fast *[фӕ:стͣ]* - *a.* 1.брз, 2.чврст, непомичан, 3.постојан; *v.* постити; *n.* пост

fat *[фӕш]* - *n.* маст, сало; *а* 1.мастан, 2.дебео

fatal *[фејшл]* - *a.* 1.кобан, смртоносан, 2.судбоносан

fate *[фејш]* - *n.* судбина

father *[фа:шхəр]* - *n.* отац

fatigue *[фəши:г]* - *n.* умор; *v.* уморити, изморити

fault *[фо:(л)ш]* - *n.* 1.грешка, 2.кривица

favor *[фејвд(р)]* - *n.* 1.услуга, 2.окриље, 3.наклоност; *v.* 1.штитити, 2.фаворизовати

fear *[фи:ə]* - *n.* страх, бојазан; *v.* страховати, бојати се

feast *[фи:сш]* - *n.* гозба

feather *[фӕшхд(р)]* - *n.* перо, перје

February *[феб(р)уәри]* - *n.* фебруар

fee *[фи:]* - *n.* 1.хонорар, 2.цена, 3.чланарина, 4.школарина

feed *[фи:д]* - *v.* хранити

feel *[фи:л]* - *n.* 1.осећање, 2.додир; *v.* 1.осећати, 2.додирнути

feeling *[фи:линг]* - *n.* 1.осећање, осећај, 2.додиривање

fellow *[фелоу]* - *n.* 1.друг, 2.колега, 3.ортак, 4.члан, 5.суграђанин

female *[фи:мејл]* - *n.* женка; *a.* женски

fence *[фенс] - n.* ограда

fetch *[феч] - v.* отићи и донети

fever *[фивәр] - n.* грозница, температура

few *[фју] - a.* 1.мало, 2.неколико

field *[фи:лд] - n.* 1.поље, њива, 2.област, 3.бојиште

fight *[фаит̄] - n.* 1.борба, 2.туча; *v.* 1.борити се, 2.тући се

figure *[фиг̄ә(р)] - n.* 1.фигура, 2.облик, 3.појава; *v.* 1.рачунати, 2.проценити

fill *[фил] - v.* пунити, напунити

film *[филм] - n.* 1.филм, 2.скрама, танка опна

filter *[филт̄ер] - n.* филтер; *v.* 1.процедити, 2.прочистити

final *[фајнәл] - a.* коначни, последњи

find *[фајнд] - v.* 1.наћи, пронаћи, 2.установити, 3.сматрати

finding *[фајндинг̄] - n.* 1.налаз, откриће, 2.судска одлука

fine *[фајн] - n.* глоба, казна; *v.* казнити, оглобити; *a.* 1.фин, 2.отмен, 3.леп, 4.оштар

finger *[финг̄әр] - n.* прст

finish *[финиш] - n.* 1.крај, 2.фина обрада, полирање; *v.* завршити, довршити

fire *[фајр]* - *n.* 1.ватра, 2.пожар, 3.паљба; *v.* 1.за-
палити, 2.испалити, пуцати

firm *[рд(р)м]* - *n.* фирма, компанија; *a.* 1.чврст,
2.одлучан

first *[фə:сӣ]* - *a.* 1.први, 2.предњи

fish *[фиш]* - *n.* риба; *v.* рибарити, пецати

fist *[фисӣ]* - *n.* песница

five *[фајв]* - *num.* пет

fix *[фикс]* -   *v.* 1.поправити, 2.уредити,
3.учврстити

flag *[флæг̄]* - *n.* застава

flake *[флејк]* - *n.* 1.пахуљица, 2.перут, 3.љуска;
v. 1.љуштити се, 2.перутати

flame *[флејм]* - *n.* пламен

flare *[флæ(р)]* - *n.* 1.букатње, 2.гнев; *v.* плам-
тети, буктати

flash *[флæш]* - *n.* 1.бљесак, 2.сјај, 3.тренутак; *v.*
севнути, синути

flat *[флæӣ]* - *a.* 1.раван, 2.пљоснат, 3.досадан

flavor *[флејвдр]* - *n.* 1.укус, арома, 2.зачин

flee *[фли:]* - *v.* бежати, побећи

fleet *[фли:ӣ]* - *n.* флота

flesh *[флеш]* - *n.* месо, тело

flight *[флаиӣ]* - *n.* 1.лет, летење, 2.плотун

float *[флоуш̄]* - *v.* 1.пловити, 2.лебдети

flood *[флеад]* - *n.* поплава; *v.* поплавити

floor *[фло:(р)]* - *n.* 1.под, 2.спрат

flour *[флау(р)]* - *n.* брашно

flower *[флауд(р)]* - *n.* цвет

fluid *[дфлуид]* - *n.* течност; *a.* 1.течан, 2.гасовит

fly *[флаи]* - *n.* мува; *v.* 1.летети, 2.бежати, побећи

foam *[фоум]* - *n.* пена

fog *[фог̄]* - *n.* магла

folk *[фо:к]* - *n.* народ, људи

follow *[фолоу]* - *v.* пратити, следити

food *[фу:д]* - *n.* храна

fool *[фу:л]* - *n.* будала, глупак

foolish *[фу:лиш]* - *a.* 1.луд, 2.смешан, луцкаст

foot *[фуш̄]* - *n.* 1.нога, 2.стопа, 3.подножје

for *[фо(р)]* - *prep.* 1.за, 2.због, 3.из, 4.на, 5.од, 6.упркос, 7.по; *conj.* јер, пошто

forbid *[форбид]* - *v.* забранити

force *[фо(р)с]* - *n.* 1.сила, снага, 2.војска; *v.* 1.натерати, присилити, 2.савладати

forehead *[фо(р)хед]* *n.* чело

forest *[фо(р)ес̄]* - *n.* шума

forever *[фо(р)евдр]* - *adv.* заувек, вечно

forget *[фо(р)ѓеи̅]* - *v.* заборавити

forgive *[фо(р)ѓив]* - *v.* опростити

fork *[фо(р)к]* - *n.* 1.виљушка, 2.рачва

form *[фо(р)м]* - *n.* 1.форма, 2.облик, лик, 3.формулар; *v.* 1.формирати, створити, 2.развијати

former *[фо(р)мер]* - *a.* ранији, бивши, прошли

formula *[фо(р)мјула]* - *n.* формула

fortune *[фо(р)ѿјун]* - *n.* 1.срећа, 2.богатство

forty *[фо(р)ѿи]* - *num.* четрдесет

forward *[фо(р)уа(р)д]* - *a.* предњи; *adv.* напред; *v.* 1.упутити даље, 2.унапредити

fountain *[фауни̅ин]* - *n.* 1.извор, 2.чесма

four *[фор]* - *num.* четири

fragile *[фрацајл]* - *a.* 1.нежан, 2.слаб

fragrance *[фраѓранс]* - *n.* мирис

frame *[фреим]* - *n.* 1.оквир, 2.структура, склоп, 3.систем

free *[фри:]* - *a.* 1.слободан, 2.отворен, 3.бесплатан, 4.либералан

freeze *[фри:з]* - *v.* мрзнути, заледити

frequent *[фрикуени̅]* - *a.* чест

fresh *[фреш]* - *a.* 1.свеж, 2.нов, 3.прохладан, 4.неискусан

Friday *[фраидеј]* - *n.* петак

friend *[френд]* - *n.* пријатељ, друг

from *[фром]* - *prep.* 1.из, 2.од, 3.по

Front *[фронт]* - *n.* 1.чело, 2.лице, 3.фронт; *a.* предњи; *v.* суочити

frontier *[фронти:р]* - *n.* граница

frost *[фрост]* - *n.* мраз, иње

fruit *[фрут]* - *n.* 1.воше, вошка, 2.плод

fry *[фраи]* - *v.* пржити

fuel *[фјуәл]* - *n.* гориво

full *[фул]* - *a.* 1.пун, 2.сит; *adv.* потпуно, сасвим

fun *[фан]* - *n.* 1.забава, 2.шала

function *[фанкшн]* - *n.* 1.дужност, 2.служба; *v.* 1.вршити дужност, 2.функционисати

funeral *[фјунәрал]* - *n.* погреб, спровод

funny *[фани]* - *a.* смешан, забаван

furnace *[фә(р)нәс]* - *n.* 1.пећ, 2.топионица

furniture *[фә(р)ничәр]* - *n.* намештај

further *[фә(р)тхәр]* - *a.* даљи; *adv.* 1.даље, 2.још, 3.уз то

future *[фјутчә:]* - *n.* 1.будућност, 2.будуће време (грам); *a.* будући

G

gadget *[ѓаџет]* - *n.* направа, справа

gain *[ѓеин]* -   *n.* добит, добитак; 1.добити, 2.зарадити

gallery *[ѓелѕри]* - *n.*галерија

gallon *[ѓелѕн]* - *n.* галон

gamble *[ѓембл]* - *v.* коцкати се; *n.* коцка

game *[ѓеим]* - *n.* игра; *v.* храбар

gang *[ѓенѓ]* - *n.* 1.дружина, 2.банда

gap *[ѓеп]* - *n.* 1.рупа, 2.продор

garage *[ѓераж]* - *n.* гаража

garbage *[ѓарбиџ]* - *n.* отпаци, ђубре

garden *[ѓердн]* - *n.* врт, башта; *v.* баштованити

garment *[ѓермѕнт]* - *n.* 1.текстил, 2.одело

garnish *[ѓернши]* - *v.* украсити

gas *[ѓес]* - *n.* плин, гас

gate *[ѓеит]* - *n.* капија

gather *[ѓедр]* - в. 1.скупити, 2.брати, набрати

gear *[ѓиир]* - *n.* 1.опрема, 2.прибор, 3.алат, 4.погон брзина; *v.* прилагодити

gender *[џендѕр]* - *n.* род

general *[џендрл]* - *a.* 1.општи, 2.неодређени, 3.главни; *n.* генерал

generate *[џенерæјт̄и]* - *v.* произвести

generation *[џенерајшон]* - *n.* генерација

generous *[џенердс]* - *a.* 1.великодушан, 2.обилан

genius *[џинијдс]* - *n.* геније

gentle *[џентил]* - *a.* 1.нежан, 2.отмен, 3.благ

gentleman *[џентилмдн]* - *n.* господин

genuine *[џењудн]* - *a.* прави, истински

geography *[џиог̄рафи]* - *n.* географија

geology *[џиолоџи]* - *n.* геологиа

geometry *[џиомд̄три]* - *n.* геометрија

germ *[џдрм]* - *n.* клица

gesture *[џешчур]* - *n.* гест, покрет

get *[г̄ет̄]* - *v.* 1.добити, 2.ухватити, 3.стићи, 4.набавити, 5.разумети,

ghost *[г̄оуст̄]* - *n.* дух

giant *[џајднт̄]* - *n.* џин, див; *a.* џиновски

gift *[г̄ифт̄]* - *n.* 1.дар 2.поклон

girl *[г̄дрл]* - *n.* девојчица, девојка

give *[г̄ив]* - *в.* 1.дати, 2.пренети, 3.уступити, 4.поклонити

glad *[г̄лæд]* - *a.* 1.радостан, 2.мио

glance *[глæнс] - n.* 1.сјај, 2. летимичан поглед; *v.* Бацити поглед

glare *[ге:р] - n.* блесак; в. блештати

glass *[глас] - n.* 1.стакло, 2.чаша, огледало

globe *[глоуб] - n.* 1.кугла, 2.глобус, 3.Земља

glory *[глори] - n.* слава; в. 1.поносити се, 2.лик-овати

glow *[глоу] - n.* 1.озареност, 2.зажареност; *v.* 1.сијати (се), 2.ужарити

go *[гоу] - n.* 1.покушај, 2.споразум; *v.* 1.ићи, 2.проћи, 3.ући

goal *[гоул] - n.* 1.циљ, 2.гол

goat *[гоут] - n.* коза

god *[год] - n.* бог

goddess *[годес] - n.* богиња

gold *[голд] - n.* злато

golf *[голф] - n.* Голф

good *[гуд] - n.* 1.добро, 2.корист, добро; *а.* 1.до-бар, 2.користан, 3.ваљан, 4.вешт, способан, 5.поуздан

goodness *[гуднес] - n.* доброта

goose *[гу.с] - n.* гуска

gorgeous *[го:(р)џдс] - а.* диван, раскошан

govern *[говд(р)н] - v.* 1.владати, 2.управљати

government [ɡовд(р)нмднṫ] - n. 1.влада, 2.управа

grace [ɡреис] - n. 1.милост, 2.љупкост, 3.благонаклоност, 4.чари (pl)

grade [ɡреид] - n. 1.степен, 2.разред, 3.нагиб, 4.успон

gradual [ɡрађудл] - a. постепен

graduate [ɡрађуеṫ] - n. дипломирани студент; v. дипломирати

grammar [ɡрæмдр] - n. граматика

grand [ɡрæнд] - a. 1.велик, 2.величанствен

grant [ɡрæнṫ] - n. 1.одобрење, 2.додељена свота; v. 1.одобрити, 2.дати, 3.признати

grape [ɡреиṫ] - n. зрно грожђа

graphic [ɡрæфик] - a. 1.сликовит, 2.графички

grass [ɡрас] - n. трава

grateful [ɡреиṫфул] - a. захвалан

gratitude [ɡраṫиħуд] - n. захвалност

grave [ɡреив] - n. гроб, рака; v. гравирати; a. озбиљан

gravel [ɡравдл] - n. шљунак

graveyard [ɡреивјард] - n. гробље

grease [ɡри:с] - n. маст, мазиво; v. подмазати, умастити

great [*греш*] - *a*. велик, огроман

greed [*гри:д*] - *n*. похлепа

green [*гри:н*] - *n*. 1.зелено, 2.зеленило, биље, 3.зелениш; *a*. 1.зелен, 2.неискусан

grey [*греи*] - *n*. сиво; *a*. 1.сив, 2.сед

grief [*гри:ф*] - *n*. туга

grill [*грил*] - *n*. роштиљ; *v*. испећи на роштиљу

grind [*грайнд*] - *v*. 1.брусити, 2.самлети

grip [*грш*] - *n*. 1.стисак, 2.контрола; *v*. зграбити, ухватити

grocer [*гросэр*] - *n*. бакалин

grocery [*гросэри*] - *n*. 1.бакалница, 2.намирнице

groom [*гру:м*] - *n*. 1.коњушар, 2.младожења; *v*. неговати

ground [*граунд*] - *n*. 1.разлог, основ, 2.тло, 3.земља; *v*. основати, засновати

group [*гру:ш*] - *n*. група; *v*. груписати (се)

grow [*гроу*] - *v*. 1.расти, нарасти, 2.постати, 3.гајити

guarantee [*гарæнши*] - *n*. гаранција, јамство

guard [*гард*] - *n*. 1.одбрана, 2.стражар, 3.спроводник, 4.гарда; *v*. 1.чувати, 2.бранити

guess [*гес*] - *n*. предпоставка; *v*. нагађати, предпоставити

guest *[ґесū]* - *n.* гост

guide *[ґајд]* - *n.* 1.водич, 2.приручник, 3.управ-
љач; *v.* водити, наводити

guilt *[ґилū]* - *n.* кривица

gulf *[ґ'алф]* - *n.* залив

gull *[ґ'ал]* - *n.* 1.галеб, 2.глупан

gum *[ґ'ам]* - *n.* гума

gun *[ґ'ан]* - *n.* 1.пушка, 2.топ, 3.револвер

gust *[ґ'асū]* - *n.* удар ветра

guy *[ґај]* - *n.* човек, момак

Gypsy *[ґиūси]* - *n.* Циганин, Ром

Н

habit *[хæбиш]* - *n.* 1.навика, 2.обичај

habitation *[хæбишејшдн]* - *n.* становање, боравиште

hair *[хер]* - *n.* 1.коса, 2.длака

half *[ха:ф]* - *n.* половина; *a.* по, пола; *adv.* допола, напола, упола

hall *[ха:л]* - *n.* 1.дворана, 2.предсобље

halt *[ха:лш]* - *n.* заустављање, постаја; *v.* зауставити

ham *[хæм]* - *n.* 1.бут, шунка, 2.бутина

hammer *[хæмдрMI]* - *n.* 1.чекић, 2.ороз; *v.* 1.ударити чекићем, 2.поразити

hand *[хæнд]* - *n.* 1.рука, 2.шака, 3.сказаљка; *v.* 1.помоћи, 2.пружити

handle *[хæндл]* - *n.* 1.ручица, 2.дршка; *v.* 1.руковати, 2.управљати

handsome *[хæндсдм]* - *a.* леп, згодан

handwriting *[хæндрајшинг]* - *n.* рукопис

hang *[хæнг]* - *v.* обесити

happen *[лашен]* - *v.* десити се

happening *[хæшенинг]* - *n.* догађај

happiness *[хæшинис]* - *n.* срећа

happy *[хæпи] - a.* срећан

harbor *[ха(р)бдр] - n.* лука, пристаниште

hard *[ха:рд] - a.* 1.тврд, 2.тежак, 3.напоран, 4.јак, 5.неосетљив, суров, 6.непријатан

hardly *[ха:рдли] - adv.* 1.тешко, 2.с муком, 3.једва

hardship *[ха:рдшип] - n.* 1.невоља, 2.тешкоћа

harm *[ха:рм] - n.* 1.штета, 2.повреда; *v.* 1.нашкодити, 2.оштетити

harmful *[ха:рмфдл] - a.* штетан

harmony *[ха:рмони] - n.* хармонија, склад, слога

harsh *[ха:рш] - a.* 1.храпав, 2.суров, 3.оштар

harvest *[ха:рвест] - n.* 1.жетва, 2.берба; *v.* 1.жњети, 2.брати

hasty *[хеиси] - a.* 1.ужурбан, брз, 2.нагао, 3.непромишљен

hat *[хæт] - n.* шешир, капа

hate *[хеит] - n.* мржња; *v.* мрзети

hatred *[хеитред] - n.* мржња

have *[хæв] - v.* 1.имати, поседовати, 2.морати, 3.требати

haven *[хеивдн] - n.* уточиште

hay *[хеј] - n.* сено

hazard *[хæзд̄рд̄]* - *n.* 1.коцка, 2.ризик, 3.случај; *v.* 1.изложити опасности, 2.ставити на коцку, 3.усудити се

haze *[хеиз]* - *n.* измаглица

hazy *[хеизи]* - *a.* магловит, замагљен

he *[хи]* - *pron.* 1.он, 2.онај

head *[хæд]* - *n.* 1.глава, 2.памет, 3.извориште, 4.старешина, управник

headache *[хæдеик]* - *n.* главобоља

headline *[хæдлаин]* - *n.* наслов

heal *[хи:л]* - *v.* лечити, излечити

healing *[хи:линг̄]* - *n.* лечење; *a.* лековит

health *[хæлт̄х]* - *n.* здравље

healthy *[хæлт̄хи]* - *a.* здрав

hear *[хи:р]* - *v.* 1.чути, 2.слушати

hearing *[хи:ринг̄]* - *n.* 1.слух, 2.слушање, 3.саслушање

heart *[ха:рт̄]* - *n.* 1.срце, 2.храброст, 3.језгро, срж

heat *[хи.т̄]* - *n.* 1.топлота, врућина, 2.жега; *v.* угрејати, загрејати

heating *[хи:т̄инг̄]* - *n.* 1.грејање, 2.загрејаност

heaven *[хевн]* - *n.* небо

heavily *[хевили]* - *adv.* тешко

heavy *[хеви] - а.* 1.тежак, 2.тром, 3.утучен

Hebrew *[хи:бру:] - n.* 1.Јеврејин, 2.јеврејски језик

hedge *[хеџ] - n.* ограда; *v.* оградити

heel *[хи:л] - n.* 1.пета, 2.нагнутност; *v.* нагнути се

height *[хаиѿ] - n.* 1.висина, 2.врхунац

heir *[еð(р)] - n.* наследник

hell *[хел] - n.* пакао

helmet *[хелмеѿ] - n.* шлем, кацига

help *[хелѿ] - v.* помоћи

helper *[хелѿдр] - n.* помоћник

helpless *[хелѿлес] - а.* беспомоћан

hen *[хен] - n.* кокош

hence *[хенс] - adv.* 1.одавде, 2.стога, 3.одсада

her *[хðр] - pron.* 1.њу, 2.њој, 3.јој

herb *[хðрб] - n.* 1.трава, 2.лековита биљка

herbal *[хðрбал] - а.* 1.травни, 2.биљни

herd *[хðрд] - n.* крдо, чопор

here *[хи:р] - adv.* овде, овамо

heritage *[хериѿџ] - n.* наследство, наслеђе

hero *[хиро] - n.* 1.јунак, 2.херој

hesitant *[хезитант]* - *a.* који оклева, неодлучан

hesitate *[хезитеит]* - *v.* оклевати

hesitation *[хезитеишн]* - *n.* оклевање, неодлучност

hide *[хаид]* - *v.* крити, сакрити

hiding *[хаидинг]* - *n.* скривање

high *[хаи]* - *a.* 1.висок, 2.узвишен 3.опијен; *adv.* на висини

highly *[хаили]* - *adv.* 1.високо, 2.врло

highway *[хаињеј]* - *n.* главни пут, ауто пут

hike *[хаик]* - *v.* дуга шетња; *v.* шетати (у природи)

hill *[хил]* - *n.* брдо

him *[хим]* - *pron.* 1.њега, 2.га, 3.њему, 4.му

hinder *[хиндәр]* - *v.* спречити, омести; *a.* задњи

hint *[хинт]* - *n.* наговештај, сугестија

hire *[хајр]* - *n.* најам, закуп; *v.* најмити, изнајмити

his *[хиз]* - *pron.* његов

history *[хистдри]* - *n.* историја

hit *[хит]* - *n.* 1.ударац, 2.погодак; *v.* 1.ударити, 2.погодити

hive *[хаив]* - *n.* кошница

hold *[холд]* - *v.* 1.држати (се), 2.задржати, 3.садржати, 4.обуздати, 5.сматрати

holder *[холдәр]* - *n.* 1.држац, 2.власник, 3.заштитник

hole *[хоул]* - *n.* рупа

holiday *[халидеј]* - *n.* 1.празник, 2.распуст, 3.годишњи одмор

hollow *[холоу]* - *n.* шупљина; *a.* шупаљ; *adv.* шупље

holy *[холи]* - *a.* свети

home *[хоум]* - *n.* 1.дом, 2.завичај; *a.* 1.кућни, 2.домаћи

honest *['онесш]* - *a.* поштен

honesty *['онесши]* - *n.* поштење

honey *[х'ани]* - *n.* мед

honor *['ондрI]* - *n.* част, почаст; *v.* високо поштовати

hood *[худ]* - *n.* 1.капуљача, 2.поклопац

hook *[хук]* - *n.* 1.кука, 2.удица; *v.* 1.закачити, 2.закопчати

hope *[хоуш]* - *n.* нада; *v.* надати се

hopeful *[хоушфул]* - *a.* пун наде

hopeless *[хоушлес]* - *a.* без наде

horizon *[хораизн]* - *n.* хоризонт, видик

horn *[хорн]* - *n.* 1.рог, 2.труба

horror *[хо(р)Әр]* - *n.* страва, ужас

horse *[хо:(р)с]* - *n.* коњ

hospital *[хосӣиӣӣӘл]* - *n.* болница

hospitality *[хосӣиӣалиӣи]* - *n.* гостопримство

host *[хоусӣ]* - *n.* 1.домаћин, 2.мноштво

hostage *[хосец]* - *n.* таоц, талац

hostile *[хосӣаил]* - *a.* непријатељски

hot *[хоӣ]* - *a.* 1.врео, врућ, 2.успаљен

hotel *[хоӣел]* - *n.* хотел

hour *['аур]* - *n.* час, сат

hourly *['аурли]* - *adv.* на сат, сваког сата

house *[хаус]* - *n.* кућа, зграда; *v.* 1.привити у кућу, 2.становати

how *[хау]* - *adv.* како

however *[хауевер]* - *adv.* ма како, како год; цонј. ипак

huge *[хјуц]* - *a.* огроман

human *[хјумӕн]* - *n.* људско биће; *a.* људски

humane *[хјумеин]* - *a.* хуман

humanity *[хјумӕниӣи]* -   *n.* 1.човечанство, 2.природне науке *(pl)*

humble *[химбл]* - *a.* 1.понизан, 2.скроман

humiliate *[хјумилијеш]* - *v.* понизити

humor *[хјумдр]* - *n.* хумор, шала

hundred *[х'андред]* - *пит.* сто

hunger *[х'ан̄ӷдр]* - *n.* глад; *v.* гладовати

hungry *[х'ан̄ӷри]* - *a.* гладан

hunt *[х'ан̄ш]* - *n.* лов; *v.* 1.ловити, 2.отерати, 3.тражити

hunter *[х'ан̄шдр]* - *n.* 1.ловац, 2.ловачки пас

hunting *[х'ан̄шин̄ӷ]* - *n.* лов; *a.* ловачки

hurricane *[х'арикеин]* - *n.* олуја, оркан

hurry *[х'ари]* - *n.* ужурбаност, журба; *v.* журити

hurt *[хд(р)ш]* - *n.* 1.повреда, 2.увреда; *v.* 1.повредити, 2.увредити

husband *[х'азбднд14]* - *n.* муж, супруг

hut *[х'аш]* - *n.* колиба, барака

hydrant *[хаидранш]* - *n.* хидрант

hydrogen *[хаидроцен]* - *n.* водоник

hygiene *[хащши:н]* - *n.* хигијена

hymn *[хим(н)]* - *n.* химна

hypnosis *[хаишносдс]* - *n.* хипноза

hypocrite *[хишдкриш]* - *n.* лицемер

hysteria *[хисшириа]* - *n.* хистерија

I

I *[aj]* - *pron.* ja

ice *[аис]* - *n.* 1.лед, 2.сладолед

idea *[аидиа]* - *n.* 1.идеја, замисао, 2.појам

identify *[аидентифај]* - *v.* идентификовати, поистоветити

identity *[аидентити]* - *n.* идентитет

ideology *[аидеолоци]* - *n.* идеологија

idiom *[идиом]* - *n.* идиом

idiot *[идиот]* - *n.* идиот

idle *[æдл]* - *a.* 1.беспослен, 2.бескористан, 3.лењ; *v.* ленчарити

idol *[æдл]* - *n.* идол

if *[иф]* - *conj.* 1.ако, 2.да, 3.да ли, 4.као да

ignorance *['игндрднс]* - *n.* незнање

ignore *[игно(р)]* - *v.* 1.игнорисати, не обазирати се, 2.одбацити

ill *[ил]* - *n.* зло; *a.* 1.болестан, 2.зао, рђав; *adv.* рђаво, зло

illegal *[и'ли:гдл]* - *a.* незаконит

illiterate *[и'литдрит]* - *a.* неписмен

illness *['илндс]* - *n.* болест

illuminate *[и'лју:минеит̄]* - *v.* осветлити

illumination *[илју:минеишн]* - *n.* осветљење

illusion *[и'лу:æн]* - *n.* илузија, варка

illustrate *['илдст̄реит̄]* - *v.* 1.илустровати, 2.објаснити

illustration *[илдс'т̄реишн]* - *n.* 1.илустрација, 2.објашњење, 3.пример

image *['имиџ]* - *n.* 1.слика, 2.лик, 3.углед

imagination *[имæџинеишн]* - *n.* машта, маштање

imagine *[и'мæџин]* - *v.* 1.замислити, 2.маштати, 3.предпоставити

imitate *[ими'т̄еит̄]* - *v.* имитирати, подражавати

immature *[имдт̄ју(р)]* - *a.* незрео

immediate *[и'ми:дјдт̄]* - *a.* непосредан, најближи

immediately *[и'ми:дјдт̄ли]* - *adv.* одмах

immense *[и'менс]* - *a.* огроман

immigrant *[имигрднт̄]* - *n.* усељеник, досељеник

immobile *[имоубаил]* - *a.* непокретан, непомичан

immortal *[и'мо:(р)т̄л]* - *a.* бесмртан

immunity *[и'мјунитиı]* - *n.* 1.имунитет, 2.изузеће

impartial *[импӣа(р)шӏл]* - *a.* непристрастан

impatience *[импӣеишнс]* - *n.* нестрпљење

impatient *[импӣеишнтӣ]* - *a.* нестрпљив

impediment *[импӣедимӣнтӣ]* - *n.* препрека, сметња

imperfect *[имӣд(р)фектӣФ"Тимес"Ћ -* *n.* *(gr.)* имперфекат; *a.* несавршен

imperial *[импӣиридл]* - *a.* царски, империјални

impolite *[импӣолаишӣ]* - *a.* неучтив

import *[имӣо(р)тӣ]* - *n.* 1.увоз, 2.значај; *a.* увозни; *v.* увозити

importance *[им'ӣо(р)тӣнс]* - *n.* важност, значај

important *[им'ӣо(р)тӣнтӣ]* - *a.* важан

impose *[имӣоуз]* - *v.* наметнути, наметати

imposing *[имӣоузинг̄]* - *a.* импозантан, упечатљив

impossible *[им'ӣосибл]* - *a.* немогућ

impotent *[имӣотӣдний]* - *a.* импотентан, немоћан

impress *[имӣрес]* - *n.* отисак; *v.* 1.импоновати, импресионирати, 2.утиснути

imprison *[имӣризн]* - *v.* ухапсити

improbable *[им'йробабл]* - *a.* невероватан

improper *[импройдр]* - *a.* 1.нетачан, 2.неподе-
сан, 3.непристојан

improve *[импру:в]* - *v.* поправити, побољшати

improvement *[импру:вмент]* - *n.* побољшање

impulse *[импдлс]* - *n.* 1.импулс, 2.ударац

in *[ин]* - *prep.* 1.у, 2.на, 3.од, 4.по, 5.при, 6.код,
7.до, 8.за; *adv.* 1.унутра, 2.у, 3.изнутра

inability *[индбилити]* - *n.* неспособност

inaccuracy *[инækјурдси]* - *n.* нетачност

inactive *[инæктив]* - *v.* 1.неактиван, 2.тром

inadequate *[инæдекуат]* - *a.* неадекватан

inaudible *[ино:дибл]* - *a.* нечујан

incapable *[инкејйдбл]* - *a.* неспособан

inch *[инч]* - *n.* инч, палац (2.54цм)

incident *[инсидент]* - *n.* догађај, случај, инци-
дент

incline *[инклаин]* - *n.* нагиб; *v.* нагнути, сагнути

include *[инклу:д]* - *v.* садржати, укључити

income *[инком]* - *n.* приход

incomplete *[инкомйлит]* - *a.* непотпун

inconvenience *[инконвиниднс]* -   *n.* 1.незгода,
2.неугодност, 3.неудобност

inconvenient *[инконвинидит]* - *a.* 1.незгодан, 2.неугодан, 3.неудобан

incorporate *[инкорйдреит]* - *v.* инкорпорисати

incorrect *[инкорект]* - *a.* нетачан

increase *[инкри:с]* - *v.* 1.повећати, 2.умножити

incredible *[инкредибл]* - *a.* невероватан

indecent *[индисдит]* - *a.* непристојан, недоличан

indeed *[инди:д]* - *adv.* заиста

independence *[индейдндданс]* - *n.* независност, самосталност

independent *[индейднддит]* - *a.* независан, самосталан

index *[индекс]* - *n.* 1.индекс, 2.кажипрст, 3.показатељ, индикатор, 4.азбучни списак

indicate *[индикеит]* - *v.* 1.показати, 2.указати на, 3.означавати

indication *[индикеишн]* - *n.* 1.показивање, 2.указивање, 3.знак, 4.наговештај

indifference *[индифердис]* - *n.* равнодушност

indignity *[индигнити]* - *n.* 1.омаловажавање, 2.увреда

indirect *[индирект]* - *a.* посредан, заобилазан

indispensable *[индисиенсдбл]* - *a.* неопходан

individual *[индивидјудл]* - *a.* 1.посебан, 2.лични

indolence *[индəлəнс]* - *n.* тромост, леност

indoor *[индо:(р)]* - *a.* 1.унутрашњи, кућни, 2.затворен

induct *[инд'акт̄]* - *v.* успоставити

induction *[инд'акшн]* - *n.* 1.извођење, навођење, 2.закључак, 3.индукција, 4.увод

industrial *[инд'аст̄ијəл]* - *a.* индустријски

industry *[инд'аст̄ри]* - *n.* 1.индустрија, 2.марљивост

inert *[ин̄:(р)т̄]* - *a.* непокретан

infamous *[инфəмəс]* - *a.* сраман

infant *[инфəнт̄]* - *n.* мало дете, одојче

infantry *[инфəнт̄ри]* - *n.* пешадија

infect *[инфект̄]* - *v.* заразити, инфицирати

infection *[инфекшн]* - *n.* зараза, инфекција

infernal *[инфə(р)нл]* - *a.* паклен

infinite *[инфинит̄]* - *a.* бесконачан

infinity *[инфинит̄и]* - *n.* бесконачност

inflame *[инфлеим]* - *v.* упалити, разбуктати

inflammable *[инфлæимəбл]* - *a.* упаљив, запаљив

inflammation *[инфлæмешин]* - *n.* запаљење

inflate *[инфлеит̄]* - *v.* надувати

inflation *[инфлеишн]* - *n.* 1.надутост, 2.инфлација

influence *[инфлуднс]* - *n.* 1.утицај, 2.моћ

influential *[инфлудншл]* - *a.* утицајан

influenza *[инфлуднзд]* - *n.* грип

inform *[инфо:(р)м]* - *v.* обавестити, саопштити

informal *[инфо:(р)мдл]* - *a.* незваничан, неслужбен

information *[инфо:(р)меишн]* - *n.* обавештење, информација

ingredient *[ингридиједнт]* - *n.* састојак

inhabit *[инхæбит]* - *v.* 1.становати, 2.настањивати

inhabitant *[инхæбитднт]* - *n.* становник

inhale *[инхеил]* - *v.* удисати, удахнути

inherit *[инхерит]* - *v.* наследити

inheritance *[инхеритднс]* - *n.* наследство

inhuman *[инхјуман]* - *a.* нечовечан

initial *[инишл]* - *n.* 1.иницијал, 2.почетно слово

initiate *[инишеjт]* - *v.* 1.увести, 2.покренути

initiative *[инициjдтив]* - *n.* иницијатива

inject *[инцект]* - *v.* 1.убацити, 2.убризгати

injection *[инцекшн]* - *n.* инјекција, убризгавање

injure *[инџə(р)]* - *v.* 1.повредити, ранити, 2.оштетити

injury *[инџури]* - *н.* 1.повреда, 2.штета

injustice *[инџ'астис]* - *n.* неправда

ink *[инк]* - *n.* мастило

inland *[инлæнд]* - *n.* унутрашњост

inlet *[инлеш]* - *n.* 1.приступ, 2.отвор, 3.морски рукавац

inn *[ин]* - *n.* крчма

inner *[инд(р)]* - *a.* унутрашњи

innocence *[иносднс]* - *n.* невиност

innocent *[иносднш]* - *a.* невин

innovation *[иновешн]* - *n.* иновација, новина

inquire *[инкњаид(р)]* - *v.* распитати се

inquiry *[инкњаири]* - *n.* 1.распитивање, 2.истрага

insane *[инсеин]* - *a.* луд

insanity *[инсанишi]* - *n.* лудило

insect *[инсекш]* - *n.* инсект, буба

insecure *[инсекју(р)]* - *a.* несигуран

insert *[инсе(р)ш]* - *n.* 1.уметак, 2.уложак; *v.* 1.уметнути, 2.ставити

inside *[инсаид]* - *n.* 1.унутрашњост, 2.утроба; *a.* 1.унутрашњи, 2.посвећен, упознат; *adv.* унутра

insignificant *[инсигнификðнт]* - *a.* безначајан

insincere *[инсинсир]* - *a.* неискрен

insinuate *[инсињуеит]* - *v.* наговестити

insinuation *[инсињуешн]* - *n.* наговештај

insist *[инсист]* - *v.* настојати, инсистирати

inspection *[инсиекшн]* - *n.* инспекција

inspire *[инсиај(р)]* - *v.* 1.инспирисати, надахнути, 2.удахнути

instability *[инстабилити]* - *n.* нестабилност

install *[инсто:л]* - *v.* поставити, монтирати, инсталирати

installment *[инсто:лмðнт]* - *n.* 1.рата, 2.наставак

instance *[инстанс]* - *n.* 1.пример, 2.случај

instant *[инстант]* - *n.* тренутак, час

instantly *[инстантли]* - *adv.* сместа, одмах

instead *[инстед]* - *adv.* уместо

institute *[инститјут]* - *n.* институт; *v.* успоставити, установити

institution *[инститјушн]* - *n.* 1.установа, 2.уређење

instruct *[инстр'акт]* - *v.* подучавати

instruction *[инст'акшн]* - *n.* 1.упутство, 2.настава, 3.пропис

instrument *[инструмент]* - *n.* 1.оруђе, 2.инструмент, 3.средство

insult *[инс'алт]* - *n.* увреда; *v.* увредити

insurance *[иншуранс]* - *n.* осигурање

insure *[иншу(р)]* - *v.* осигурати

integration *[интеграшн]* - *n.* интеграција

intellect *[интелект]* - *n.* ум, разум, интелект

intelligence *[интелиценс]* - *n.* 1.вест, обавештење, 2.интелигенција

intend *[интенд]* - *v.* намеравати

intense *[интенс]* - *a.* 1.јак, 2.напрегнут

intensity *[интенсити]* - *n.* јачина, интензитет

intent *[интент]* - *n.* намера

interest *[интдрест]* - *n.* интересовање

interesting *[интдрестинг]* - *a.* занимљив

interior *[интид(р)идр]* - *n.* 1.унутрашњост, 2.ентеријер

internal *[интдрндл]* - *a.* 1.унутрашњи, 2.интерни

international *[интдрнашнал]* - *a.* међународни

interpret *[интд(р)прет]* - *v.* тумачити

interpretation *[интṓ(р)пṓретṓешн]* - *n.* тумаче-
ње, интерпретација

interpreter *[интṓ(р)пṓретṓр]* - н. тумач

interrogation *[интṓероѓешн]* - *n.* саслушавање,
испитивање

interrupt *[интṓр'aтṓ]* - *v.* 1.прекинути, 2.упа-
дати

interruption *[интṓр'aшн]* - *n.* прекид, преки-
дање

interval *[интṓрвл]* - *n.* размак, растојање, ин-
тервал

intervention *[интṓрвеншн]* - *n.* интервенција

interview *[интṓрвју]* - *n.* разговор, интервју

intimacy *[интṓимṓси]* - *n.* присност, интимност

into *[интṓу]* - *prep.* у, унутра

intolerance *[интṓолерṓнс]* - *n.* нетрпељивост

intrigue *[интṓри:ѓ]* - *n.* сплетка, интрига

introduce *[интṓрṓдјус]* - *v.* 1.упознати, 2.увести

introduction *[интṓрṓд'aкшн]* - *n.* 1.увод, 2.пред-
стављање

invade *[инвеид]* - *v.* напасти, извршити инвазију

invalid *[инвалид]* - неважећи

invasion *[инвеиæн]* - *n.* 1.напад, инвазија, 2.на-
језда

invent *[инвенш̅]* - *v.* измислити, изумети

invention *[инвеншн]* - *n.* проналазак, изум

inventory *[инвенш̅ори]* - *n.* списак, инвентар

invert *[инвдрш̅]* - *v.* преокренути, преиначити

invest *[инвесш̅]* - *v.* уложити, инвестирати

investigate *[инвесш̅иг̅еиш̅]* - *v.* испитивати, водити истрагу

investigation *[инвесш̅иг̅ешн]* - *n.* истраживање, истрага

invincible *[инвинцибл]* - *a.* непобедњив

invisible *[инвизибл]* - *a.* невидљив

invitation *[инвиш̅еjшн]* - *n.* позив

invite *[инваиш̅]* - *v.* 1.позивати, 2.привлачити

involve *[инволв]* - *v.* 1.завити, запетљати, 2.упетљати, 3.садржавати, 4.обухватати

iron *[аjрдн]* - *n.* 1.гвожђе, 2.пегла; *v.* 1.оковати, 2.пеглати

irony *[аjрдни]* - *n.* иронија

irregular *[иper̅jулд(р)]* - *a.* 1.нередован, 2.неправилан

irrelevant *[ирелеванш̅]* - *a.* споредан, небитан

irresistible *[иperзисш̅ибл]* - *a.* неодољив

irresponsible *[ирисп̅онсибл]* - *a.* неодговоран

irritate *[ириш̅еиш̅]* - *v.* надражити, раздражити

island *[аиланд]* - *n.* острво

isle *[аил]* - *n.* острво

Isolate *[аисолеит]* - *v.* изоловати

issue *[ишју]* - *n.* 1.издавање, 2.емисија, 3.број, издање, 4.исход, 5.предмет разговора; *v.* 1.издати, 2.пустити у оптицај

it *[ит]* - *pron.* то, оно

item *[аитем]* - *n.* 1.предмет, ствар, 2.ставка, тачка, 3.кратка вест

itinerary *[аитиндрдри]* - *n.* маршрута

its *[иц]* - *pron.* 1.његов, 2.свој

itself *[итселф]* - *pron.* оно само, само себе

ivory *[аивдри]* - *n.* слоновача

ivy *[аиви]* - *n.* бршљан

J

jacket *[џӕкиш]* - *n.* кратак капут, жакет

jail *[џејл]* - *n.* затвор; *v.* затворити

January *[џӕнјуӣри]* - *n.* јануар

jar *[џа(р)]* - *n.* 1.ћуп, тегла, 2.потрес, ударац; *v.* уздрмати

jasmine *[џасмин]* - *n.* јасмин

jaundice *[ђо:ндис]* - *n.* жутица

jaw *[џа:]* - *n.* чељуст, вилица

jealous *[џӕлус]* - *a.* љубоморан

jerk *[ђ∂(р)к]* - *n.* 1.трзај, ударац, 2.глупан; *v.* тргнути

jet *[џеш]* - *n.* 1.млаз, 2.млазни авион

Jew *[ђу:]* - *n.* Јеврејин

Jewish *[ђу:иш]* - *a.* јеврејски

jewel *[ђу:∂л]* - *n.* драгуљ, драги камен

job *[ђо:б]* - *n.* посао, запослење

jockey *[ђо:ки]* - *n.* џокеј

join *[џоин]* - *v.* 1.спојити, склопити, саставити, 2.удружити, 3.приступити, учланити се, 4.придружити

joint *[џоинт]* - *n.* 1.зглоб, 2.место спајања; *v.* спојити, саставити; а, удружен

joke *[џоук]* - *n.* шала; *v.* шалити се

jolly *[ђо:ли]* - a. 1.весео, живахан

journal *[ђэрнл]* - *n.* 1.дневник, 2.новине

journalist *[ђэрналист]* - *n.* новинар

journey *[ђэ(р)ни]* - *n.* путовање

joy *[ђои]* - *n.* радост

judge *[џ 'аџ]* - *n.* судија; *v.* 1.судити, 2.проценити

judgement *[џ 'аџмент]* - *n.* 1.суд, пресуда, 2.закључак

judicial *[ђу:дишл]* - a. 1.судски, 2.законит, 3.закључујући

jug *[џ 'аг]* - *n.* бокал

July *[ђулаи]* - *n.* јули

jump *[џ 'амт]* - *n.* скок; *v.* скочити, прескочити

junction *[џ 'анкшн]* - *n.* 1.спој, састав, 2.чвор (железнички)

June *[ђу:н]* - *n.* јуни

jungle *[џ 'англ]* - *n.* џунгла

junior *[ђу:ниэ]* - *n.* 1.млађи (у служби), 2.млађа особа

jurisdiction *[ђу:рисдикшн]* - *n.* 1.надлежност, јурисдикција, 2.правосуђе

juror *[ђу:рәр]* - *n.* поротник

jury *[ђу:ри]* - *n.* порота

just *[џ 'асū]* - *a.* 1.праведан, 2.поштен, 3.прикладан, 4.оправдан; *adv.* 1.тек, 2.скоро, 3.само, 4.баш, управо

justice *[џ 'асūис]* - *n.* 1.праведност, правда, 2.правосуђе, 3.судија, 4.оправданост

justification *[џ 'асūификешин]* - *n.* оправдање

justify *[џ 'асūифаи]* - *v.* оправдати

juvenile *[ђу:вднаил]* - *n.* малолетник; *a.* малолетан

K

kangaroo *[кæнгӯру:] - п.* кенгур

keep *[ки:ӣ] - п.* брига, старање; *v.* 1.држати, 2.одржати, 3.задржати, 4.водити, 5.издржавати, 6.спречити, 7.наставити, продужити, 8.чувати

keeper *[ки:ӣäр] - п.* 1.чувар, 2.хранитељ

keeping *[ки:ӣинг] - п.* 1.држање, одржавање, 2.старатељство, 3.склад

kernel *[кä(р)нел] - п.* језгро

kettle *[кеӣл] - п.* котлић

key *[ки] - п.* 1.кључ, 2.тон, 3.типка, дирка; *а.* кључни, главни

kick *[кик] - п.* 1.ударац ногом, 2.трзање; *v.* 1.ударити ногом, 2.ритати се

kid *[кид] - п.* 1.јаре, 2.клинац; *v.* ојарити се; *а.* 1.јарећи, 2.млађи

kidnap *[киднæӣ] - v.* киднаповати

kill *[кил] - п.* убиство, убијање; *v.* убити, усмртити

killer *[килäр] - п.* убица

kin *[кин] - п.* род, сродност; *а.* сродан

kind *[каинд]* - *n.* 1.врста, тип; *a.* 1.добар, 2.љубазан, 3.нежан, 4.срдачан

kindergarten *[киндбрега(р)дн]* - *n.* дечји вртић

kindle *[киндл]* - *v.* запалити

kindness *[каинднис]* - *n.* доброта

king *[кинг]* - *n.* краљ

kingdom *[кингбдм]* - *n.* 1.краљевина, 2.царство

kiss *[кис]* - *n.* пољубац; *v.* пољубити

kit *[кит]* - *n.* 1.опрема

kitchen *[кичен]* - *n.* кухиња

kite *[каит]* - *n.* змај

kitten *[китдн]* - *n.* маче

knead *[ни:д]* - *v.* месити

knee *[ки:]* - *n.* колено; *v.* гурнути коленом

kneel *[ни:л]* - *v.* клекнути, клечати

knife *[наиф]* - *n.* нож

knight *[наит]* - *n.* витез

knit *[нит]* - *n.* плетиво; *v.* исплести, иштрикати

knitting *[нитинг]* - *n.* плетење

knob *[ноб]* - *n.* 1.чвор, 2.дугме

knock *[нок]* - *n.* 1.удар, ударац, 2.куцање; *v.* 1.ударити, лупнути, 2.куцнути, куцати

knot *[нот]* - *n.* 1.чвор, 2.кврга; *v.* везати

know *[ноу]* - *n.* знање; *v.* 1.знати, 2.познавати

knowledge *[ноулец]* - *n.* 1.знање, 2.наука

known *[ноун]* - *n.* позната; *a.* познат

knuckle *[неакл]* - *n.* зглавак; *v.* 1.латити се, прионути, 2.покорити

L

label *[леибл]* - *n.* етикета, ознака; *v.* 1.означити, 2.жигосати

laboratory *[лǝборǝтри]* - *n.* лабораторија

labor *[лаибǝр]* - *n.* 1.рад, посао, 2.порођај; *v.* радити; *a.* 1.раднички, 2.порођајни

lace *[леис]* - *n.* чипка, пертла; *v.* обрубити чипкама, пертлати

lack *[лæк]* - *n.* недостатак, оскудица; *v.* оскудевати

ladder *[лæдǝр]* - *n.* мердевине

lade *[леид]* - *v.* 1.натоварити, 2.оптеретити

lady *[леиди]* - *n.* госпођа, дама

lagoon *[лǝгу:н]* - *n.* лагуна

lake *[леик]* - *n.* језеро

lamb *[лæмб]* - *n.* 1.јагње, 2.јагњетина

lamp *[лæмп]* - *n.* лампа, светиљка

land *[лæнд]* - *n.* 1.земља, копно, тло, 2.поље; *a.* 1.земљишни, 2.копнени; *v.* 1.искрцати, 2.атерирати, спустити, 3.задати, 4.дочекати се

lane *[леин]* - *n.* 1.стаза, 2.трака (на путу)

language *[лæнгwиџ]* - *n.* језик, говор

lantern *[лæнūīд(р)н]* - *n.* фењер, лампа

lap *[лæи]* - *n.* 1.крило, 2.круг, етапа, 3.преклоп; *v.* 1.сркати, 2.запљускивати

lard *[ла:(р)д]* - *n.* маст

large *[ла:(р)џ]* - *a.* 1.велики, 2.дебео, 3.простран

lash *[лæш]* - *n.* 1.бич, ударац бичем, 2.оштра примедба, 3.трепавица; *v.* шибати

last *[ла:сū]* - *n.* 1.калуп, 2.последњи, 3.крај; *a.* 1.последњи, крајњи, 2.прошли; *adv.* на крају; *v.* 1.трајати, 2.издржати

lasting *[ла:сūинī]* - *a.* 1.трајан, постојан, 2.сталан

latch *[лæч]* - *n.* реза; *v.* затворити резом

late *[леиū]* - *a.* 1.касан, задоцнели, 2.најновији, последњи, 3.бивши, 4.покојни; адv. касно, доцкан

lately *[леиūли]* - *adv.* недавно

latent *[леиūднū]* - *a.* сакривен

lather *[лæūхдр]* - *n.* пена, сапуница

latter *[лæūдр]* - *a.* последњи

laugh *[ла:ф]* - *n.* смех, смејање; *v.* смејати се

laughing *[ла:финī]* - *n.* смејање

laughter *[ла:фūдр]* - *n.* смех

launch *[ло:нч]* - *v.* 1.лансирати, 2.испалити, 3.предузети, покренути

laundry *[ло:ндри] - n.* 1.веш, рубље, 2.сервис за прање, перионица

laurel *[лорэл] - n.* ловор

law *[ло:] - n.* 1.закон, 2.право; *a.* 1.правни, 2.адвокатски

lawn *[ло:н] - n.* травњак

lawyer *[ло:јэр] - n.* адвокат

lay *[леи] - n.* 1.положај, правац, 2.ред, 3.мелодија, песма; *a.* нестручњачки, лаички; *v.* 1.положити, ставити, 2.наместити, 3.оборити, 4.прострти, 5.носити јаја, 6.наложити

layer *[лејер] - n.* слој, наслага

laying *[лејинг] - v.* полагање

laziness *[леизинис] - n.* лењост

lazy *[леизи] - a.* лењ

lead *[ли:д] - n.* 1.вођење, вођство, 2.првенство, 3.проводник; *v.* 1.водити, руководити, 2.предводити, 3.наводити, 4.увлачити у

lead *[лед] - n.* олово

leader *[лидэр] - n.* 1.вођа, 2.првак

leading *[ли:динг] - a.* 1.управни, руководећи, 2.главни, 3.водећи

leaf *[ли:ф] - n.* 1.лист, 2.уметак, 3.крило (од врата/прозора)

leaflet *[ли:флеш]* - *n.* летак

league *[ли:г]* - *n.* савез, лига

leak *[ли:к]* - *n.* 1.пукотина, 2.продор воде; *v.* 1.пропустити, 2.цурити, 3.разгласити

leakage *[ли:киц]* - *n.* 1.цурење, 2.исцурела течност, 3.мањак

leaky *[ли:ки]* - *a.* који цури, пропушта

lean *[ли:н]* - *a.* 1.мршав, 2.посан; *v.* 1.нагнути, 2.наслонити

leap *[ли:й]* - *n.* скок; *v.* прескочити

learn *[лэ(р)н]* - *v.* 1.научити, 2.учити

leather *[лæшхэр]* - *n.* кожа; *a.* кожни

leave *[ли:в]* - *n.* 1.дозвола, 2.растанак; *v.* 1.оставити, 2.напустити

lecture *[лекчр]* - *n.* предавање

leek *[ли:к]* - *n.* празилук

left *[лефш]* - *n.* лева страна; *a.* лево

leg *[лег]* - *n.* нога

legal *[лигэл]* - *a.* 1.законит, 2.судски, правни

legend *[лецend]* - *n.* легенда

leisure *[ли:жу(р)]* - *n.* слободно време

lemon *[лемэн]* - *n.* лимун; *a.* лимунов

lend *[ленд]* - *v.* 1.позајмити, 2.дати на зајам

length *[ленг(к)шх]* - *n.* дужина

lens *[ленз]* - *n.* сочиво

less *[лес]* - *n.* мање; *a.* мање

lesson *[лесдн]* - *n.* 1.час, лекција 2.укор

let *[лет]* - *n.* препрека; *v.* 1.пустити, 2.оставити, 3.препустити

letter *[летдр]* - *n.* 1.писмо, 2.слово

level *[левдл]* - *n.* 1.ниво, 2.инстанца, 3.степен; *a.* раван; *v.* 1.поравнати, 2.нивелисати

lever *[ливдр]* - *n.* полуга, ручица

liability *[лајдбилити]* - *n.* одговорност

liable *[лајдбл]* - *a.* одговоран

liar *[лајдр]* - *n.* лажов

liberty *[либдрти]* - *n.* 1.слобода, 2.дрско понашање

library *[лајб(р)дри]* - *n.* библиотека

license *[лајсднс]* - *n.* овлашчење, дозвола; *v.* дозволити, дати право

lick *[лик]* - *n.* лизање; *v.* лизати

licking *[ликинг]* - *n.* лизање

lid *[лид]* - *n.* 1.поклопац, 2.капак

lie *[лај]* - *n.* лаж, *v.* 1.лагати, 2.лежати

life *[лајф]* - *n.* 1.живот, 2.начин живота, 3.биографија; *a.* 1.животни, 2.за спасавање

lifetime *[лајфтаим]* - *n.* животни век

lift *[лифт]* - *n.* 1.дизање, 2.лифт, 3.дизалица; *v.* 1.подићи, 2.украсти

light *[лаит]* - *n.* 1.светло, осветљење, светлост, 2.лампа; *a.* 1.светао, 2.лак, слаб, танак, 3.површан; *v.* 1.упалити, запалити, 2.осветлити

lighter *[лаитдр]* - *n.* упаљач

lighthouse *[лаитхаус]* - *n.* светионик

lightning *[лаитнинг]* - *n.* муња, гром

like *[лаик]* - *n.* слично; *v.* 1.волети, 2.уживати, 3.допасти се, 4.желети; *a.* 1.сличан, 2.подједнак, 3.вероватан, 4.склон, 5.какав; *adv.* као; цоњ. као; *prep.* 1.као, 2.такав, 3.да, 4.налик на, сличан

likely *[лаикли]* - *a.* вероватан

lilac *[лаиладк]* - *n.* јоргован

limb *[лимб]* - *n.* 1.уд, 2.члан, 3.огранак

lime *[лаим]* - *n.* врста лимуна

limit *[лимит]* - *n.* граница; *v.* ограничити

limitation *[лимиетеишн]* - *n.* ограничење

limited *[лимитдд]* - *a.* ограничен

line *[лаин]* - *n.* 1.линија, 2.ред, 3.канап, уже, 4.врста, род, 5.бора, 6.стих; *v.* 1.стати у ред, 2.поравнати, 3.напунити, 4.наборати

linen *[линин]* - *n.* платно, рубље

lingual *[лингњал]* - *a.* језички, говорни

lining *[лаининг]* - *n.* постава

link *[линк]* - *n.* 1.веза, спона, 2.карика; *v.* везати, спајати

lion *[лајдн]* - *n.* лав

lip *[лип]* - *n.* усна

liquid *[ликњид]* - *n.* течност; *a.* 1.течан, текући, 2.неусиљен, 3.бистар

liquor *[ликд(р)]* - *n.* 1.течност, 2.алкохолно пиће

list *[лист]* - *n.* 1.списак, 2.набрајање; *v.* 1.набројати, 2.унети у списак

listen *[лисдн]* - *v.* слушати, чути

literal *[литрл]* - *a.* буквалан

literature *[литрдчу(р)]* - *n.* књижевност

litter *[литдр]* - *n.* 1.простирка, 2.отпаци, разбацани предмети; *v.* разбацати

little *[литл]* - *n.* мала количина; *a.* мали, мален

live *[лаив]* - *a.* 1.жив, 2.свеж

live *[лив]* - *v.* живети

living *[ливинг]* - *n.* 1.живот, живљење; *a.* жив

lizard *[лизд(р)д]* - *n.* гуштер

load *[лоуд]* - *n.* терет, товар; *v.* 1.натоварити, 2.укрцати, 3.оптеретити, 4.напунити

loaf *[лоуф]* - *n.* векна; *v.* дангубити

loan *[лоун]* - *n.* зајам; *v.* позајмити

local *[лоукл]* - *a.* локалан

location *[ло(у)кешн]* - *n.* положај, локација

lock *[лок]* - *n.* 1.брава, кључаоница, 2.ороз, 3.брана, 4.коврџа; *v.* закључати

locomotion *[локомошн]* - *n.* кретање

locomotive *[локомотив]* - *n.* локомотива

lodge *[лоџ]* - *n.* 1.кућица, 2.лежај, 3.лежиште, 4.ложа; *v.* 1.становати, 2.сместити, 3.дати на чување

logic *[лоџик]* - *n.* логика

lone *[лоун]* - *a.* сам, усамљен

loneliness *[лоунлинис]* - *n.* усамљеност

lonely *[лоунли]* - *a.* сам, усамљен

long *[ло:(н)г̄]* - *a.* 1.дуг, дугачак, 2.дугорочан

look *[лук]* - *n.* 1.поглед, 2.изглед; *v.* 1.гледати, поглењдати, 2.изгледати, 3.чинити се

loop *[лу:п̄]* - *n.* омча, петља; *v.* привезати, направити омчу

loose *[лу:с]* - *a.* 1.слободан, 2.климав, лабав, 3.неупакован, 4.ситан, растресит; *adv.* слободан; *v.* ослободити

loot *[лу:т̄]* - *n.* 1.плен, 2.пљачка; *v.* пљачкати

lord *[ло(р)д]* - *n.* 1.господин, 2.лорд

lorry *[лори]* - *n.* теретна кола

lose *[лу:с]* - *v.* губити, изгубити

loss *[лос]* - *n.* губитак, штета

lost *[лосӣ]* - *a.* изгубљен

lot *[лоӣ]* - *n.* 1.жрег, коцка, 2.судбина, 3.парцела, 4.мноштво

lottery *[лоӣдри]* - *n.* лутрија

loud *[лауд]* - *a.* гласан, бучан

lounge *[лаунц]* - *n.* 1.чекаоница, 2.салон

love *[лов]* - *n.* 1.љубав, 2.љубавник; *a.* љубавни; *v.* волети

low *[лоу]* - *n.* 1.ниска тачка, 2.депресија; *a.* 1.низак, 2.мали

lower *[лоудр]* - *v.* 1.снизити, смањити, 2.тонути, 3.пасти

loyal *[лојал]* - *a.* веран, одан

loyalty *[лојалӣи]* - *n.* верност, оданост

luck *[лак]* - *n.* 1.срећа, 2.случај

lucky *[лаки]* - *a.* срећан

luggage *[лагиц]* - *n.* пртљаг

lullaby *[лалдбаи]* - *n.* успаванка

lumber *[л'амбдр]* - *n.* дрвена грађа, дрво

lump *[л'амӣ]* - *n.* грудва, грумен

lung *[л‘анг̄]* - *n.* плуће
luxury *[лаг̄жури]* - *n.* раскош, обиље, луксуз
lyrics *[лирикс]* - *n.* лирика (пл)

M

machine *[мђши:н]* - *n.* машина, механизам

machinery *[мђши:ндри]* - *n.* машинерија

mad *[мæд]* - *a.* 1.луд, 2.љут, бесан

madam *[мæдђм]* - *n.* госпођа

made *[меид]* - *a.* рађен, урађен

madness *[мæднис]* - *n.* лудило

magazine *[мæѓђзи:н]* - *n.* часопис

magic *[мæџик]* - *n.* чаролија, магија; *a.* чаробан, магичан

magician *[мæџишн]* - *n.* чаробњак, мационичар

magnet *[мæѓниш]* - *n.* магнет

magnificent *[мæѓнифисђнш]* - *a.* величанствен, сјајан

maid *[меид]* - *n.* 1.девојка, 2.слушкиња

mail *[меил]* - *n.* пошта

main *[меин]* - *n.* главни део; *a.* главни, најважнији

mainly *[меинли]* - *adv.* углавном

maintain *[меиншеин]* - *в.* 1.подржавати, 2.одржавати, 3.тврдити

maintenance *[меиншђнднс]* - *n.* одржавање

majestic *[мџесшик] - a.* величанствен

majesty *[мæџесши] - n.* величанство

major *[меиџр] - n.* 1.мајор, 2.пунолетник, 3.главни предмет (у школи); *a.* 1.јачи, већи, 2.пунолетан

majority *[мџориши] - n.* 1.вешина, 2.пунолетност

make *[меик] - n.* 1.израђивање, 2.обрада, 3.облик, 4.стас, 5.врста, 6.марка; *v.* 1.направити, правити, 2.учинити, 3.спремити, 4.проузроковати, 5.натерати, 6.зарадити, 7.постићи

male *[меил] - n.* мужјак, мушкарац; *a.* мушки, мушког пола

malice *[мæлис] - n.* злоба, пакост

malicious *[мæлишис] - a.* злобан, пакостан

man *[мæн] - n.* 1.човек, 2.мушкарац, 3.радник, 4.војник

manage *[мæнџи] - v.* 1.руковати, 2.руководити, 3.изићи на крај, успети

management *[мæнџименш] - n.* 1.воћство, 2.управа, 3.руковање

manager *[мæнџер] - n.* пословођа, директор, управник

mandate *[мæндеш] - n.* мандат

mania *[мæниа] - n.* манија, лудило

maniac *[мениак]* - *n.* манијак, лудак; *а.* сулуд

manifest *[мæнифест]* - *n.* манифест; в. манифестовати, показати

manipulate *[м∂нипјулеит]* - *v.* руководити

mankind *[мæнкаинд]* - *n.* човечанство

manner *[мæнд(р)]* - *n.* 1.начин, 2.врста, 3.понашање, углађеност

manor *[мæндр]* - *n.* господско имање, велика кућа

mansion *[мæншн]* - *n.* дворац

manual *[мæњудл]* - *n.* приручник; *а.* ручни

manufacture *[мæњуфакч∂(р)]* - *n.* 1.израда, 2.индустрија; *v.* производити

manuscript *[мæњускрипт]* - *n.* рукопис

many *[мæни]* - *n.* мноштво; *а.* многи, бројан

map *[мæп]* - *n.* мапа, земљописна карта

marble *[ма:бл]* - *n.* 1.мермер, 2.кликер; *а.* мермерни

March *[ма:(р)ч]* - *n.* март

march *[ма:(р)ч]* - *n.* марш, ходање; *v.* марширати, ходати

margin *[ма:(р)џин]* - *n.* 1.ивица, руб, 2.маргина

marginal *[ма:(р)џиндл]* - *а.* 1.маргинални, 2.крајни

marine *[мƋриːн]* - *n.* морнарица; *a.* морски, поморски

mariner *[мæринƋ]* - *n.* морнар, поморац

maritime *['мæриṫим]* - *a.* поморски, морски

mark *[маːк]* - *n.* 1.знак, ознака, 2.симбол, 3.оцена, 4.обележје, 5.важност, знацење, 6.граница

mate *[меиṫ]* - *n.* 1.друг, 2.помоћник, 3.подофицир, 4.супруг, супруга, 5.мат (у шаху)

material *[мƋṫиƋриƋл]* - *n.* материјал, грађа, *a.* 1.стваран, материјалан, 2.битан, важан

materialize *[мƋṫиƋриƋлаиз]* - *v.* 1.материјализовати, 2.дати конкретну форму, 3.остварити, 4.обистинити се

maternal *[мƋ'ṫƋ(р)нал]* - *a.* мајчински, по мајци

maternity *[мƋ'ṫƋːниṫи]* - *n.* мајчинство

mathematics *[мæṫхи'мæṫикс]* - *n.* математика

matrimonial *[мæṫри'моуниƋл]* - *a.* брачни

matrimony *['мæṫримƋни]* - *n.* брак, женидба

matter *['мæṫƋ]* - *n.* 1.ствар, предмет 2.грађа, материјал 3.посао, 4.садржај, 5.важност, 6.догађај, 7.питање

mattress *['мæṫрƋс]* - *n.* душек, мадрац

mature *[мƋ'ṫјуƋ]* - *n.* зрелост, доспелост; *v.* зрети, сазревати

maturity *[мә'шјурәши]* - *n.* зрелост

maximum *['мәксимәм]* - *n.* максимум, највеца количина; *a.* максималан, највећи, највиши

May *[меи]* - *n.* мај

may *[меи]* - *v.* 1.моћи, 2.смети

mayor *[мејә(р)]* - *n.* градоначелник

me *[ми]* - *pron.* мене, мени, ме

meadow *['медоу]* - *n.* ливада

meal *[ми:л]* -*n.* оброк, јело

mean *[ми:н]* - *n.* 1.средина, средњи пут,

mean *[ми:н]* - *v.* 1.мислити, 2.хтети, 3.намеравати, 4.значити; *a.* 1.подао, 2.бедан, јадан 3.средњи, просечан

meaning *['ми:нин(ӡ)]* - *n.* 1.значење, значај, 2.мисао, 3.намера

meantime *['ми:н'шаим]* - *n.* међувреме

meanwhile *['ми:н'waил]* - *n.* међувреме; *adv.* у међувремену

measure *['межд]* - *n.* 1.мера, 2.мерило, 3.степен; *v.* 1.мерити, одмерити, измерити, 2.просудити, судити

measurement *['междмәнши]* -*n.* 1.мера, 2.мерење

meat *[ми:ш]* - *n.* 1.месо, 2.храна

mechanical *[ми'кәникл]* - *a.* Механички, машински

mechanism *[мекднизм]* - *n.* механизам, машина

mechanics *[ми'кæ никс]* - *n.* механика

medieval *[меди'и:вл]* - *a.* средњевековни

mediate *['ми:дидт]* - *v.* посредовати; *a.* посредни

mediator *['мидиештд]* - *n.* посредник, миритељ

medical *['медикл]* - *a.* 1.медицински, 2.лекарски

medicine *['медисин]* - *n.* 1.медицина, 2.лек

mediocre *['ми:диоукдр]* - *a.* осредњи

meditate *['медитеит]* - *v.* размишљати

meditation *[,меди'тешн]* - *n.* размишљање, разматрање

medium *[ми:дидм]* - *n.* 1.средина, средство, 2.медијум

meet *[ми:т]* - *v.* 1.срести (се), 2.састати (се), 3.наићи, 4.сукобити се, 5.упознати, 6.изаћи у сусрет

meeting *['ми:тин(г)]* - *n.* 1.састанак, седница, 2.митинг

mellow *['мелоу]* - *v.* 1.сазрети, 2.омекшати се, ублаæити; *a.* 1.зрео, 2.мекан, благ

melody *['мелдди]* - *n.* мелодија

melon *['мелдн]* - *n.* диња*

melt *[мелш̄]* -   *n.* 1.топљење, отапање, 2.таљење; *v.* 1.топити (се) 2.талити (се), 3.ганути, ублажити

melting *[ˈмелш̄ин(г̄)]* - *n.* топљење

member *[ˈмембд]* - *n.* члан

membership *[ˈмембд(р)шш̄]* - *n.* чланство

memorandum *[мемдˈрæнддм]* - *n.* 1.меморандум, забелешка, 2.кратко пословно писмо

memorial *[ˈмдмо:ридл]* - *n.* 1.споменик, 2.спомен, споменица, 3.белешка; *a.* што служи за спомен

memorize *[мемордиз]* - *v.* памтити, научити напамет

memory *[ˈмемдри]* - *n.* 1.памћење; 2.сећање, 3.успомена

men *[мен]* - *n. pl.* од ман, људи

mend *[менд]* - *v.* 1.поправити (се), 2.побољшати (се), 3.крпати

mental *[ˈменш̄л]* - *a.* 1.душевни, 2.уман, 3.интелектуални

mention *[ˈменшдн]* - *n.* 1.спомињање, 2.навођење; *v.* споменути, напоменути

menu *[ˈменју:]* - *n.* јеловник

merchandise *[мд(р)чдндајз]* - *n.* роба; *v.* продати

mercy *[ˈме:(р)си]* - *n.* милост, милосрђе

mere *[мид(р)]* - *n.* језеро, поток; *a.* 1.сам, пуки, 2.чист, прост

merely *['мид(р)ли]* - *adv.* само, једино

merit *['мерит]* - *n.* заслуга, заслуженост

merry *['мери]* - *n.* вртешка; *a.* весео, радостан

message *['месц]* - *n.* порука, вест

metal *['метл]* - *n.* метал

meteor *['митиіјə(р)]* - *n.* метеор

meter *['ми;īтə(р)]* - *n.* 1.мера, 2.справа за мерење

method *['метхəд]* - *n.* метод, начин, поступак

metre *['ми:тхə(р)]* - *n.* 1.метар (мера)

metric *['метрик]* - *a.* метрички

metropolis *[ми'тройəлис]* - *n.* метропола, престоница, главни град

metropolitan *[,метрə'йолитəн]* - *a.* престони, нешто што је главног града

mice *[маис]* - *n. pl.* од моусе, мишеви

microphone *['маикрəфоун]* - *n.* микрофон

microscope *['маикрəскоуй]* - *n.* микроскип

mid *[мид]* - *a.* средњи; *prep.* усред

middle *['мидл]* - *n.* Средина, средиште; *a.* 1.средњи, средишњи, 2.по средини, 3.средовечан

midnight *['миднаиш]* - *n.* поноћ; *a.* поноћни

midst *[мидсш]* - *n.* средина; *prep.* усред, у средини

might *[маиш]* - *n.* сила, снага, моћ

mighty *['маиши]* - *a.* моћан, снажан, силан

migrate *[маи'греиш]* - *v.* мигрирати, селити се, мењати боравиште

migration *[маи'греишдн]* - *n.* миграција ,сеоба, сељење

mild *[маилд]* - *a.* благ

mile *[маил]* - *n.* миља

military *['милишдри]* - *a.* војни, бојни

militia *[ми'лишд]* - *n.* милиција

milk *[милк]* - *n.* млеко; *v.* мусти

milky *['милки]* - *a.* млечни

mill *[мил]* - *n.* 1.млин, 2.фабрика; *v.* 1.млети, 2.излемати, измлатити

mimic *['мимик]* - *v.* имитирати, подражавати; *v.* имитатор

mind *[маинд]* - *n.* 1.памет, ум, мишљење, 2.свест, 3.мисао, 4.намера, 5.дух, душа

mine *[маин]* - *pron.* мој

mine *[маин]* - *n.* 1.рудник, 2.мина; *v.* копати руду

miner *[мајнд(р)]* - *n.* рудар

mineral *['миндрдл]* - *n.* 1.руда, 2.минерал; *a.* 1.рудни, 2.минерални

miniature *['минјд͠шид]* - *n.* минијатура; *a.* минијатуран, ситан, мали

minimal *['минимдл]* - *a.* минималан, најмањи

minimum *['минимдм]* - *n.* минимум, најмања количина

mining *[мајнин(г̄)]* - *n.* рударство, *a.* рударски

minister *['минист͠͠ид]* - *n.* 1.министар, 2.свештеник, 3.представник; *v.* 1.служити, 2.помагати, 3.вршити свештеничку службу

ministry *['минист͠͠ри]* -   *n.* 1.министарство 2.свештеничка служба, 3.посредовање

minor *['маинд]* - *a.* 1.мањи, нижи, 2.незнатан, 3.малолетан, 4.другостепен

minority *[мај'нори͠͠͠и]* - *n.* 1.мањина, 2.малолетност

minus *['маиндс]* - *n.* минус; *a.* 1.мање од, 2.без, 3.одречан знак

minute *['мини͠͠и]* - *n.* 1.минут, 2.трен, часак

miracle *['мирдкл]* - *n.* чудо

mirror *['мирд(р)]* - *n.* 1.огледало, 2.одраз; *v.* одражавати се

miserable *['миздрдбл]* - *a.* 1.јадан, 2.мизеран, 3.бедап, 4.жалостан

misery *['миздри]* - *n.* 1.мизерија, 2.беда, 3.јад, 4.невоља, 5.оскудица

misfortune *[мис'фо:тшдн]* - *n.* несрећа, зла срећа

mislead *[мис'ли:д]* - *v.* 1.завести, 2.преварити, обманути

misplace *[мис' īлеис]* - *v.* 1.ставити на погрешно место, 2.дати у погрешне руке

Miss *[мис]* - *n.* госпођица

miss *[мис]* - *n.* 1.промашај, неуспех, 2.губитак; *v.* 1.промашити, 2.неуспети, 3.изгубити, 4.осећати недостатак или помањкање

missile *['мисдл]* - *n.* пројектил, ракета

mission *['мишн]* - *n.* 1.мисија, 2.звање, 3.налог, 4.изасланство

missionary *['мишндри]* - *n.* мисионар

mist *[мисū]* - *n.* магла, измаглица; *v.* замаглити се

mistake *[мис'īиеик]* - *n.*1.грешка, погрешка, 2.забуна, неспоразум; *v.* 1.погрешити, 2.забунити се, 3.погрешно судити

mister *['мисūд(р)]* - *n.* господин

mistress *['мисūрис]* - *n.* 1.газдарица, 2.власница, 3.љубавница, 4.професорка, учитељица

mistrust [мис'ѝрасѝ] - n. 1.неповерење, 2.сумња; v. 1.сумњати, 2.немати поверење

misunderstand ['мисандд'сѝænd] - v. 1.погрешно разумети

misunderstanding [мисандд'сѝændin(g)] - n. 1.неспоразум, 2.погрешно схватање, 3.спор

mix [микс] - v. 1.мешати, помешати, 2.општити, 3.кретати се у друштву

mixed [миксѝ] - a. 1.помешан, 2.побркан

mixture ['миксѝид(р)] - n.смеса, 2.мешавина

mob [моб] - n. гомила, маса, светина, руља

mobile ['моубаил] - a. 1.покретан, 2.несталан, покретљив

mock [мок] - n. 1.ругање, 2.предмет ругања; v. 1.ругати се, 2.подсмехивати се; a. 1.лажан, 2.извештачен

mockery ['мокдри] - n. 1.исмевање, 2.подругивање, 3.обмана

mode [моуд] - n. 1.начин, облик, 2.ношња

model [моддл] - n. модел, узор; v. моделирати, уобличити, калуоити

moderate ['моддриѝ] - a. 1.умерен, 2.осредњи, средњи

moderate ['моддреиѝ] - v. 1.умерити, ублажити, 2.председавати

modest *['моддсш]* - *a.* 1.скроман, 2.чедан, 3.умерен

modification *['модифи'кешидн]* - *n.* 1.модификација, промена, мењање, 2.ограничавање

modify *['модифаи]* - *v.* 1.модификовати, променити, преиначити, 2.ограничити

moist *[моисш]* - *a.* влажан

molecule *['моулдкјул]* - *n.* молекул

moment *['моумдни]* - *n.* 1.моменат, тренутак, час, 2.важност

monarch *['мондк]* - *n.* монарх, владар

monarchy *['монд(р)ки]* - *n.* монархија

monastery *['мондсидри]* - *n.* манастир

Monday *['манди]* - *n.* понедељак

money *['мани]* - *n.* новац

monkey *['манки]* - *n.* мајмун

monopoly *[мд'нойдли]* - *n.* монопол

monster *['монсид]* - *n.* монструм, чудовиште

month *['маних]* - *n.* месец

monthly *[манихли]* - *a.* месечни; *a.* месечно, на месец

monument *['монјуменш]* - *n.* споменик

mood *[му:д]* - *n.* 1.расположење, 2.склоност, 3.ћуд, 4.начин

moon *[му:н] - n.* 1.месец, 2.месечина

moonshine *['му.нишаин] - n.* месечина

moral *['морал]   n* 1.морал, 2.поука, нара-воученије; *a.* моралан

morbid *['мо:бид] - a.* морбидан, нездрав

more *[мо:(р)] - comp.* од *much and many*; *adv.* још, више

moreover *[мо:(р)'оувд] - adv.* 1.осим тога, 2.шта више, 3.надаље

morning *['мо:нин(ᵲ)] - n.* 1.јутро, 2.пре подне

mortal *['мо:(р)шл] - n.* смртник; *a.* смртан

mortality *[мо:(р)шælишиi] - n.* смртност

mosque *[моск] - n.* џамија

moss *[мос] - n.* 1.маховина, 2.мочвара, 3.тре-сетиште

most *[моусш] - a.* суперлатив од *much and many*, 1.већина, 2.највише њих, 3.највећи део нечега

mostly *['моусшли] - adv.* већином, понајвише, вецим делом

mother *['машхер] - n.* мајка, мати

motion *['моушн]   n.* 1.кретање, 2.покрет, 3.замах, 4.погон, 5.побуда

motivation *[моушиʼвеишдн] - n.* 1.мотивација, побуда, 2.образложење

motive [*'моушив*] - *n.* мотив, повод, разлог, побуда; *a.* покретан

motor [*'моушд(р)*] - *n.* мотор; *v.* ићи или се возити у аутомобилу

motorist [*'мошдрисш*] - *n.* аутомобилист

mold [*моулд*] - *n.* 1.земља црница, 2.буђ, 3.калуп, шаблон, 4.облик; *v.* 1.дати облик, 2.укалупити, 3.моделисати

mount [*маунш*] - *n.* 1.брдо, 2.јастуче длана, 3.оквир слике, 4.јахаћи коњ; *v.* 1.пењати се, успети се, 2.узјахати, 3.пораст, 4.ставити на врх, 5.монтирати

mountain [*'мауншин*] - *n.* 1.брдо, 2.планина

mourn [*мо:(р)н*] - *v.* 1.жалити, оплакивати, 2.носити црнину

mourning [*'мо:(р)нин(ґ)*] - *n.* туговање, оплакивање

mouse [*маус*] - *n.* миш

moustache [*мус'ша:ш*] - *n.* брк

mouth [*маушх*] - *n.* 1.уста, 2.ушће реке, 3.улаз

move [*му:в*] - *v.* 1.макнути (се), мицати (се), помаћи (се), 2.побудити, 3.ганути, 4.селити се, 5.кретати се, 6.напредовати, 7.одмицати, 8.преместити

movement [*'мувменш*] - *n.* 1.покрет, 2.кретање, 3.побуда, 4.рад, 5.такт

moving *['му:вин(г̄)]* - *a.* дирљив

mower *['моуд(р)]* - *n.* 1.косач, 2.косилица

mowing *['моуин(г̄)]* - *n.* косилба

much *['мач]* - *a.* 1.многи, 2.много

mud *[мад]* - *n.* 1.блато, 2.муљ

mule *['мју:л]* - *n.* мазга

multiple *['малтийл]* - *a.* многострук

multiplication *[малтийли'кеишдн]* - *n.* 1.множење, 2.умножавање

multiply *['малтийлаи]* - *v.* множити

mumble *['мамбл]* - *v.* гунђати, мрмљати

municipal *[мју(:)'нисийл]* - *a.* 1.градски, 2.општински, 3.самоуправан

municipality *[мју(:)'нисийæлити]* - *n.* град, општина

murder *['мд:дд]* - *n.* убиство, уморство; *v.* убити

murderer *['мд:ддрд]* - *n.* убица

muscle *['масл]* - *n.* мишић

museum *[мју'зием]* - *n.* музеј

mushroom *['машрум]* - *n.* 1.јестива гљива, печурка, 2.скоројевић

music *['мју:зик]* - *n.* 1.музика, 2.ноте

musician *['мјузи'шн]* - *n.* музичар

must *[маст]* - *v.* морати, бити обавезан

mute *[мју:т̄]* - *n.* 1.нем човек, 2.безвучни сугласник; *a.* нем

mutual *['мју:т̄шуәл]* - *a.* узајаман, међусобан

my *[маи]* - *a.* мој

myself *[маи'селф]* - *pron.* 1.ја сам, 2.самога себе

mysterious *[мис'т̄идриәс]* - *a.* мистериозан, тајанствен

myth *[мит̄х]* - *n.* мит, легенда

N

nail *[неил]* - *n.* 1.ексер, 2.нокат; *v.* заковати

naive *[на:'ив]* - *a.* наиван

naked *[неикдд]* - *a.* го, наг

name *[неим]* - *n.* име, назив; *v.* 1.именовати, 2.навести

namely *[неимли]* - *adv.* наиме

nap *[нӣп]* - *n.* дремање; *v.* дремнути

napkin *[нӣйкин]* - *n.* салвет, убрус

narcotic *[нӣ(р)койик]* - *n.* наркотик

narrate *[нӣреий]* - *v.* приповедати

narrative *[нӣрдйив]* - *n.* приповест; *a.* приповедачки

narrator *[нӣрдйдр]* - *n.* приповедач

narrow *[нӣроу]* - *a.* узан, тесан

nasty *[на:сйи]* - *a* 1.гадан, гнусан, 2.непријатан

nation *[нешин]* - *n.* народ, нација, земља

national *[на:шднал]* - *n.* држављанин; *a.* 1.народнан, националан, 2.државни

native *[нейив]* - *n.* домородац, урођеник; *a.* 1.урођен, 2.рођени, 3.матерњи, 4.домородачки

natural *[нæчурл]* - *a.* природан

nature *[неичур]* - *n.* 1.природа, 2.ћуд

naughty *[но:ши]* - *a.* непослушан

nautical *[но:шикл]* - *a.* наутички, поморски

naval *[неивдл]* - *a.* морнарички

navigate *[навиѓеиш]* - *v.* пловити

navy *[неиви]* - *n.* ратна морнарица; *a.* тамно модар

near *[ни:р]* - *a.* близак, близу; *adv.* ближе

nearly *[ни:рли]* - *adv.* замало, умало

neat *[ни:ш]* - *a.* 1.чист, 2.уредан

necessary *[несесæри]* - *a.* нужан, потребан, неопходан

neck *[нек]* - *n.* врат

necklace *[неклис]* - *n.* огрлица

need *[ни:д]* - *n.* нужда, потреба; *v.* требати

needle *[ни:дл]* - *n.* игла

needy *[ни:ди]* - *a.* 1.потребан, 2.сиромашан

negative *[неѓшив]* - *n.* 1.одрицање, 2.негатив; *a.* 1.одричан, 2.негативан

neglect *[ниѓлекш]* - *v.* занемарити

negotiate *[ниѓоушијеиш]* - *v.* преговарати

negotiation *[ниѓоушијешн]* - *n.* преговарање

neighbor *[неибәр]* - *n.* комшија

neighbohood *[неибәрхуд]* - *n.* комшилук

neither *[наишхә(р)]* - *a.* ниједап; *conj* ни; *pron.* ниједан од обојце

nephew *[нефју]* - *n.* нећак, синовац

nerve *[нәрв]* - *n.* 1.нерв, живац, 2.нервоза; *a.* нервни, живчани

nervous *[нәрвәс]* - *a.* нервозан

nest *[нест]* - *n.* гнездо

net *[нет]* - *n.* мрежа; *a.* 1.чист, нето, 2.плести

neutral *[њутрл]* - *a.* неутралан

never *[невә:]* - *adv.* никада, ниједном

new *[њу:]* - *a.* 1.нов, 2.свеж

newborn *[њу:бо(р)н]* - *a.* новорођен

newcomer *[њу:комәр]* -   *n.* придошлица, но-водошао

newly *[њу:ли]* - *adv.* 1.недавно, 2.ново

news *[њу:з]* - *n.* новост, вест

newspaper *[њу:зиеиiдр]* - *n.* новине; *a.* новински

next *[нексiт]*   *a.* 1.следећи, 2.најблиœи

nice *[наис]* - *a.* 1.пријатан, 2.љубазан, 3.угодан

niece *[ни:ć]* · *n* нећакиња, синовица

night *[наиiт]* - *n.* ноћ

nightly *[наитли]* - *a.* ноћни; *adv.* сваке ноћи

nine *[наин]* - *num.* девет

nineteen *[наинти:н]* - *num.* деветнаест

ninety *[наинти]* - *num.* деведесет

no *[ноу]* - *adv.* не

noble *[ноубл]* - *n.* племић; *a.* 1.племенит, 2.узвишен

nobody *[ноубдди]* - *n.* нико; про*n.* нико

nod *[нод]* - *n.* климање главом

noise *[ноиз]* - *n.* бука, галама

noisy *[ноизи]* - *a.* бучан, гласан

nominal *[номиндл]* - *a.* 1.номиналан, 2.именички, по имену

nominate *[номинеит]* - *v.* предложити, кандидовати

none *[но:н]* - *pron.* ниједан

nonsense *[нонсднс]* - *n.* бесмисао, глупост

noon *[ну:н]* - *n.* подне

nor *[но:(р)]* - *conj.* ни

normal *[но:(р)мл]* - *a.* нормалан, правилан

north *[но:(р)тх]* - *n.* север; *adv.* северни, на северу

not *[но:т]* - *adv.* не

note *[ноут]* - *n.* 1.белешка, 2.писамце, 3.при-
медба, 4.новчаница, 5.призвук

nothing *[нǝшинг]* - *n.* ништа

notice *[ноутис]* - *n.* 1.примећивање, 2.белешка,
3.објава, 4.отказ, 5.позив, 6.порука; *v.*
приметити

notify *[ноутифаи]* - *v.* обавестити

notion *[ноушн]* - *n.* 1.утисак, 2.појам, 3.пред-
става

notorious *[но:шдриус]* - *a.* познат, злогласан

nourish *[нуриш]* - *v.* хранити

novel *[новл]* - *n.* роман

November *[новǝмбǝр]* - *n.* новембар

now *[нау]* - *adv.* сада

nuclear *[њуклидр]* - *a.* нуклеаран

nude *[њу:д]* - *a.* го, наг

nudity *[њудиши]* - *n.* голотиња

nuisance *[њусǝнс]* - *n.* сметња, неприлика

numb *[н'ам]* - *v.* умртвити; *a.* умртвљен

number *[н'имбǝр]* - *n.* број; *v.* набрајати

numerous *[њумǝрс]* - *a.* бројан

nurse *[нǝрс]* -   *n.* 1.медицинска сестра,
болничар, 2.неговатељица; *v.* 1.дојити, 2.га-
јити, 3.неговати, 4.сисати

nursery *[нəрсри]* - *n.* 1.обданиште, 2.расадник
nut *[н'аш]* - *n.* 1.орах, лешник, 3.језгро, 2.лудак

O

oak *[оук]* - *n.* храст; *a.* храстов

oat *[оут]* - *n.* зоб

oath *[оутх]* - *n.* заклетва

oatmeal *[оутмил]* - *n.* зобно брашно

obedience *[обидиднс]* - *n.* послушност

obey *[обеи]* - *v.* слушати, повоновати се

object *[обцект]* - *n.* 1.предмет, ствар, 2.циљ, 3.намера; *v.* приговарати, не слагати се

objection *[обцекшн]* - *n.* приговор

obligation *[облигешн]* - *n.* 1.обавеза, дужност, 2.захвалност

oblige *[облаиц]* - *v.* 1.приморати, 2.обавезати, бити обавезан, 3.учинити услугу, задужити

obscure *[обскју:р]* - *a.* 1.мрачан, 2.непознат; *v.* 1.замрачити, 2.учинити нејасним

observation *[обсдрвешн]* - *n.* 1.опажање, 2.примедба

observatory *[обсдрвитдри]* - *n.* опсерваторија

observe *[обсдрв]* - *v.* проматрати

obstacle *[обсшдкл]* - *n.* препрека, сметња

obtain *[обтеин]* - *v.* набавити, добити

obvious *[обвиус]* - *a.* очигледан, јасан

occasion *[окејжн]* - *n.* 1.прилика, 2.повод; *v.* дати повода

occupation *[окјупејшн]* - *n.* занимање

occupy *[окјупаи]* - *v.* 1.заузети, 2.окупирати

occur *[окдр]* - *v.* десити се

occurrence *[окдренс]* - *n.* догађај, збивање

ocean *[оушн]* - *n.* океан

October *[октоубдр]* - *n.* октобар

oculist *[окјулист]* - *n.* очни лекар

odd *[о:д]* - *a.* 1.непаран, 2.прекобројан, 3.необичан, 4.нередован

of *[оф]* - *prep.* 1.од, 2.из, 3.у, 4.за, 5.по, 6.о

off *[оф]* - *adv.* 1.даље, 2.изузетно, 3.сасвим, 4.готово; *prep.* 1.од, 2.са

offense *[офенс]* - *n.* 1.увреда, 2.прекршај, 3.напад

offer *[офдр]* - *n.* понуда, предлог; *v.* понудити, предложити

office *[офи:с]* - *n.* 1.служба, дужност, 2.канцеларија

officer *[офисдр]* - *n.* 1.службеник, чиновник, 2.официр

official *[офишл]* - *a.* службен, јаван

often *[офән]* - adv. често

oil *[оил]* - *n.* уље; *v.* мазати уљем

old *[о;лд]* - *a.* стар

olive *[олив]* - *n.* маслина; *a.* маслинов

omen *[оумән]* - *n.* 1.знамење, 2.предзнак, 3.предсказање

omission *[омишн]* - *n.* 1пропуст, 2.изостављање

omit *[омит]* - *v.* 1.пропустити, 2.изоставити

on *[он]* - *a.* 1.упаљен, укључен, 2.заказан; *prep.* 1.на, 2.при, 3.о, 4.по, 5.у, 6.под, 7.према

once *[њәнс]* - *n.* пут (овога пута); *adv.* једном, некад; *conj.* чим

one *[њән]* - *пит.* један

only *[о'нли]* - *a.* једини; *adv.* само, једино

open *[оуйн]* - *a.* 1.отворен, 2.нерешен; *v.* отворити; *n.* чистина

opening *[оуйнинг]* - *n.* 1.отвор, 2.чистина, 3.прилика

opera *[ойәрә]* - *n.* опера

operate *[ойәреит]* - *v.* 1.руковати, 2.оперисати

operation *[ойәрешин]* - *n.* 1.операција, 2.руковање, 3.погон

operator *[ойәреитр]* - *n.* 1.оператор, 2.руковалац

opinion *[опињн]* - *n.* мишљење

opponent *[опоунднт]* - *n.* противник; *a.* противнички

opportunity *[опдртјунити]* - *n.* повољна прилика

oppose *[опоуз]* - *v.* противити се

opposite *[опдзит]* - *a.* супротан

opposition *[опозишн]* - *n.* 1.противљење, 2.супротност, 3.опозиција

oppress *[опрдс]* - *v.* тлачити, угњетавати

oppression *[опрдшн]* - *n.* тлачење, угњетавање

optic *[оптик]* - *a.* оптички

optimism *[оптимизм]* - *n.* оптимизам

option *[опшн]* - *n.* избот, опција

optional *[опшднал]* - *a.* препуштен избору

or *[о(р)]* - *conj.* или

oral *[ордл]* - *a.* усмен

orange *[орднц]* - *n.* поморанца

orchard *[орчдрд]* - *n.* воћњак

orchestra *[о:кистрд]* - *n.* оркестар

order *[о(р)ддр]* - *n.* 1.ред, 2.ток, 3.сталеж, 4.врста, 5.степен, 6.заповест; *v.* 1.заповедити, наредити, 2.наручити

ordinary *[ординдри]* - *a.* обичан, прост

organ *[орг̄ӭн]* - *n.* 1.орган, 2.оргуље

organism *[орг̄ӭнизм]* - *n.* организам

organization *[орг̄ӭнизешин]* - *n.* организација

organize *[орг̄ӭнаиз]* - *v.* организовати

oriental *[ориент̄л]* - *n.* источњак; *a.* источни

origin *[орицин]* - *n.* 1.порекло, 2.извор

original *[орицинл]* - *a.* 1.оригиналап, 2.изворап

originally *[орицинӭли]* - *adv.* првобитно

ornament *[о(р)нӭмент̄]* - *n.* украс, орнамент

orphan *[о(р)фӭн]* - *n.* сироче

oscillate *[осилеит̄]* - *v.* осцилирати

other *['ат̄хӭр]* - *n.* 1.други, 2.остали; *a.* 1.други, 2.другачији, различит

otherwise *['ат̄хӭрwаиз]* - *adv.* иначе, на други начин

ounce *[аунс]* - *n.* унца

our *[аур]* - *a.* наш

out *[аут̄]* - *adv.* изван, напоље

outbreak *[аут̄бреик]* - *n.* 1.провала, 2.наступ, 3.почетак

outdoor *[аут̄до(р)]* - *a.* напољу, у природи

outer *[аут̄ӭр]* - *a.* спољашњи

outgrow *[аут̄г̄роу]* - *v.* прерасти

outlaw *[ауτлоː]* - *n.* одметник

outline *[ауτлаин]* - *n.* главне црте, нацрт; *v.* приказати у главним цртама

output *[ауττуτ]* - *n.* 1.производња, 2.учинак, 3.излаз (снага)

outside *[ауτсаид]* - *n.* спољашњост; *a.* спољни; *adv.* напоље; *prep.* изван

outstanding *[ауτсτændинг̄]* - *a.* истакнут

oval *[оувдл]* - *a.* овалан

oven *['авднI]* - *n.* пећ, фуруна

over *[оувдр]* - *a.* свршен, завршен; *adv.* 1.преко, 2.још једном; *prep.* 1.над, изнад, 2.преко, 3.при, 4.по

overcome *[оувд(р)кам]* - *v.* савладати

overdo *[оувд(р)ду]* - *v.* претерати

overflow *[оувд(р)флоу]* - *v.* преплавити

overnight *[оувд(р)наиτ]* - *a.* преко ноћи

overpay *[оувд(р)τеј]* - *v.* преплатити

overseas *[оувд(р)сиː]* - *a.* прекоморски

oversee *[оувд(р)сиː]* - *v.* надгледати

overtake *[оувд(р)τеик]* - *v.* претечи

overthrow *[оувд(р)τхроу]* -   *v.*   оборити, срушити

owe *[оуː]* - *v.* дуговати

own *[оу:н]* - *v.* поседовати, имати; *a.* властит,
  сопствен

owner *[оу:ндр]* - *n.* власник

ownership *[оу:ндршип]* - *n.* власништво

ox *[окс]* - *n.* во

oxygen *[оксиџдн]* - *n.* кисеоник

P

pace *[пеис]* - *n.* 1.корак, 2.брзина, темпо, 3.ход; *v.* 1.ходати, 2.регулисати брзину, 3.одмерити

pacifict *[пдсифист]* - *n.* пацифист

pacify *[пдсифај]* - *v.* умирити, стишати

pack *[пæк]* - *n.* 1.свежањ, 2.пакло, 3.ранац, 4.товар; *v.* 1.повезати, 2.нагурати, збити

package *[пæкџи]* - *n.* 1.пакет, 2.пошиљка

page *[пеиџ]* - *n.* страница

pail *[пеил]* - *n.* кофа, канта

pain *[пеин]* - *n.* 1.бол, 2.патња, мука; *v.* болети

painful *[пеинфул]* - *a.* 1.болан, 2.мучан

paint *[пеинт]* - *n.* боја, фарба; *v.* обојити

painter *[пеинтдр]* - *n.* сликар

pair *[пе:(р)]* - *n.* пар; *v.* упарити

palace *[пæлдс]* - *n.* палата

pale *[пеил]* - *a.* блед

palm *[па:(л)м]* - *n.* длан

pamphlet *[пæмфлдт]* - *n.* брошура

pan *[пæн]* - *n.* 1.тигањ, 2.суд

pancake *[пæнкејк]* - *n.* палачинка

panic *[пæник]* - *n.* паника; *a.* паничан

pantry *[пёнтри]* - *n.* остава

pants *[пёнц]* - *n.* 1.гаће, 2.панталоне

paper *[пеипӣр]* - *n.* 1.папир, хартија, 2.исправа, 3.новине, 4.писмени рад

parachute *[парашјуӣ]* - *n.* падобран

parade *[пдреид]* - *n.* парада, смотра

paradise *[парддајз]* - *n.* рај

paragraph *[пардг̄раф]* - *n.* став, параграф

parallel *[пардлдл]* - *a.* паралелан, упоредан

paralysis *[пардлисис]* - *n.* парализа

parasite *[пёрдзаиӣ]* - *n.* паразит

parcel *[ӣа:(р)сл]* - *n.* пакет

pardon *[ӣа(р)ддн]* - *n.* помиловање, опрош-тење; *v.* помиловати, опростити

parent *[пёрднӣ]* - *n.* родитељ

parish *[пёриш]* - *n.* парохија

park *[ӣа:(р)к]* - *n.* парк

parliament *[ӣа:(р)лдменӣ]* - *n.* парламент

parrot *[пёроӣ]* - *n.* папагај

part *[ӣа:(р)ӣ]* - *n.* 1.део, 2.крај, 3.улога, 4.учешће; *v.* раставити

partial *[ӣа:(р)шл]* - *a.* 1.делимичан, 2.прис-трасам

participate *[ӣа(р)ӣисипеиӣ]* - *v.* учествовати

particle [*ūa(p)ūикл*] - *n.* честица

particular [*ūa(p)ūикјулдр*] - *n.* појединост; *a.* 1.појединачан, 2.нарочит

partly [*ūa(p)ūли*] - *adv.* делом, донекле

partner [*ūa(p)ūндр*] - *n.* партнер

partnership [*ūa(p)ūндршиū*] - *n.* ортаклук

party [*ūa(p)ūи*] - *n.* 1.странка, 2.забава; *v.* забављати се

pass [*ūa:c*] - *n.* 1.теснац, 2.пропусница, исправа; *v.* 1.проћи, 2.додати, 3.провести, 4.одобрити

passage [*ūæсиц*] - *n.* пролаз

passenger [*ūæсенцдр*] - *n.* путник

passion [*ūæшн*] - *n.* 1.страст, 2.пасија

passive [*ūæсив*] - *a.* 1.пасиван, 2.трпни

passport [*ūæсūорū*] - *n.* пасош

password [*ūæсњдрд*] - *n.* лозинка

paste [*ūеисū*] - *n.* 1.тесто, 2.паштета, 3.паста; *v.* лепити

patent [*ūæūднū*] - *n.* патент

path [*ūæūх*] - *n.* стаза, путања

patience [*ūеишднс*] - *n.* стрпљење

patient [*ūеишднū*] - *n.* болесник, пацијент; *a.* стрпљив

patriot [*ūеиūриūū*] - *n.* родољуб

patrol *[йаШрол]* - *n.* патрола, извидница

patron *[йеиШрдн]* *n.* 1.заштитник, 2.муште-
рија

pattern *[йаШдрн]* - *n.* шаблон

pause *[йо:з]* - *n.* пауза, прекид; *v.* паузирати

pave *[йеив]* - *v.* поплочати

pavement *[йеивменШ]* - *n.* тротоар

paw *[йо:]* - *n.* шапа

pay *[йеj]* - *v.* платити

payable *[йеjдбл]* - *a.* исплатив

pay-roll *[йеjрдл]* - *n.* платни списак

pay-day *[йеjдеj]* - *n.* дан исплате

payment *[йеjмднШ]* - *n.* плаћање, исплата

pea *[йи:]* - *n.* грашак

peace *[йи:с]* - *n.* мир

peaceful *[йи:сфул]* - *a.* миран

peach *[йи:ч]* - *n.* бресква

peak *[йи:к]* - *n.* врх

pear *[йе(р)]* - *n.* крушка

pearl *[йд:рл]* - *n.* бисер, перла

peasant *[йезднШ]* - *n.* сељак; *a.* сеоски, сељачки

pcculiar *[йикjулид(р)]* - *a.* својствен

pedal *[йедл]* - *n.* педала

pedestrian [*ūedesūriđn*] - *n.* пешак; *a.* пешачки

peel [*ūи:л*] - *n.* кора; *v.* љуштити (се)

peer [*ūи:р*] - *n.* племић; *a.* раван

pen [*ūен*] - *n.* налив-перо; *v.* написати

penalty [*ūенлūи*] - *n.* казна, глоба

pencil [*ūенсил*] - *n.* оловка

penetration [*ūенеūрејшн*] - *n.* продирање

peninsula [*ūднинсула*] - *n.* полуострво

penny [*ūени*] - *n.* пени

pension [*ūеншн*] - *n.* пензија

people [*ūи:ūл*] - *n.* 1.народ, 2.људи, свет

pepper [*ūеūдр*] - *n.* бибер

percentage [*ūдрсенūиџ*] - *n.* проценат, постотак

perception [*ūдрсеūшн*] - *n.* појам, перцепција

perfect [*ūдрфекū*] - *n.* саврешн; *v.* усавршити

perfection [*ūдрфекшн*] - *n.* саврешнство

perform [*ūдрформ*] - *v.* обавити, извршити

performance [*ūдрформднс*] - *n.* 1.извођење, 2.представа

perfume [*ūдрфјум*] - *n.* мирис, парфем; *v.* намирисати

perhaps [*ūдрхаūс*] - *adv.* можда

period *[пириод]* - *n.* 1.период, раздобље, 2.час, 3.део, 4.тачка, 5.менструација

perish *[периш]* - *v.* погинути

perishable *[перишəбл]* - *a.* кварљив

permanent *[пəрманент]* - *a.* трајан, постојан

permission *[пəрмишн]* - *n.* дозвола, допуштење

permit *[пəрмит]* - *n.* пропусница, дозвола; *v.* дозволити, пропустити

person *[пəрсн]* - *n.* особа, личност

personal *[пəрсонəл]* - *a.* лични

personality *[пəрсоналити]* - *n.* личност

personally *[пəрсонали]* - *adv.* лично

perspective *[пəрспектив]* - *n.* 1.перспектива, 2.видик

perspiration *[пəрспиреишн]* - *n.* зној, знојање

perspire *[пəрспајə(р)]* - *v.* знојити се

persuade *[пəрсњеид]* - *v.* наговорити, убедити

perverse *[пə(р)вə:(р)с]* - *a.* изопачен, перверзан

pessimism *[песимизм]* - *n.* песимизам

pet *[пет]* - *n.* љубимац; *v.* миловати

petition *[петишн]* - *n.* 1.молба, 2.петиција

petroleum *[питроулиəм]* - *n.* нафта, петролеј

phase *[фејз]* - *n.* фаза

phenomenon *[феномднбн]* - *n.* феномен, појава

philosopher *[филосдфр]* - *n.* филозоф

philosophy *[филосдфи]* - *n.* филозофија

phone *[фо:н]* - *n.* телефон (скраћено); *v.* теле-
фонирати

photo *[фойо]* - *n.* фотографија (скраћено)

photograph *[фойограф]* - *n.* фотографија; *v.*
фотографисати

phrase *[фреиз]* - *n.* 1.фраза, 2.израз; *v.* изразити
се

physician *[физишн]* - *n.* лекар

physicist *[физисисй]* - *n.* физичар

physics *[физикс]* - *n.* физика (пл)

piano *[йиано]* - *n.* клавир

pick *[йик]* - *n.* убод; *v.* 1.изабрати, 2.брати,
3.скупити, 4.бирати

picked *[йикй]* - *a.* изабран

picnic *[йикник]* - *n.* излет

picture *[йикчур]* - *n.* слика

piece *[йи:с]* - *n.* комад

pierce *[йи:рс]* - *v.* 1.пробушити, пробости,
2.продрети

pig *[йиг]* - *n.* Свиња

pigeon *[йицдн]* - *n.* голуб

pile *[ūaил]* - *n.* 1.хрпа, гомила, 2.ломача, 3.батерија; *v.* нагомилати

pill *[ūил]* - *n* пилула

pillar *[ūилдр]* - *n.* стуб

pillow *[ūилоу]* - *n.* јастук

pilot *[ūаилдū]* - *n.* пилот

pin *[ūин]* - *n.* 1.чиода, шпенадла, 2.игла, 3.значка; *v.* 1.прибости, 2.прикачити, 3.пригњечити

pine *[ūаин]* - *n.* бор, боровина

pink *[ūинк]* - *n.* ружичаста боја; *a.* ружичаст

pint *[ūаинū]* - *n.* пинта (мера за запремину)

pioneer *[ūајони:р]* - *n.* пионир

pipe *[ūајū]* - *n.* 1.лула, 2.цев, 3.фрула

pistol *[ūисūдл]* - *n.* пиштољ

pit *[ūиū]* - *n.* 1.јама, понор, 2.рудник

place *[ūлејс]* - *n.* 1.место, 2.простор, 3.стан, 4.слуӕба; *v.* поставити

plain *[ūлеин]* - *a.* 1.једноставан, 2.једнобојан, 3.скроман, 4.јасан, 5.ружан; *n.* 1.равница, 2.по-љана

plan *[ūлӕн]* - *n.* 1.план, нацрт, 2.намера; *v.* планирати

plane *[ūлејн]* - *n.* авион; *a.* 1.раван, 2.пљоснат

---

plank *[плæнк]* - *n.* даска

plant *[плæнт]* - *n.* 1.биљка, 2.постројење, фабрика; *v.* посадити, усадити

plastic *[плæстик]* - *a.* пластичан

plate *[плејт]* - *n.* 1.плоча, 2.тањир

play *[плеј]* - *n.* 1.игра, 2.глума, 3.позоришни комад, представа; *v.* 1.играти (се), 2.глумити, 3.свирати

playground *[плејѓраунд]* - *n.* игралиште

plea *[пли]* - *n.* 1.одбрана, изговор, 2.молба

pleasant *[плезнт]* - *a.* угодан, пријатан

please *[пли:з]* - *v.* 1.допасти се, свидети, 2.задовољити, угодити, 3.молити

pleasure *[плææдр]* - *n.* задовољство, уживање

plenty *[пленти]* - *n.* изобиље

plot *[плот]* - *n.* 1.део земље, 2.завера, 3.заплет

plum *[плам]* - *n.* шљива

plumber *[пл'амдр]* - *n.* водоинсталатер

plunge *[пл'анџ]* - *n.* скок у воду / дубину; *v.* заронити

plural *[плдрдл]* - *n.* множина

plus *[плас]* - *adv.* више; *conj.* плус

ply *[плај]* - *v.* 1.прионути, 2.салетати, 3.руковати, употребљавати

pneumonia *[њумониа]* - *n.* запалење плућа

poach *[йоуч]* - *v.* кувати јаје без љуске

pocket *[иокеш]* - *n.* џеп

poem *[йо(у)ем]* - *n.* песма, поезија

poet *[йо(у)ейи]* - *n.* песник

poetry *[йо(у)ейри]* - *n.* поезија

point *[йоинш]* - *n.* 1.тачка, 2.врх, шиљак, 3.рт, 4.тренутак, 5.сврха, 6.ствар, 7.главна мисао, 8.бод, поен, 9.место, пункт; *v.* 1.уперити, 2.показати, 3.ставити тачке, 4.издвојити

poison *[йоизн]* - *n.* отров; *v.* отровати

poke *[йоук]* -   *v.* 1.забадати, 2.гуркати, 3.боцкати, 4.турити

pole *[йоул]* - *n.* 1.мотка, 2.висок стуб, јарбол, 3.колац, 4.пол (земље)

police *[йолис]* - *n.* полиција

policeman *[йолисмдн]* - *n.* полицајац

policy *[йолиси]* - *n.* 1.политика, 2.лукавство, 3.полиса (осигурања)

polish *[йолиш]* - *n.* сјај; *v.*глачати

polite *[иолаий]* - *a.* учтив, пристојан

political *[йолийикдл]* - *a.* политички

politician *[иолишишн]* - *n.* политичар

politics [*ūолиūикс*] -   *n.*   1.политика, 2.политичке науке

pond [*ūа:нд*] - *n.* рибњак

ponder [*ūандәр*] - *v.* размишљати

pool [*ūу:л*] - *n.* 1.бара, локва, 2.базен, 3.за-једнички, 4.билијарска игра

poor [*ūу:р*] - *a.* сиромашан, бедан

pope [*ūоуū*] - *n.* папа

popular [*ūоūјулдр*] - *a.* 1.народни, 2.популаран

population [*ūоūјулејшн*] - *n.* становништво

porch [*ūо(р)ч*] - *n.* трем

pork [*ūо(р)к*] - *n.* свињетина

porridge [*ūориџ*] - *n.* каша

port [*ūо(р)ū*] - *n.* 1.лука, 2.врата

portion [*ūо(р)шн*] - *n.* 1.део, 2.оброк, 3.баштина

portrait [*ūо(р)ūриū*] - *n.* портрет

portray [*ūо(р)ūреи*] - *v.* описивати, приказивати

position [*ūозишн*] -   *n.*   1,полоæај, 2.слуæба, гледиште

positive [*ūозиūив*] - *a.* позитиван, сигуран

possess [*ūдзес*] - *v.* поседовати, имати

possession [*ūдзешн*] -   *n.* поседовање, имање, власништво

possibility *[пдсибилити]* -   *n.* 1.могућност, 2.вероватноћа

possible *[посибл]* - *a.* 1.могућ, 2.вероватан

post *[поуст]* - *n.* 1.стуб, 2.служба, 3.стражарско место, 4.курир, 5.пошта; *v.* 1.прикуцати, 2.истаћи, 3.објавити, 4.прогласити, 5.поставити, 6.положити, 7.обавестити, 8.укњижити; *a.* гарнизонски

postage *[поустиц]* - *n.* поштарина

postal *[поустдл]* - *a.* поштански

poster *[поустдр]* - *n.* плакат, постер

postpone *[поспоун]* - *v.* одложити

pot *[пот]* - *n.* лонац

potato *[потејто]* - *n.* кромпир

pottery *[потдри]* - *n.* грнчарија

pouch *[пауч]* - *n.* кеса, вређица

poultry *[по:лтри]* - *n.* живина

pound *[паунд]* - *n.* 1.фунта, либра, 2.тор; *v.* стрпати

pour *[пу:р]* - *v.* сипати

poverty *['повд(р)ти]* - *n.* сиромаштво

powder *['пауддд(р)]* - *n.* 1.прашак, 2.пудер; *v.* 1.смрвити у прах

power *['пауд]* - *n.* 1.снага, 2.моћ, 3.сила, 4.власт, 5.утицај

powerful *['ūау∂(р)фул]* - *a.* 1.моћан, 2.силан, 3.утицајан

practical *['ūрӕкūикл]* - *a.* 1.практичан, 2.употребљив, 3.стваран

practice *['ūрӕкūис]* - *n.* 1.пракса, 2.поступак, 3.обичај, *pl.* сплеткарење, варање

practitioner *[ūрӕк'ūишн∂]* - *n.* практичар

prairie *['ūре∂ри]* - *n.* прерија, степа

pray *[ūреи]* - *v.* 1.молити, 2.заклињати

preach *[ūри:ч]* - *v.* 1.проповедати, 2.предиковати

precede *[ūри'си:∂]* - *v.* 1.претходити, 2.предњачити, 3.имати првенство

precedent *['ūресид∂нū]* - *n.* 1.претходан случај, 2.преседан; *a.* 1.претходан, 2.који има предност

preceding *[ūри:'си:динг]* - *a.* претходан

precious *['ūреш∂с]* - *a.* 1.драгоцен, 2.драг

precise *[ūри'саис]* - *a.* 1.прецизан, 2.тачан, 3.одређен, 4.јасан

precision *[ūри'сиӕдн]* - *n.* 1.прецизност, 2.тачност, 3.одређеност, 4.јасноћа

predict *[ūр∂'дикū]* - *v.* 1.прорећи, 2.предвидети

preface *['ūрефјс]* - *n.* 1.предговор, 2.увод

prefer *[при:'фә:]* - *v.* 1.волети више него, 2.дати предност, 3.преферисати

preference *['префәрндс]* - *n.* 1.предност, 2.првенство, 3.особита склоност

prejudice *['прецудис]* - *n.* предрасуда; *v.* 1.имати предрасуде, 2.учинити пристрасним, 3.наудити

preliminary *[прә'лиминдри]* - *a.* 1.уводан, 2.прелиминаран

premature *[премә'тјуд(р)]* - *a.* преран

premium *['иримидм]* - *n.* награда, премија

preparation *[прейд'решн]* - *n.* 1.припрема, 2.препарат

prepare *[при'йед]* - *v.* 1.припремити, 2.спремити, 3.скувати

preposition *[прейд'цидн]* - *n.* предлог

prescribe *[при'скраиб]* - *v.* 1.прописати, 2.одредити, 3.заповедити

prescript *['при:скрийт]* - *n.* пропис

prescription *[прис'крийшн]* - *n.* 1.рецепт, 2.наредба

presence *['презнс]* - *n.* присутност, присуство

present *['презнт]* - *n.* 1.садашњост, 2.садашње време, 3.дар, поклон; *a.* 1.присутан, 2.садашњи, 3.данашњи

presentation *[ūрезен'ūешин]* - *n.* 1.презен-
тација, 2.излагање, 3.представљање,
4.подношење, 5.даривање, 6.дар

presently *['ūрезднūли] adv.* 1.одмах, 2.ускоро

preservation *[ūрезд'вешин]* - *n.* чување

preserve *[ūри'зд:в]* - *n.* 1.туршија, 2.џем; *v.*
1.чувати, 2.сачувати, 3.конзервисати

preside *[ūри'заид]* - *v.* 1.председавати, 2.водити,
3.владати

president *['ūрезидднū]* - *n.* председник

press *[ūрес]* - *n.* 1.притисак, 2.гужва, 3.штам-
пање, 4.штампа, новине; *v.* 1.притиснути, 2.ис-
тиснути, 3.тиштати, 4.гурати се, 5.насрнути,
6.досађивати

pressure *['ūрешд]* - *n.* 1.притисак, 2.навала,
3.нуæда

prestige *[ūрес'ūи:æ]* - *n.* 1.престиж, 2.углед,
3.добар глас, 4.утицај

presume *[ūри'зју:м]* - *v.* 1.претпоставити,
2.дрзнути се, 3.усудити се

pretend *[ūри'ūенд]* - *v.* 1.правити се, 2.претва-
рати се, 3.усудити се

pretender *[ūри'ūендд]* - *n.* 1.претендент,
2.присвајач нечијег права

pretext *['ūри:ūексū]* - *n.* изговор

pretty [*'приши*] - *a.* 1.леп, 2.драаестан; *adv.* прилично

prevent [*при'венш*] - *v.* спречити

prevention [*при'веншн*] -   *n.* 1.спречавање, 2.чување

previous [*'при:видс*] - *a.* прошли, претходап

price [*праис*] - *n.* 1.цена, 2.вредност

pride [*праид*] - *n.* понос

priest [*при:сш*] - *n.* свештеник

primary [*прајмдри*] - *a.* 1.првобитан, примаран, 2.елементарап, битан

primitive [*примишив*] - *a.* 1.припрост, примитиван, 2.старински

prince [*принс*] - *n.* кнез, принц

princess [*принсдс*] - *n.* кнегиња, принцеза

principal [*принсипл*] - *n.* 1.директор школе, 2.главница; *a.* главни

principle [*принсипл*] - *n.* принцип, начело; *a.* начелно

print [*принш*] - *n.* 1.отисак, 2.штампа, 3.шара; *v.* 1.направити отисак, 2.писати штампаним словима, 3.штампати

printer [*приншдр*] - *n.* штампач, штампар

printing [*приншинг*] - *n.* штампање

prior [*прајдр*] - *a.* претходни, ранији

---

priority *[прајдрити]* - *n.* приоритет, првенство

prison *[призн]* - *n.* затвор

prisoner *[призндр]* - *n.* затвореник

private *[прајвдт]* - *n.* војник, редов; *а.* приватан

privilege *[привилец]* - *n.* привилегија, повластица

prize *[прајз]* - *n.* 1.плен, 2.награда

probability *[пробдбилити]* - *n.* вероватноћа

problem *[проблдм]* - *n.* 1.проблем, 2.питање

procedure *[проси:ђр]* - *n.* процедура, поступак

process *[просес]* - *n.* 1.ток, напредак, 2.процес (судски)

proclaim *[проклеим]* - *v.* прогласити

procure *[прокјур]* - *v.* прибавити, набавити

produce *[продјус]* - *n.* пољопривредни производи; *v.* 1.произвести, 2.проузроковати, 3.дати повода

product *[продкт]* - *n.* 1.производ, 2.последица, резултат

professional *[профдшндл]* - *n.* професионалац; *а.* 1.професионалан, 2.стручни

professor *[профдсдр]* - *n.* професор

profile *[профаил]* - *n.* профил

profit [*проф(и)ш*] - *n.* 1.корист, 2.добитак, 3.доходак; *v.* користити

prognosis [*прогноусис*] - *n.* прогноза

program [*прогрəм*] - *n.* 1.програм, план, 2.емисија, 3.наставни предмети; *v.* 1.унети у програм, 2.програмирати

progress [*прогрəс*] - *n.* напредак

progressive [*прогрəсив*] - *a.* напредан

prohibit [*прохиби*] - *v.* забранити

project [*процекш*] - *n.* план, пројекат; *v.* планирати, пројектовати

prolong [*проло:нг*] - *v.* продужити, отезати

promise [*промис*] - *n.* обешање; *v.* обећати

promote [*промоуш*] - *v.* 1.унапредити, 2.потпомоћи, 3.рекламирати

promotion [*промоушн*] - *n.* унапређење

prompt [*прə(м)ш*] - *a.* брз, хитар; *v.* проузроковати

pronoun [*пронаун*] - *n.* заменица

pronounce [*пронаунс*] - *v.* изговорити

proof [*пру:ф*] - *n.* доказ

proper [*проир*] - *a.* 1.својствен, 2.прав, тачан, 3.подесан, 4.пристојан

property [*проишрши*] - *n.* власништво

prophet *[пуофдйі]* - *n.* пророк

proportion *[пуойдуиин]* -   *n.* пропорција,
размера; *v.* учинити складним

proposal *[пуойоузл]* - *n.* предлог, понуда

propose *[пуойоуз]* - *v.* предложити, понудити

proprietor *[пуойуајдйідр]* - *n.* власник

prospect *[пуосйекйі]* - *n.* 1.видик, 2.очекивање,
3.перспектива

prostitute *[пуосйийійуйі]* - *n.* проститутка

protect *[пуойіекйі]* - *v.* штитити

protection *[пуойіекшн]* - *n.* заштита

protest *[пуоуйесйі]* - *n.* протест; *v.* 1.свечано
изјавити, 2.протестовати, приговорити

proud *[пуауд]* - *a.* поносан, достојанствен

proverb *[пуовдрб]* - *n.* пословица

provide *[пуоваид]* - *v.* 1.прибавити, набавити,
2.опремити, 3.снабдети, 4.обезбедити,
5.старати се, бринути, 6.предвидети

province *[пуовинс]* - *n.* 1.покрајна, подручје,
2.провинција

provision *[пуовижн]* - *n.* 1.набавка, 2.пропис,
одредба, 3.залиха

provoke *[пуовоук]* - *v.* изазивати

public *[ії'аблик]* - *a.* 1.јаван, 2.државни; *n.*
1.јавност, 2.публика

publication [*ӣ'абликеишн*] - *n.* 1.објава, 2.изда-
ње, публикација

publish [*ӣ'аблиш*] - *v.* издати (књигу), 2.об-
јавити, 3.прогласити

publisher [*ӣ'аблишӡр*] *n.* издавач

pull [*ӣул*]   *v.* 1.вући, 2.навући, 3.трзати,
4.веслати, 5.извадити

pump [*ӣ'амӣ*] - *n.* пумпа; *v.* пумпати

punish [*ӣ'аниш*] - *v.* казнити

punishment [*ӣ'анишменӣ*] - *n.* казна

puppet [*ӣ'айӣӣ*] - *n.* лутка

puppy [*ӣ'айи*] - *n.* штене

purchase [*ӣӡрчс*] - *n.* куповина; *v.* куповати

pure [*ӣјур*] - *a.* чист

purple [*ӣӡ:рӣл*] - *n.* пурпур; *a.* пурпуран

purpose [*ӣӡрӣӡc*] - *n.* 1.намера, 2.сврха, смисао

purse [*ӣӡ:рс*] - *n.* 1.ташна, 2.новчаник

pursue [*ӣӡрсју*] -   *v.* 1.пратити, 2.наставити,
3.бавити се, 4.вршити

push [*ӣуш*] - *n.* 1.гурање, 2.провокација, 3.на-
пад; *v.* 1.гурнути, 2.прогурати, 3.пробити се,
4.рекламирати, 5.притиснути, 6.терати

put [*ӣуӣ*] - *v.* 1.метнути, ставити, 2.наметнути,
3.ударити, 4.бацати, 5.изразити, 6.ићи,
7.поставити (питање)

puzzle *[ū'азл]* - *n.* загонетка; *v.* 1.збунити, 2.одгонетнути

pyramid *[ūирдмид]* - *n.* пирамида

Q

quaint *[kweинū]* - a . 1.чудан, необичан, 2.старински, 3.занимљив, привлачан

qualification *[,кwолифи'кешūп]* - n 1.квалификација, способност, 2.предуслов, 3.ограничење, 4.предуслов

qualify *['кwолифаи]* - v. 1.квалификовати, оспособити, 2.одредити, поближе означити, 3.ограничити

quality *['кwолиūи]* - n. квалитет, одлика, својство, каквоћа

quantity *['кwонūиūи]* - n. 1.квантитет, количина, 2.величина, 3.мера

quarrel *['кwорл]* - n. 1.свађа, 2. завада, 3.спор; v. свађати се

quart *[кwо(p)ū]* - n. четвртина галона, кварт

quarter *['кw(p)ūд(p)]* - n. 1.четвртина, 2.кварт, део града; v. 1.поделити на четири дела, раскомадати, 2.настанити

quarterly *['кwo(p)ūдли]* - n. часопис који излази томесечно; a. тромесечно; adv. тромесечан

queen *[кwи:н]* - n. краљица

queer *[кwид(p)]* - a. 1.чудан, 2.слаб

quench *[квенч]* v.   1.угасити,   2.угушити, 3.савладати, обуздати

quest *[квесш]* -   n. 1.истрага, истраживање, 2.тражење, 3.потрага

question *[квесчдн]* - n. 1.питање, 2.испитивање; v. 1.питати, 2.испитивати, 3.распитивати се

questionable *[квесчднабл]* -   a. 1.неизвестан, 2.сумњив

questioner *['квесчднд(р)]* - n. испитивач

queue *[кју:]* - n. 1. перчин, 2.кика; v. стати у ред, направити ред

quick *[квик]* -   a. 1.брз, 2.жустар, окретан, 3.бистар, 4.нагао; adv. брзо

quickly *['квикли]* - adv. брзо, нагло

quiet *['кваишш]* - n. мир, тишина; a. 1.миран, тих, несметан, 2.спокојан; v. смирити (се), утишати (се)

quietly *['кваишшли]* - a. 1.мирно, тихо, 2.споко-јно, 3. равнодушно

quintet *[квин'шеш]* - n. квинтет

quit *[квиш]* -   v. 1.напустити, одустати, 2.престати, 3.одрећи се, 4.отићи

quite *[кваиш]* - adv. сасвим, потпуно

quiver *['квивд(р)]* - v. 1.дрхтати, 2.треперити

quivering *['квивдрин(ѕ)]* - a. дрхтав, треперав

quiz *[kвиз]* - *n.* 1.квиз, испитивање, 2.шала, 3.боцкање, ругање, 3.шаљивчина; *v.* 1.испитивати, 2.подругивати се

quotation *[kwoy'шешшн]* - *n.* 1.цитат, навод 2.наведена цена 3.нотирање

quote *[kwoyш]* - *v.* 1.цитирати, наводити, 2.означити цене

R

rabbit *['ræбиш] - n.* питоми зец, кунић

race *[реис] - n.* 1.раса, 2.пасмина, 3.трка; *v.* 1.трчати, 2.утркивати се

racial *['реишл] - a.* расни

racket *['ræкиш] - n.* 1.рекет, 2.граја, гунгула; *v.* бучно се забављати

radical *['рæдикл] - a.* радикалан, коренит, темељит

radio *['рæдиоу] - n.* 1.радио, 2.рендгенски снимак

radius *['рæдидс] - n.* полупречник, радиус

rag *[рæḡ] - n.* 1.крпа, дроњак, 2. неслана шала

rage *[реиџ] - n.* бес, гнев; *v.* беснети

ragged *['рæḡид] - a.* орпан, подеран

raid *[реид] - n.* 1.препад, напад, 2.рација, 3.провала; *v.* 1.провалити, изненада напасти, 2.пљачкати

rail *[реил] - n.* 1.ограда, 2.шина, 3.пречка; *v.* 1.грдити, 2.псовати, 3.ругати се

railroad *['реилроуд] -* 1.железничка пруга, 2.железница

railway *['реилwеи]* - *n.* 1.железница, 2.желез-
ничка пруга

rain *[реин]* - *n.* киша; *v.* пада киша

rainbow *['реинбоу]* - *n.* дуга

rainy *['реини]* - *a.* кишовит

raise *[реиз]* - *v.* 1.подићи, дићи, 2.уздићи,
3.саградити, 4.повећати, 5.узбудити

rake *[реик]* - *n.* 1.грабуље, 2.разуздан човек; *v.*
1.грабуљати, 2.стругати

ramble *['рæмбл]* - *n.* тумарати; *v.* 1.тумарати,
лутати, 2.вијугати

rancid *['рæнсид]* - *a.* ужегао

rank *[рæнк]* - *n.* 1.ред, низ, 2.чин, положај,
3.степен, 4.врста; *v.* 1.поредати, сврстати,
2.заузимати место; *a.* 1.бујан,2.снажан,
3.смрдљив

rapid *['рæиид]* - *n.* брзац; *a.* брз

rapidity *[рə'иидиии]* - *n.* брзина

rare *[реј(р)]* - *a.* 1.редак, 2.изванредан,
3.необичан, 4.разређен, 5.сабо иечен, пе-
допечен

rarity *['реðриии]* - *n.* 1.реткост, 2.драгоценост

rascal *['ра:скл]* - *n.* неваљалац, нитков

rat *[рæии]* - *n.* пацов

rate *[реиш]* - *n.* 1.мера, 2.цена, 3.стопа, 4.курс, 5.проценат, омер, 6.брзина; *v.* 1.проценити, ценити, 2.опорезовати, 3.класификовати

rather *[раūхд]* - *adv.* 1.радије, пре, више, 2.прилично

ratify *['ræūифаи]* - *v.* ратификовати, потврдити, оверити

ration *[реишн]* - *n.* 1.оброк, порција, 2.храна, животне намирнице; *v.* рационирати

rational *['ræшндл]* - *a.* рационалан, разуман

rattle *['æūл]* - *n.* чегртаљка; *v.* 1.чегртати, 2.клопарати, 3.брбљати

raven *['реивн]* - *n.* гавран

raw *[ро:]* - *n.* сировина; *a.* 1.сиров, пресан, 2.необрађен, 3.хладан, 4.рањав

rawness *['ро:нис]* - *n.* сировост

ray *[реи]* - *n.* зрака

react *[ри'æкū]* - *v.* реаговати

reaction *[ри'æкшдн]* - *n.* реакција

read *[ри:д]* - *v.* 1.читати, прочитати, 2.гласити

readable *['ри:дәбл]* - *a.* читак

reader *['ри:дер]* - *n.* 1.читалац, 2.читанка

readiness *['рединдс]* - *n.* спремност

read *['реди]* - *a.* 1.спреман, 2.готов

real *[риꙋл]* - *a.* реалан, стваран, прави

reality *[риꙋ'æлиꙋи]* - *n.* 1.реалност, стварност, 2.чињеница

realize *['риꙋлаиз]* - *v.* 1.остварити, реализовати, 2.схватити, 3.замислити

really *['риꙋли]* - *adv.* заиста, стварно

realm *[релм]* - *n.* 1.краљевство, 2.подручје

reap *[риːꙋ]* - *v.*1. жети, косити, 2.убрати

reaper *['риːꙋꙋид]* - *n.* 1.жетелац, косац, 2.косилица

reason *['риːзн]* - *n.* 1.разлог, 2.узрок, повод, 2.разум, памет; *v.* 1.резоновати, закључивати

rebel *['ребꙋл]* - *n.* побуњеник, бунтовник, устаник; *a.* бунтован

rebel *[ри'бел]* - *v.* бунити се, побунити се

rebellion *[ри'белјꙋн]* - *n.* буна, побуна, устанак

recall *[ри'коːл]* - *n.* 1.опозивање, 2.сећање; *v.* 1.опозвати, 2.сетити се

recapitulate *[,риːкꙋ'ꙋиꙋјулеꙋ]* - *v.* поновити, рекапитулирати

receipt *[ри'сиːꙋ]* - *n.* 1.примитак, 2.потврда о примитку, признаница

receive *[ри'сиːв]* - *n.* примити, прихватити, добит

receiver *[ри'си:вд(р)]* - *n.* 1.прималац, 2.пријемник, 3.телефонска слушалица

recent *['ри:снт]* - *a.* недаван, нов

recently *['ри:снтлй]* - *adv.* недавно, у последње време

reception *[ри'сейшн]* - *n.* 1.примање, 2.пријем, 3.дочек, 4.примитак

reciprocal *[ри'сийрдкл]* - *a.* реципрочан, узајаман

recognition *[,рекдḡ'нишдн]* - *n.* препознавање

recognize *['рекдḡнаизћ* - *v.* 1.препознати, 2.признати

recollection *[рекд'лекшн]* - *n.* сећање, успомена

recollect *[рекд'лект]* - *v.* сетити се

recommend *[,рекдменд]* - *v.* препоручити

recommendation *[,рекдмен'дешн]* - *n.* препорука

reconcile *['рекднсаил]* - *v.* помирити, ускладити

reconsiliation *[,рекднсили'ешдн]* - *n.* помирење

reconstruct *['ри:кднс'тракт]* - *v.* 1.реконструисати, преуредити, 2.обновити, 3.изнова саградити

---

record [ри'ко:(р)д] - *n.* 1.записник, 2.запис, 3.забелешка, 4.евиденција, 5.протокол, 6.досије, 7.архива, 7.акт 8.прошлост, 9.успех, 10.рекорд, 11.грамофонска плоча; *v.* 1.записати, забележити, 2.регистровати, 3.снимити, спимати; *a.* рекордан

recover [ри'кавд(р)] - *v.* 1.опоравити се, доћи себи, повратити се, 2.оздравити, 3.надокнадити

recreation [,рекри'еиђн] - *n.* 1.рекреација, , 2.одмор, 3.забава, 4.опоравак

recruit [ри'круш] - *n.* регрут; *v.* 1.регрутовати, 2.врбовати

red [ред] - *n.* црвена боја, црвенило; *a.* 1.црвен, 2.румен

reddish ['редиш] - *a.* црвенкаст

redness ['реднис] - *n.* црвенило

redouble [ри'дабл] - *v.* подвостручити (се)

redress [ри:дрес] - *n.* 1.обештећење, одштета, 2.поправљање; *v.* 1.поправити, исправити, 2.обештетити

reduce [ри'дју:с] - *v.* 1.редуцирати, смањити, снизити, 2.свести, 3.савладати, покорити

reduction [ри'дакшн] - *n.* редукција, смањење, снижење

reed [ри:д] - *n.* трска

refer *[ри'фә(р)]* - *v.* 1.упутити, 2.односити сена, тицати се, 3.обратити се, 4.позивати се на, 5.реферисати

reference *['рефрәнс]* - *n.* 1.однос, веза, 2.упућивање на, 3.позивање на, 4.препорука

refine *[ри'фаин]* - *n.* 1.прочистити, 2.оплеменити

reflect *[ри'флекш]* - *v.*1.рефлектовати (се), одбијати (се), 2.размишљати

reflection *[ри'флекшн]* - *v.* 1.рефлексија, одраз, 2.одбијање, 3.мисао

reflex *['ри:флекс]* - *n.* 1. рефлекс, 2.одраз

reform *[ри'фо:(р)м]* - *n.* 1.реформа, 2.поправак, 3.промена, 4.преустројство; *v.* реформисати, преуредити

reformation *[,рефә(р)'мешн]* - *n.* реформација

refrain *[ри'фреин]* - *n.* рефрен, припев; *v.* суздржати се, обуздати се

refresh *[ри'фреш]* - *v.* освежити

refreshment *[ри'фрешмәнш]* - *n.* 1.освежење, окрепа, 2. *pl.* јела и пића

refrigerator *[рә'фриђәреишәр]* - *n.* фрижидер

refuge *[ри'фјуџ]* - *n.* 1.уточиште, склониште, 2.заштита

refugee *['рефју(:)џи]* - *n.* избеглица

refusal *[рә'фју:зл]* - *n.* 1.одбијање, 2.ускра-
ћивање

refuse *[рә'фјуз]* - *v.* 1.одбити, 2.ускратити

regain *[ри'ѓеин]* - *v.* повратити, поново стећи

regard *[ри'ѓа:(р)д]* - *n.* 1.поглед, 2. обзир,
3.поштовање, 4. *(pl)* поздрави; *v.* 1.сматрати,
држати, 2.ценити, 3.тицати се, односити се

regime *[ре'æи:м]* - *n.* режим

regiment *['реџименѿ]* - *n.* пук

region *['ри:џдн]* - *n.* регион, подручје, предео,
крај

registration *[реџис'ѿрешн]* - *n.* 1.регистра-
ција, 2.упис, 3.вођење књига

register *['реџисѿд(р)]* - *n.* 1.регистар, 2.попис,
списак; *v.* 1.уписати, 2.регисртовати, 3.унети,
4.препоручити, 5.пријавити,

regret *[ри'ѓреѿ]* - *n.* жаљење, кајање; *v.* жалити

regular *['реѓјулд(р)]* - *a.* регуларан, правилан,
тачан, редован

regularity *[,реѓју'лæриѿи]* - *n.* регуларност,
правилност, тачност, редовност

regulate *['реѓјулеѿ]* - *v.* 1.регулисати, уре-
дити, 2.одредити, прописати

regulation *[,реѓју'лешн]* - *n.* пропис, одредба

rehearsal *[ри'хә:сл]* - *n.* проба

rehearse *[риʹхә:с]* - *v.* пробати, увежбавати

reject *[риʹџект]* - *v.* 1.одбити, 2.одбацити

rejoice *[ри:ʹџоис]* - *v.* радовати се, веселити се

relate *[риʹлеит]* - *v.* 1.испричати, 2.двести у везу, 3.бити у сродству, 4.односити се на

related *[риʹлеитид]* - *a.* 1.повезан, 2.сродан

relation *[риʹлешн]* - *n.* 1.веза, 2.сродство, 3.однос, 4.сродник, 5.приповедање, 6.приповетка

relationship *[риʹлешншип]* -   *n.* 1.одство, 2.повезаност, 3.однос

relative *[ʹрәлатив]* - *n.* 1.рођак, сродник; *a.* 1.односан, који се односи на, 3.релативан

relax *[риʹлæкс]* - *v.* 1.опустити се, 2.попустити, 3.омлитавити

relief *[риʹли:ф]* - *n.* 1.олакшање, 2.ублажење, 3.помоћ, 4.избављење, 5. рељеф

relieve *[риʹли:в]* *v.* 1.олакʃати, ублажити, 2.ослободити, 3.лишити, 4.лакнути, 5.сменити

religion *[риʹлиџн]* - *n.* вера, религија

rely *[риʹлаи]* - *v.* ослонити се, поуздати се

remain *[риʹмеин]* - *v.* 1.остати, 2.преостати

remains *[риʹмеинс]* - *n. pl.* остатци

remark *[риʹма:к]* - *n.* примедба; *v.* приметити, опазити

remember *[ри'мембə]* - *v.* 1.сетити се, 2.пам-
тити, 3.подсетити, 4.поздравити

remind *[ри'маинд]* - *v.* 1.подсетити, 2.опоме-
нути

reminder *[ри'маиндə(р)]* -   *n.* 1.подсетник,
2.опомена

reminiscence *[реми'нисис]* - *n.* 1.сећање, 2.успо-
мена

remote *[ри'моут]* - *a.* удаљен, далек

removal *[ри'му:вəл]* -   *n.* 1.пресељење, 2.од-
страњење, 2.свргнуће

remove *[ри'му:в]* - *v.* 1.преселити, 2.одстра-
нити, 3.уклонити, 4.свргнути

renew *[ри'нју:]* - *v.* 1.обновити, 2.изнова почети,
3.препородити се

renewal *[ри,нјуəл]* - *n.* 1.обнова, 2.продужење

rent *[рент]* - *n.* 1.кирија, најамнина, 2.пукот-
ина, 3.раздор, раскид; *v.* изнајмити, најмити,
закупити

repair *[ри'пеə(р)]* - *n.* поправак; *v.* 1.поправити,
обновити, 2.упутити се

reparable *['репəрəбл]* -   *a.*   поправљив,
надокнадив

repay *[ри'пеи]* - *v.* вратити дуг

repeat *[ри'пи:т]* - *v.* поновити

repetition *[,рейд'шишн]* - *n.* понављање

replace *[ри'йлеис]* - *v.* 1.заменити, 2.вратити на место

reply *[ри'йлеи]* - *n.* одговор; *v.* 1.одговорити, 2.узвратити

report *[ри'йо:ш]* - *n.* 1.рапорт, извештај, приказ, 2.вест, 3.глас, 3.пријава, 4.сведоцба, 5.прасак; *v.* 1.известити, 2.јавити, 3.пријавити

represent *[,рейри'зенш]* - *v.* 1.приказивати, представљати, 2.замислити, 3.заступати

reproduction *[,рийрэ'дакшн]* - *n.* репродукција, умножавање, размножавање

republic *[ри'йаблик]* - *n.* република

reputation *[,рейју'шеишн]* - *n.* репутација, углед

request *[ри'књесш]* - *n.* молба; *v.* 1.замолити, 2.захтевати, тражити

require *[ри'књаид]* - *v.* захтевати, тражити

requirement *[ри'књаидрмднш]* - *n.* 1.захтев, 2.услов

rescue *['рескју:]* - *n.* спасавање, спас; *v.* спасавати

research *[ри'сд(р)ч]* - *n.* 1.истраживање, 2.научноистраживачки рад; в. истраживати

resemble *[ри'зембл]* - *v.* наликовати, личити

reserve *[ри'зә:в]* - *n.* 1.залиха, резерва, 2.уздр-
жљивост, 3.резерват, 4.забран; *v.* 1.резер-
висати, 2.задржати, 3.одложити; *a.* резервни

reside *[ри'заид]* - *v* становати, обитавати

residence *['резидәнс]* - *n,* 1.стан, 2.становање,
боравак, 3.место становања, 4.престоница

residental *[,рези'дентл]* - *a.* стамбени, за стано-
вање

resident *['резидәнт]* -   *n.* 1.становник,
2.посланик

resign *[ри'заин]* - *n.* 1.оставка, 2.резигнација,
мирење са судбином; *v.* 1.поднети оставку,
2.напустити 3.помирити се са нечим

resist *[рә'зисти]* - *v.* 1.пружати отпор, одупирати
се, 2.одолети

resistence *[рә'зистиәнс]* - *n.* отпор

resolute *['резәлјути]* - *a.* одлучан

resolve *[ри'зо:лв]* - *v.* 1.одлучити се, 2.решити
(проблем), 3.закључити, 4.растварати (се),
5.растопити (се)

resort *[ри'зо:(р)ти]* -   *n.* 1.летовалиште,
2.уточиште, 3.састајалиште; *v.* 1.похађати,
2.састајати се, 3.прибећи

respect *[рис'иекти]* - *n.* 1.поштовање, 2.однос,
веза; *v.* 1.поштовати, 2.тицати се

respecting *[рис'йектинг]* - *prep.* у вези са, што се тиче, оносно

respectively *[рес'йективли]* - *adv.* односно

respond *[рис'йонд]* - *v.* одговорити

response *[рис'йонс]* - *n.* одговор

responsible *[рис'йонсибл]* - *a.* 1.одговоран, 2.поуздан

rest *[рест]* - *n.* 1.одмор, 2.остатак, ос ало; *v.* 1.одмарати се

restaurant *['рестдрднт]* - *n.* ресторан

restore *[рис'то:(р)]* - *v.* 1.вратити, 2.обновити, 3.поново успоставити

restrict *[рис'трицт]* - *v.* ограничити

restriction *[рдс'трикшн]* - *n.* ограничење

result *[ри'залт]* - *n.* 1.резултат, 2.последица; *v.* резултирати, имати за последицу, бити последица

retain *[ри'теин]* - *v.* 1.задржати, 2.придржати, 3.оставити

retire *[ри'таид]* - *v.* 1.отићи у пензију, 2.повући се

retreat *[ри'три:т]* - *n.* 1.повлачење, 2.склониште; *v.* повући се, одступити

return *[ри'тд:н]* - *n.* 1.повратак, враћање, 2.захвалност, 3.добитак; *v.* 1.вратити (се), 2.одговорити, узвратити, 3.повратити

reveal *[ри'ви:л]* - *v.* открити

revenge *[ри'вени]* - *n.* освета; *v.* осветити (се), светити се

reverse *[ри'вд:с]* - *n.* 1.супротност, 2.наличје, обратна страна, 3.несрећа, 4.вожња унатраг; *v.* 1.преокренути, преобрнути, 2.променити правац, предомислити се; *a.* супротан, обрнут, обратан

review *[ри'вју:]* - *n.* 1.преглед, 2.смотра, 3.оцена, 4.критика, 5.ревизија; *v.* 1.прегледати, 2.испитати, 3.размотрити, 4.писти приказ

revive *[ри'ваив]* - *v.* 1.оживети, 2.живнути, 3.освежити, обновити

revolution *[,ревд'лушн]* - *n.* 1.окретање, обртање, 2.револуција, преврат

revolve *[ри'волв]* - *v.* окретати (се)

reward *[ри'њо:(р)д]* - *n.*награда; *v.* наградити

rhythm *[ритхм]* - *n.* ритам

rib *[риб]* - *n.* ребро

rice *[раис]* - *n.* пиринач

rich *[рич]* - *n. pl.* богаташи, *a.* богат

rid *[рид]* - *v.* 1.ослободити, отарасити

ride *[раид]* - *n.* 1.јахање, 2.вожење; *v.* 1.јахати, 2.возити

ridge *[риџ]* - *n.* браздати; *v.* 1.хрбат, 2.планински ланац, 3.планински врх, 3.бразда

rifle *['раифл]* - *n.* пушка

right *[раит̄]* - *n.* 1.правда, право, 2.десна страна, 3.десница; *v.* 1.исправити, 2.оправдати, 3.осправити; *a.* 1.прави, прав, 2.тачан, исправан, 3.десни; *adv.* 1.право, 2.исправно, 3.десно, 4.праведно

rim *[рим]* - *n.* руб, обод, оквир

ring *[рин̄г]* - *n.* 1.прстен, 2.колут, обруч,карика 3.ринг, арена; *v.* 1.звонити, одзвањати, јечати, 2.окружити, 3.опколити, 4.прстеновати

rip *[раит̄]* - *a.* зрео

rise *[раиз]* - *n.* 1.дизање, 2.успон, 3.повишица, 4.повод; *v.* 1.дизати се, 2.подићи, 3.устати, 4.ницати, 5.побунити се

risk *[риск]* - *n.* ризик, опасност; *v.* 1.ризиковати, изложити се опасности, 2.ставити на коцку

rival *['раивдл]* - *n.* такмац, супарник, ривал; *v.* такмичити се; *a.* супарнички

river *['ривд(р)]* - *n.* река

road *[роуд]* - *n.* пут

roast *[роусш̄]* - *v.* пећи

rock *[рок]* - *n.* 1.стена, 2.литица; *v.* љуљати се

rod *[род]* - *n.* шипка, мотка

roll *[роул]* - *n.* 1.смотак, ролна, 2.ваљак, ваљање, 3.листа, списак; *v.* 1.ваљати се, 2.котрљати се, 3.умотати

roof *[ру:ф]* - *n.* 1.кров, 2.непце

room *[ру:м]* - *n.* 1.соба, 2.место, 3.простор

root *[ру:ш̄]* - *n.* корен; *v.* 1.укоренити (се), 2.усадити дубоко

rope *[роуш̄]* - *n.* уже, конопац; *v.* везати конопцем

rose *[роуз]* - *n.* 1.ружа, 2.ружичаста боја, *a.* ружичаст

rotate *[роу'ш̄еиш̄]* - *v.* 1.оретати (се), 2.вртети (се)

rough *[раф]* - *n.* силеција; *a.* 1.необрађен, 2.неотесан, 3.груб, 4.храпав, 5.суров, 6.узбуркан

round *[раунд]* - *n.* 1.круг, 2.прстен, 3.низ, 4.коло; *v.* 1.заоблити (се), 2.заокружити; *a.* 1.округао, 2.заобљен, 3.приближан, 4.отворен; *adv.* около, наоколо; *prep.* око

row *[роу]* - *n.* ред, низ; *v.* веслати

rub *[раб]* - *n.* 1.трљање, 2.трење, 3.запрека, потешкоћа; *v.* 1.трљати, трти, 2.стругати

rubbish *['рабиш]* - *n.* 1.смеће, отпатци, 2.глупост

rug *[раг]* - *n.* 1.простирач за под, 2. губер, 3.груб прекривач

ruin *[руин]* - *n.* 1.рушевина, 2.пропаст, слом; *v.* уништити, упропастити

rule *[ру:л]* - *n.* 1.правило, пропис, 2.владавина, 3.лењир; *v.* 1.владати, 2.одредити

run *[ран]* - 1.трчање, 2.слобода кретања, 3.навала, 4.низ, серија, 5.успех, 6.линија, 7.стаза; *v.* 1.трчати, 2.управљати, руководити, 3.пробити, 4.зарити, 5.тећи, 6.цурити, 7.налетети, 8.кандидовати се

rush *[раш]* - *n.* 1.навала, јуриш, 2.журба, 3.рогоз; *v.* 1.журити, 2.јурити, 3.навалити

rust *[раст]* - *n.* рђа; *v.* рђати

S

sack *[сæк]* - *n.* 1.вреħа, 2.пљачка; *v.* 1.пљачкати, 2.отпустити из службе

sacred *['сеикрид]* - *a.* 1.свет, 2.посвоħен

sacrifice *['сæкрифаис]* - *n.* жртва; *v.* жртвовати

sad *[сæд]* - *a.* 1.тужан, 2. жалостан

saddle *['сæдл]* - *n.* седло

sadness *['сæднис]* - *n.* жалост

safe *[сеиф]* - *n.* 1.сигуран, 2.безбедан, 3.поуздан

safety *['сеифти]* - *n.* 1.безбедност, 2.сигурност

sail *[сеил]* - *n.* једро; *v.* 1.једрити, 2.пловити

sailor *['сеил(р)]* - *n.* 1.морнар, 2.поморац

saint *[сеинт]* - *n.* светац; *a.* свет

salad *['сæл äд]* - *n.* салата

salary *['сæлä ри]* - *n.* плата

sale *[сеил]* - *n.* 1.продаја, 2.распродаја

salt *[со:лт]* - *n.* со

same *[сеим]* - *a.* исти

sample *['са:мпл]* - *n.* 1.узорак, 2.примерак

sand *[сæнд]* - *n.* песак

sandwich *['сæнвитш]* - *n.* сендвич

sane *[сеин]* - *a.* 1.здрав, 2.разборит

satire *['сæтаид(р)]* - *n.* сатира

satisfaction *[,сæтис'фæкшн]* - *n.* 1.задовољс-тво, 2.удовољење

satisfactory *[,сæтис'фæктри]* - *a.* 1.задово-љавајући, 2.довољан

satisfy *['сæтисфаи]* - *v.* 1.задовољити, 2.удово-љити

Saturday *['сæтдди]* - *n.* субота

sauce *[со:с]* - *n.* 1.зачин, 2.сос, 3.дрскост

saucer *['со:сд(р)]* - *n.* тањурић

sausage *['сосидж]* - *n.* кобасица

savage *['сæвидж]* - *a.* дивљи; *n.* дивљак

save *[сеив]* - *v.* 1.штедети, 2.сачувати, 3.шти-тити

saving *['сеивинг]* - *n.* 1.спас, 2.штедња; *a.* штедљив

saviour *['сеивјд(р)]* - *n.* спаситељ

saw *[со:]* - *n.* тестера; *v.* 1.тестерисати, 2.пилити

say *[сеи]* - *v.* казати

saying *['сеинг]* - *n.* пословица

scaffold *['скæфдлд]* - *n.* 1.губилиште, 2.скеле

scale *[скеил] - n.* 1.љуска, 2.крљушт, 3.вага, 4.мерило, 5.размер, 6.скала, 7.љестве; *v.* 1.љуштити, 2.вагати, 3.пењати се

scandal *['скӕндл] -   n.* 1.оговарање, 2.клеветање, 3.срамота

scar *[ска:(р)] - n.* ожиљак; *v.* 1.нагрдити, 2.озледити

scarf *[ска:(р)ф] - n.* 1.марама, 2.шал

scarlet *['ска:лит] - a.* 1.црвен, 2.скрлетан

scene *[си:н] - n.* 1.призор сцена, 2.поприште место догађаја

scent *[сент] - n.* 1.мирис, 2.траг; *v.* 1.нањушити 2.намирисати

scheme *[ски:м] - n.* 1.шема, 2.преглед, 3.план, 4.програм, 5.сплетка; *v.* 1.сплеткарити, 2.правити планове

scholar *['сколд(р)] - n.* 1.научник, 2.ученик, 3.стипендиста

school *[ску:л] - n.* 1.школа, 2.обука, 3.јато риба,

science *['саиднс] - n.* наука

scientific *[,саидн'тифик] - a.* научни

scientist *['саиднтист] - n.* научник

scissors *['сиздс] - n.* маказе

score *[ско:(р)]* - *n.* 1.зарез, 2.траг, 3.рачун, 4.дуг; *pl.* 1.бодови, 2.партитура, 3.двадесет; *v.* 1.забележити, 2.урезати, 3.добити

scout *[скауш]* - *n.* извидник; *v.* извидати

scream *[скри:м]* - *v.* 1.вриштати, 2.вриснути; *n.* врисак

screen *[скри:н]* - *n.* 1.заклон, 2.решето, 3.решетка, 4.екран; *v.* 1.заклонити, 2.пророшетати

screw *[скру:]* - *n.* 1.вадичеп, 2.клин, 3.шараф; *v.* пришарафити

sculpture *['скулишшд(р)]* - *n.* 1.скулптура, 2.вајарство; *v.* вајати

sea *[си:]* - *n.* море

seaside *['си:саид]* - *n.* приморје

seal *[си:л]* - *n.* 1.туљан, 2.печат; *v.* 1.запечатити, 2.потврдити

seam *[си:м]* - *n.* 1.шав, 2.слој

seaman *['си:мæн]* - *n.* 1.поморац, 2.морнар

seamstress *['семсшрис]* - *n.* 1.шваља, 2.кројачица

search *[сд:шш]* - *v.* 1.тражити, 2.претраживати, 3.испитивати; *n.* 1.тражење, 2.претраживање

season *['си:зн]* - *n.* 1.годишње доба, 2.сезона; *v.* 1.зачинити, 2.ублажити, 3.привикнути

seasonable [*'си:знәбл*] -   *a.* 1.правовремен, 2.прикладан

seat [*си:ш*] - *n.* 1.седиште, 2.столица, 3.боравиште; *v.* 1.посадити, 2.сести

secession [*си'сешн*] - *n.* 1.отцепљење, 2.одвајање

second [*'секнд*] - *a.* 1.други, 2.следећи, 3.споредан; *n.* 1.секунд, 2.часак; *v.* 1.подупирати, 2.бодрити

secret [*'си:криш*] -   *a.* 1.тајни, 2.потајни, 3.скривен; *n.* тајна

secretary [*'секрәшри*] - *n.* 1.секретар, 2.писаћи сто

section [*'секшн*] - *n.* 1. део одељак, 2.отсечак, 3.параграф, 4.слој, 5.рез

sector [*'секшд(р)*] - *n.* 1.сектор, 2.исечак

secure [*сә'kjuә(р)*] -   *v.* 1.осигурати (се), 2.причврстити; *a.* 1.сигуран, 2.осигуран, 3.поуздан

see [*си:*] - *v.* 1.видети, 2.опазити, 3.разумети, 4.посетити, 5.припазити

seed [*си:д*] - *n.* 1.семе, 2.клица

seek [*си:к*] - *v.* 1.тражити, 2.чезнути

seem [*си:м*] *v.* 1.изгледати, 2.чинити се

segregate [*'сегрәгеиш*] - *v.* 1.одвојити, 2.оделити

seize *[си:з]* - *v.* 1.зграбити, 2.шчепати, 3.ухватити, 4.запленити, 5.отети, 6.заузети

seldom *['селдəм]* - *adv.* ретко

select *[си'лект]* - *v.* одабрати; *a.* одабран

selection *[,си'лекшн]* - *n.* 1.избор, 2.одабирање

self *[селф]* - *a.* 1.сам, 2.сопствен исти

selfish *['селфиш]* - *a.* себичан

sell *[сел]* - *v.* продавати

seller *['селд(р)]* - *n.* продавац

senate *['сенит]* - *n.* сенат

send *[сенд]* - *v.* 1.послати, 2.отпремити

sender *['сендə(р)]* - *n.* пошиљалац

senior *['си:ниə(р)]* - *a.* 1.старији, 2.виши

seniority *[, сини'орити]* - *n.* 1.старешинство, 2.старост

sensation *[сен'сешн]* - *n.* 1.осећање, 2.осећај, 3.узбуђење, 4.сензација

sense *[сенс]* - *n.* 1.чуло, 2.осећај, 3.осећање, 4.памет, 5.свест, 6.смисао, 7.схватање

senseless *['сенслис]* - *a.* 1.неразуман, 2.бесмислен, 3.несвестан, 4.неосетљив

sensibility *[,сенси'билити]* - *n.* 1.осећајност, 2.осетљивост, 3.нежност

sensible *['сенсибл]* - *a.* 1.паметан, 2.разуман, 3.осетљив, 4.свестан, 5.знатан

sensitive *['сенситив]* - *a.* 1.осетљив, 2.увредљив

sentence *['сентднс]* - *n.* 1.реченица, 2.пресуда, 3.казна

sentiment *['сентимднт]* - *n.* 1.осећање, 2.мишљење

separate *['сепрдт]* - *n.* 1.посебан, 2.појединачан; *v.* 1.раставити, 2.раздвојити

separation *[,сепд'решн]* - *n.* 1.раздвајање, 2.растава, 3.разлаз

sergeant *['са:џнт]* - *n.* наредник

series *['сидри:з]* - *n.* 1.низ, 2.ред, 3.серија

serious *['сидридс]* - *a.* озбиљан

servant *['сд:внт]* - *n.* 1.слуга, 2.слушкиња, 3.службеник

serve *[сд:в]* - *v.* 1.служити, 2.послуживати, 3.сервирати, 4.удовољити, 5.одслужити

service *['сæ:вис]* - *n.* 1.служба, 2.послужење, 3.услуга, 4.сервиз, 5.корист

session *['сешн]* - *n.* 1.седница, 2.заседање

set *[сет]* - *a.* 1.одређен, 2.сталан, 3.прописан, 4.установљен, 5.одлучан, 6.непопустљив; *v.* 1.поставити, 2.ставити, 3.положити, 4.посадити, 5.удесити, 6.наместити, 7.одредити, 8.установити, 9.покренути, 10.кренути, 11.искитити, 12.сложити

settle *['сетл]* - *v.* установити

settlement *['сетлмәнт]* - *n.* 1.насеље, 2.наредба, 3.одлука, 4.изравнање, 5.решење, 6.уговор

settler *['сетлә(p)]* - *n.* насељеник

seven *['севн]* - *n.* 1.седам, 2.седмица

seventeen *['севн'ти:н]* - *n.* 1.седамнаест, 2.седамнаестица

several *['севрл]* - *a.* 1.различит, 2.пој单ини, 3.посебан, 4.неколико, 5.неколицина,

severe *['сивиә(p)]* - *a.* 1.строг, 2.оштар, 3.љут, 4.озбиљан

sew *[соу]* - *v.* шити

sex *[секс]* - *n.* пол

sexual *['секшуәл]* - *a.* полни

shade *[шеид]* - *n.* 1.хладовина, 2.сенка, 3.заклон, 4.нианса; *v.* 1.засенити, 2.потамнити, 3.заклонити, 4.шатирати

shadow *['шжддоу]* - *n.* 1.сенка, 2.сена, 3.дух; *v.* 1.засенити, 2.потамнити

shaft [ша:фт] - n. стрела, 2.дебло, 3.стабљика, 4.дрѕало, 5.осовина, 6.јама, 7.окно

shake [шеик] - v. 1.трести, 2.отрести, 3.потрести, 4.дрмати, 5.климати, 6.дрхтати

shallow ['шѕлоу] - a. 1.плитак, 2.површан; n. плићак

shame [шеим] - n. 1.стид, 2.срамота; v. 1.постидети, 2.осрамотити

shameful [шеимфул] - a. 1.срамотан, 2.непристојан

shameless ['шеимлис] - a. 1.бесраман, 2.бестидан

shape [шеип] - n. облик; v. 1.уобличити, 2.обликовати

share [шеѕ(р)] - n. 1.део, 2.удео деоница, 3.учествовање, 4.допринос, 5.квота, 6.дивиденда; v. 1.делити, 2.разделити, 3.учествовати

sharp [ша:(р)п] - a. 1.оштар, 2.шиљат, 3.бистар, 4.лукав; адv. тачно

shave [шеив] - v. бријати (се); n. бријање

she [ши:] - проn. она

sheep [ши:п] - n. 1.овца, 2.овце

sheet [ши:т] - n. 1.чаршав, 2.табак

shelf [шелф] - n. полица

shell *[шел]* - *n.* 1.шкољка, 2.љуштура, 3.граната, 4.љуска, 5.кора, 6.махуна; *v.* 1.љуштити, 2.гулити, 3.комити, 4.бомбардовати

shelter *['шелш̄д(р)]* - *n.* 1.заклон, 2.заштита; *v.* 1.штитити, 2.заклонити (се), 3.склонити (се)

sheperd *['шеш̄дд]* - *n.* пастир

shield *[ши:лд]* - *n.* 1.штит, 2.грб; *v.* 1.штитити, 2.заштитити

shine *[шаин]* - *v.* 1.сијати, 2.блистати; *n.* 1.сијање, 2.блистање

ship *[шиш̄]* - *n.* 1.брод, 2.лађа

shirt *[шд:ш̄]* - *n.* кошуља

shock *[шок]* - *n.* 1.ударац, 2.напад, 3.(æивчани) потрес, 4.слом; *v.* 1.потрести, 2.узбудити, 3.саблазнити

shoe *[шу:]* - *n.* ципела

shoot *[шу:ш̄]* - *v.* 1.ницати, 2.клијати, 3.истерати младице, 4.пуцати, 5.устрелити, 6.јурнути; *n.* 1.младица, 2.пуцањ, 3.хитац

shop *[шош̄]* - *n.* 1.дућан, 2.радионица; *v.* куповати

shore *[шо:(р)]* - *n.* 1.обала, 2.потпорањ; *v.* подупрети

short *[шо:(р)ш̄]* - *a.* 1.кратак, 2.мален (растом)

shortage *['шо:ѿиџ]* - *n.* 1.оскудица, 2.неста-шица, 3.мањак

shortly *['шо:ѿли]* - адv. 1.ускоро, 2.укратко

shot *[шоѿ]* - *n.* 1.хитац, 2.метак, 3.покушај, 4.ударац

shoulder *['шоулдд]* - *n.* раме

shout *[шауѿ]* - *v.* 1.викати, 2.повикати, 3.кли-цати; *n.* 1.повик, 2.усклик

show *[шоу]* - *v.* 1.показати, 2.открити; *n.* 1.изглед, 2.изложба, 3.представа, 4.призор, 5.сјај, 6.парада

shower *[шауд]* - *n.* пљусак; *v.* пљуштати

shy *[шаи]* - *a.* 1.плашљив, 2.стидљив

sick *[сик]* - *a.* болестан

sickle *['сикл]* - *n.* срп

sickness *['сикнис]* - *n.* 1.болест, 2.мука

side *[саид]* - *n.* 1.страна, 2.површина, 3.обро-нак, 4.бок, 5.слабине

sight *[саиѿ]* - *n.* 1.вид, 2.видак, 3.поглед, 4.при-зор, 5.страшило; *v.* 1.угледати, 2.проматрати, 3.нанишанити

sign *[саин]* - *n.* 1.снак, 2.потпис, 3.предзнак; *v.* 1.означити, 2.потписати, 3.дати знак

significance *[сиѓ'нификднс]* - *n.* 1.значај, 2.зна-чење, 3.важност

signify *['сигнифаи]* - *v.* 1.значити, 2.означити

silence *['саилənс]* - *n.* 1.тишина, 2.ћутање

silk *[силк]* - *n.* свила; *a.* свилен

silly *['сили]* - *a.* 1.глуп, 2.луцкаст

silver *['силвə]* - *n.* сребро; *a.* сребрен

similar *['симилə(р)]* - *a.* сличан

similarity *[,сими'лæ рити]* - *n.* сличност

simple *['симпл]* - *a.* 1.једноставан, 2.прост

simplify *['симплифаи]* - *v.* поједноставнити

sin *[син]* - *n.* грех; *v.* 1.грешити, 2.огрешити се

since *[синс]* - *adv.* 1.од, 2.пред, 3.јер, 4.како, 5.пошто

sincere *[син'сиə]* - *a.* искрен

sing *[синг̄]* - *v.* 1.певати, 2.опевати

singer *['синг̄ə]* - *n.* 1.певач, 2.певачица

single *['синг̄л]* - *a.* 1.једини, 2.једнострук, 3.сам, 4.појединачан, 5.појеини, 6.неожењен, 7.неудата; *v.* 1.изабрати, 2.издвојити

singular *['синг̄јулə]* - *a.* 1.јединствен, 2.необичан, 3.пој教дини; *n.* једнина

sink *[синк]* - *v.* 1.тонути, 2.потонути, 3.спустити се, 4.падати, 5.пропадати, 6.клонути; *n.* 1.лавабо, 2.одвод за нечисту воду

sir *[сə:(р)]* - *n.* господин

sister *['систд(р)]* - *n.* сестра

sit *[сит]* - *v.* 1.сести, 2.седети

site *[саит]* - *n.* 1.место, 2.положај

situated *['ситуеитид]* - *a.* смештен

situation *[,ситуу'еишн]* - *n.* 1.положај, 2.место, 3.намештење стање

six *[сикс]* - *n.* 1.шест, 2.шестица

sixteen *[сикс'тин]* - *n.* 1.шеснаести, 2.шеснаестица

size *[саиз]* - *n.* 1.величина, 2.обим, 3.број

skate *[скеит]* - *v.* клизати се на леду; *n.* клизаљка

sketch *[скетш]* - *n.* 1.скица, 2.нацрт, 3.скеч; *v.* скицирати

skill *[скил]* - *n.* вештина

skin *[скин]* - *n.* 1.кожа, 2.љуска; *v.* 1.гулити кожу, 2.гулити љуску

skip *[скип]* - *v.* 1.поскакивати, 2.прескочити

skirt *[скд.т]* - *n.* 1.сукња, 2.међа

skull *[скул]* - *n.* лобања

sky *[скаи]* - *n.* 1.небо

slam *[слæм]* - *v.* залупити

slave *[слеив]* - *n.* роб

slavery *['слеивдри]* - *n.* ропство

slay *[слеи]* - *v.* убити

sleep *[сли:ū]* - *n.* 1.сан, 2.спавање; *v.* спавати

sleeve *[сли:в]* - *n.* рукав

slice *[слаис]* - *n.* кришка

slide *[слаид]* - *v.* 1.клизити, 2.клизати се, 3.одроњавати се; *n.* 1,клизање, 2.одрон

slight *[слаиū]* - *a.* 1.слаб, 2.лаган, 3.незнатан, 4.мален; *n.* 1.презир, 2.омаловажавање; *v.* 1.омаловажавати, 2.презирати, 3.игнорисати

slim *[слим]* - *a.* 1.витак, 2.танак

slope *[слоуū]* - *n.* 1.нагиб, 2.падина

slow *[слоу]* - *a.* 1.спор, 2.лаган, 3.неинтелиген-тан; *v.* успорити

small *[смо:л]* - *a.* 1.мален, 2.ситан

smart *[сма:(р)ū]* - *a.* 1.паметан, 2.препреден, 3.духовит, 4.елегантан, 5.отмен; *v.* 1.болети, 2.осећати бол, 3.патити; *n.* 1. бол, 2.горчина

smash *[смæш]* - *v.* 1.треснути, 2.разбити; *n.* 1.слом, 2.пропаст, 3.jак ударац, 4.судар

smell *[смел]* - *n.* 1.мирис, 2.смрад, 3.њух; *v.* 1.мирисати, 2.заударати, 3.њушити

smile *[смаил]* - *n.* 1.осмех, 2.смешак; *v.* смешити се

smoke *[смоук]* - *n.* дим; *v.* 1.пушити, 2.димити (се)

smooth *[сму:ūх]* - *a.* 1.гладак, 2.раван; *v.* 1.гладити, 2.загладити, 3.изгладити, 4.смирити, 5.забашурити

snack *[снæк]* - *n.* 1.залогај, 2.лаган оброк

snake *[снеик]* - *n.* змија

sneez *[сни:з]* - *v.* кијати; *n.* кијање

snow *[сноу]* - *n.* снег

soak *[соук]* - *v.* 1.натопити, 2.прожети, 3.упијати

soap *[соуū]* - *n.* сапун

sober *['соубд(р)]* - *a.* 1.трезан, 2.сталожен, 3.здраве памети; *v.* отрезнити (се)

social *['соушл]* - *a.* 1.друштвени, 2.социјални

society *[сд' саидūи]* - *n.* 1.друштво, 2.удружење

soft *[софū]* - *a.* 1.мекан, 2.нежан, 3.тих, 4.благ, 5.миран, 6.разнежен, 7.глуп

soil *[соил]* - *n.* 1. тло, 2.земља, 3.мрља; *v.* упрљати

soldier *['соулдæд(р)]* - *n.* војник

sole *[соул]* - *n.* 1.ђон, 2.табан; *v.* пођонити; *a.* једини

solemn *['солдм]* - *a.* 1.свечан, 2.достојанствен, 3.озбиљан

solid *['солид]* - *a.* 1.чврст, 2.крут, 3.испуњен, 4.масиван, 5.прави; *n.* чврсто тело

solidarity *[,соли'дæ рити]* - *n.* солидарност

solution *[сǝ'lu:{n]* - *n.* 1.решење, 2.раствор

solve *[со:лв]* - *v.* 1.решити, 2.одгонетнути

 some *[сум]* - *a.* 1.неки, 2.некакав; 3.нешто, 4.неколико, 5.мало; *adv.* отприлике

somebody *['сумбǝди]* - *pron.* неко

somehow *['сумхау]* - *adv.* некако

something *['сумūхин]* - *pron.* нешто

sometime *['сумūаим]* - *a.* 1.бивши, 2.некадаш-њи

somewhat *['сумwоū]* - *adv.* 1.донекле, 2.нешто мало

somewhere *['сумwе∂(р)]* - *adv.* 1.негде, 2.отпри-лике

son *[сун]* - *n.* син

song *[сонḡ]* - *n.* песма

soon *[су:н]* - *adv.* 1.ускоро, 2.рано, 3.замало

sore *[со:(р)]* - *a.* 1.болан, 2.осетљив; *n.* рана

sorrow *['сороу]* - *n.* 1.туга, 2.жалост; *v.* туговати

sorry *['сори]* - *a.* тужан

sort *[со:(р)ū]* - *n.* 1.врста, 2.начин; *v.* 1.раз-врстати, 2.изабирати

 soul *[соул]* - *n.* суша

sound *[саунд]* - *n.* 1.звук, 2.шум, 3.глас, 4.морски теснац, 5.сонда; *a.* 1.здрав, 2.непокварен, 3.чврст; *v.* 1.звучати, 2.орити се, 3.изрећи, 4.огласити се, 5.затрубити, 6.испитивати

soup *[су:ū]* - *n.* 1.чорба, 2.супа

source *[со:(р)с]* - *n.* 1.извор, 2.порекло

south *[сауūх]* - *n.* југ; *a.* јужни; *adv.* јужно

southern *['суūхə(р)н]* - *a.* јужни

sow *[соу]* - *v.* 1.сејати, 2.засејати, 3.посејати

space *[сūеис]* - *n.* 1.простор, 2.размак, 3.пространство

spacious *['сūеишəс]* - *a.* простран

spare *[сūə]* - *a.* 1.редак, 2.оскудан, 3.мршав, 4.преоста, 5.сувишан; *v.* 1.штедети, 2.поштедети

sparrow *['сūæроу]* - *n.* врабац

speak *[сūи:к]* - *v.* говорити

speaker *['сūи:кə(р)]* - *n.* говорник

special *['сūеишл]* - *a.* 1.посебан, 2.нарочит, 3.особит

specialist *['сūеишлисū]* - *n.* 1.стручњак, 2.специјалиста

specimen *['сūесимəн]* - *n.* 1.примерак, 2.узорак

spectator *[сūек'ūеиūə]* - *n.* посматрач

spectre *['сйекш̄ə(р)]* - *n.* 1.сабласт, 2.утвара

speculate *['сйекјулеш̄]* -   *v.* 1.размишљати, 2.стварати теорије, 3.шпекулисати

speculation *[,сйекју'лешн]* - *n.* 1.размишљање, 2.теорија, 3.шпекулација

speed *[сй̄и:д]* - *n.* 1.брзина, 2.журба; *v.* 1.журити, 2.пожурити, 3.напредовати, 4.гонити

speech *[сй̄и:ш̄ш]* - *n.* говор

spell *[сй̄ел]* - *n.* 1.чар, 2.чини, 3.привлачност, 4.кратак период, 5.смена; *v.* 1.срицати, 2.писати, 3.читати слово по слово, 4.имати за последицу, 5.сменити

spend *[сй̄енд]* -   *v.* 1.трошити, 2.потрошити, 3.исцрпсти

sphere *[сфиə(р)]* - *n.* 1.кугла, 2.небеско тело, 3.обим, 4.делокруг, 5.сфера

spice *[сй̄аис]* - *n.* 1.зачин, 2.мирођија; *v.* зачинити

spin *[сй̄ин]* - *v.* 1.прести, 2.распредати, 3.окретати (се)

spinal *['сй̄аинл]* - *a.* кичмени

spine *[сй̄аин]* - *n.* 1.кичма, 2.бодља

spinning *['сй̄ининь]* - *n.* предење

spirit *['сйириш]* - *n.* 1.дух, 2.душа, 3.сабласт, 4.значај, 5.одважност; *v.* 1.надахнути, 2.прожети, 3.оживети

spit *[сйиш]* - *n.* ражањ; *v.* набости па ражањ

spite *[сйаш]* - *n.* 1.злоба, 2.пакост; *v.* 1.пакостити, 2.љутити, 3.пркосити

splendid *['сйлендид]* - *a.* 1.сјајан, 2.диван

split *[сйлиш]* - *v.* 1.распући се, 2.прснути, 3.располовити, 4.отцепити; *n.* 1.пукотина, 2.расцеп, 3.свађа

spoil *[сйоил]* - *n.* 1.плен, 2.пљачка; *v.* 1.размазити, 2.покварити, 3.опљачкати

sponge *[сйунџ]* - *n.* спужва

spontaneous *[сйон'шеињдс]* - *a.* 1.спонтан, 2.драговољан, 3.природан

spoon *[сйу:н]* - *n.* 1.кашика, 2.глупак

sport *[сйо:(р)ш]* - *n.* 1.забава, 2.шала, 3.спорт; *v.* 1.забављати се, 2.шалити се, 3.играти се

spot *[сйош]* - *n.* 1.место, 2.мрља; *v.* 1.умрљати, 2.препознати, 3.открити

spray *[сйреи]* - *n.* 1.гранчица, 2.прскалица, 3.распршивач; *v.* 1.прскати, 2.попрскати

spread *[сйред]* - *v.* 1.ширити (се), 2.раширити (се), 3.простирати (се); *n.* 1.распон, 2.ширење, 3.распростирање

spring *[сūринг]* - *n.* 1.пролеће, 2.извор, 3.федер, 4.мотив; *v.* 1.скакати, 2.скочити, 3.прескочити, 4.извирати, 5.потицати, 6.ницати

sprinkle *['сūринкл]* - *v.* 1.попрскати, 2.прскати, 3.посути; *n.* прскање попсипање

sprout *[сūрауū]* - *n.* 1.клица, 2.младица; *v.* 1.клијати, 2.пуштати младице

spy *[сūаи]* - *n.* 1.ухода, 2.шпијун

square *['скњеð(р)]* - *a.* 1.квадратан, 2.здепаст, 3.поштен, 4.праведан; *n.* 1.квадрат, 2.шаховско поље, трг; *v.* 1.квадрирати, 2.одмерити, 3.уредити, 4.изравнати, 5.слагати се

squeeze *[скwи:з]* - *v.* 1.стиснути, 2.стезати, 3.тиштати, 4.цедити; *n.* 1.стисак, 2.притисак, 3.гужва

squirrel *['сqwирл]* - *n.* веверица

stab *[сūæб]* - *v.* 1.убости, 2.пробости; *n.* убод (ножем)

stability *[сūæ'билиūи]* - *n.* 1.постојаност, 2.сталност, 3.чврстоћа

stable *['сūеибл]* - *a.* 1.постојан, 2.чврст, 3.трајан

staff *[сūа:ф]* - *n.* 1.палица, 2.штап, 3.мотка, 4.особље, 5.штаб

stage *[сūеидж]* - *n.* 1.позорница, 2.фаза, 3.етапа, 4.дилижанс, 5. скела

stain *[стеин]* - *v.* 1.обојити, 2.упрљати; *n.* 1.боја, 2.мрља

stair *[стд(р)M]* *n.* степеник, степенице

staircase *['стдкеис]* - *n.* степениште

stale *[стеил]* - *a.* 1.бајат, 2.устајао, 3.огрцан

stamp *[стæмп]* - *n.* 1.жиг, 2.марка, 3.отисак; *v.* 1.обележити, 2.утиснути, 3.ударити ногом (о под), 4.ставити марку

stand *[стæнд]* - *v.* 1.стајати, 2.устати, 3.поднети, 4.издржати, 5.налазити се, 6.подвргнути се, 7.проћи; *n.* 1.сталак, 2.становиште, 3.отпор, 4.трибина

standard *['стæндэд]* - *n.* 1.застава, 2.мера, 3.степен, 4.узор, 5.стандард

star *[стa:(р)]* - *n.* звезда; *v.*глумити

stare *[стд(р)]* - *v.* 1.буљити, 2.пиљити; *n.* буљење

start *[стa:(р)т]* - *v.* 1.кренути, 2.поћи, 3.почети, 4.тргнути се; *n.* 1.почетак, 2.полазак, 3.трзај

starvation *[стa:'веишн]* - *n.* гладовање

starve *[стa:в]* *v.* гладовати

state *[стеит]* - *n.* 1.стање, 2.држава, 3.степен, 4.ранг, 5.сјај, 6.раскош; *v.* 1.изјавити, 2.навести, 3.установити, 4.одредити

statement *['сӣеиӣмәнӣ]* - *n.* 1.изјава, 2.исказ, 3.излагање, 4.извештај

station *['сӣеишн]* - *n.* 1.станица, 2.положај, 3.намештење; *v.* 1.поставити, 2.стационирати

stationary *['сӣеишнәри]* - *a.* 1.непомичан, 2.сталан

stationery *['сӣеишнәри]* - *n.* 1.папирница, 2.писаћи прибор

statistics *[сӣæ'ӣисӣикс Тимес "Ти мес "Ћ* - *n.* статистика

statue *['сӣеӣју:]* - *n.* 1.кип, 2.статуа

status *['сӣеиӣдс]* - *n.* 1.положај, 2.стање, 3.статус

stay *[сӣеи]* - *v.* 1.остати, 2.боравити, 3.задржати се, 4.становати, 5.подупрети; *n.* 1.(кратак) боравак, 2.обуздавање, 3.истрајност, 4.потпора

steady *['сӣеди]* - *a.* 1.чврст, 2.сталан, 3.непрекидан, 4.миран, 5.једноличан, 6.трезан

steal *[сӣи:л]* - *v.* 1.красти, 2.прикрасти се

steam *[сӣи:м]* - *n.* пара

steel *[сӣи:л]* - *n.* челик; *v.* очеличити; *a.* челичан

steep *[сӣи:ӣ]* - *a.* 1.стрм, 2.кос; *n.* стрмина; *v.* 1.замочити, 2.натопити

stem *[сйем]* - *n.* 1.стабљика, 2.петељка, 3.дебло, 4.постоље, 5.порекло; *v.* 1.зауставити, 2.упињати се, 3 пловити против струје или сталним правеем

step *[сйей]* - *n.* 1.корак, 2.стопа, 3.траг од ноге, 4.ход, 5.пречка (на мердевинама), 6.степен; *v* 1.ступити, 2.корачати, 3.ходати

step-father *[сйей-фæ(р)]* - *n.* очух

step-mother *[сйей-моæ(р)]* - *n.* маћеха

step-son *[сйей-сон]* - *n.* пасторак

sterile *['сйераил]* - *a.*1. јалов, 2.неплодан

sterling *['сйд:линг]* - *a.* 1.прави, 2.проверен; *n.* стерлинг (енгл. новац)

stew *[сйју:]* - *n.* паприкаш; *v.* кувати у пари

stick *[сйик]* - *n.* 1.штап, 2.батина, 3.колац; *v.* 1.прилепити (се), 2.прионути, 3.држати се, 4.бости, 5.набости, 6.подупрети, 7.заденути, 8.утакнути, 9.стршати, 10.насукати

stiff *[сйиф]* - *a.* 1.укочен, 2.крут, 3.охол

still *[сйил]* - *a.* 1.тих, 2.миран, 3.занемео; *n.* тишина; *v.* 1.утишати, 2.уђутка,

sting *[сйинг]* - *v.* 1.убости, 2.пећи; *n.* 1.убод, 2.жаока, 3.бол

stink *[сйинк]* - *v.* смрдети; *n.* смрад

stitch *[сйийш]* - *n.* шав; *v.* шити

stir *[стд:]* -   *v.* 1.мицати (се), 2.узбудити, 3.комешати (се), 4.мешати, 5.мутити, ; *n.* 1.мицање, 2.комешање, 3.немир, 4.врева

stock *[сток]* - *n.* 1.дебло, 2.пањ, 3.кундак, 4.порекло, 5.стока, 6.залиха, 7.главница; *pl.* 1.државни папири, 2.деонице; *v.* 1.снабдети, 2.напунити залихама

stocking *['стокинг]* - *n.* чарапа

stomach *['стумдк]* - *n.* 1.стомак, 2.желудац; *v.* 1.сварити, 2.поднети

stone *[стоун]* - *n.* 1.камен, 2.коштица

stop *[стой]* - *v.* 1.стати, 2.застати, 3.зауставити (се), 4.зачепити; *n.* 1.застој, 2.престанак, 3.обустава, 4.прекид, 5.стајалиште

store *[сто:(р)]* - *n.* залихе; *pl.* 1.храна, 2.складиште, 3.дућан; *v.* 1.гомилати, 2.ставити у складиште, 3.похранити, 4.снабдети

stor(e)y *['сто:ри]* - *n.* спрат

storm *[сто:(р)м]* - *n.* 1.олуја, 2.бура, 3.невреме; *v.* 1.беснети, 2.јуришати

story *['сто:ри]* - *n.* 1.приповетка, 2.прича, 3.измишљотина

stout *[стауш]* - *a.* 1.крупан, 2.дебео, 3.јак, 4.храбар, 5.упоран; *n.* врста тамно пива

stove *[стоув]* - *n.* пећ

straight *[сшреиш]* - *a.* 1.раван, 2.прав, 3.гладак, 4.честит, 5.искрен; *adv.* 1.равно, 2.право

strain *[сшреин]* - *n.* 1.пасмина, 2.лоза, 3.врста, 4.напетост, 5.напор, 6.ишчашење; *v.* 1.напрезати (се); 2.натегнути, 3.ишчашити

strange *[сшреиндж]* - *a.* 1.стран, 2.чудан, 3.необичан

stranger *['сшреинџд]* - *n.* 1.странац, 2.туђинац

stream *[сшри:м]* - *n.* 1.ток, 2.струја, 3.поток; *v.* 1.тећи, 2.струјати

street *[сшри:ш]* - *n.* улица

strength *[сшренгшх]* - *n.* снага

stress *[сшрес]* - *n.* 1.притисак, 2.тежина, 3.напетост, 4.нагласак; *v.* 1.нагласити, 2.истаћи

stretch *[сшреш]* - *v.* 1.растегнути (се), 2.испружити (се), 3.разапети; *n.* 1.протезање, 2.обим, 3.простор, 4.напор, 5.период

strict *[сшрикш]* - *a.* 1.тачан, 2.строг

strike *[сшраик]* - *v.* 1.ударити, 2.тући, 3.избити, 4.пасти у очи, 5.пасти на памет, 6.склопити (посао), 7.поставити се, 8.штрајковати; *n.* 1.ударац, 2.штрајк

strip *[сшриш]* - *n.* 1.трака, 2.каиш, 3.пруга; *v.* 1.огулити, 2.свући (се), 3.скинути, 4.оголити

stripe *[сшраиш]* - *n.* 1.пруга, 2.масница; *v.* 1.испругати

stroke *[строук]* - *n.* 1.ударац, 2.удар, 3.кап, 4.замах, 5.потез, 6.срећан случај; *v.* гладити

strong *[стронг]* - *a.* 1.јак, 2.снажан, 3.моћан, 4.утврђен

structure *['структшд]* - *n.* 1.састав, 2.структура, 3.грађевина, 4.зграда

struggle *['стругл]* - *v.* 1.борити се, 2.напрезати се; *n.* 1.борба, 2.напор, 3.напрезање

stubborn *['стубдн]* - *a.* 1.тврдоглав, 2.упоран

student *['стју:дднт]* - *n.* 1.ђак, 2.ученик, 3.студент

study *['студи]* - *n.* 1.изучавање, 2.проучавање, 3.истраживање, 4.студија, 5.радна соба

stuff *[стуф]* - *n.* 1.грађа, 2.ствар, 3.сукно, 4.материјал, 5.глупост; *v.* 1.напунити, 2.трпати, 3.кљукати

style *[стаил]* - *n.* 1.писаљка, 2.начин живота, 3.отменост, 4.мода, 5.стил; *v.* назвати

subject *['субджект]* - *n.* 1.предмет, 2.ствар, 3.поданик, 4.струка, 5.подмет; *a.* 1.подложан, 2.подвргнут, 3.извргнут, 4.склон; *v.* 1.изложити, 2.подвргнути, 3.извргнути

submarine *['субмдри:н]* - *a.* подморски; *n.* подморница

submerge *[сдб'мд:дж]* - *v.* 1.загњурити, 2.потопити

submit *[сэб' мит]* - *v.* 1.подвргнути се, 2.пок-
оpити се, 3.поднети, 4.подлећи

subscribe *[сэб' скраиб]* - *v.* 1.потписати, 2.прет-
платити се

subscription *[сэб' скрийшн]* - *n.* 1.потпис, 2.пре-
тплата

subsequent *['субсикwэнт]* - *a.* 1.следећи, 2.кас-
нији

substance *['субстнс]* - *n.* 1.материја, 2.садржај,
3.битност, 4.смисао, 5.језгро

substitute *['субститју:т]* - *v.* заменити; *n.*
1.замена, 2.заменик

subtile *['сутл]* - *a.* 1.фин, 2.нежан, 3.суптилан

subtle *['сутл]* - *a.* 1.препреден, 2.лукав, фин

subway *['субwеи]* - *n.* подземна железница
(УСА), подземни пролаз

succeed *[сэк' си:д]* - *v.* 1.следити, 2.наследити,
3.успети

success *[сэк' сес]* - *n.* успех

successful *[сэк' сесфул]* - *a.* успешан

such *[суйш]* - *a.* такав

suck *[сук]* - *v.* 1.сисат, 2.усисат, 3.упити, 4.суцк-
пиг, 5.одојче

sudden *['судн]* - *a.* 1.изнснадан, 2.неочекиван

suffer *['суфə(р)]* - *v.* 1.патити, 2.претрпети, 3.подносити, 4.страдати

sufficient *[сəфишнȳ]* - *a.* довољан

sugar *[шуȳə(р)]* - *n.* шећер

suggest *[сəђесȳ]* - *v.* предложити

suggestion *[сəђешћн]* - *n.* предлог, сугестија

suicide *['с(ј)исајд]* - *n.* самоубиство

suit *[с(и)уȳ]* - *n.* 1.низ, 2.одело, 3.гарнитура, 4.парница, 5.соба

suitable *[с(и)уȳабл]* - *a.* прикладан, подесан

sum *[сам]* - *n.* сума, свота; *v.* сабрати

summary *[самəри]* - *n.* кратак садржај, резиме

summer *[с'амер]* - *n.* лето; *a.* летњи

sun *[с'ан]* - *n.* сунце

Sunday *[с'андеј]* - *n.* недеља

sunny *[с'ани]* - *a.* сунчан

sunrise *[с'анраиз]* - *n.* излазак сунца

sunset *[с'ансеȳ]* - *n.* залазак сунца

sunshine *[с'аншајн]* - *n.* сунчева светлост

superior *[сəȳе(р)иəр]* - *a.* надмоћан, узвишен

superstition *[суȳə(р)сȳишн]* - *n.* сујеверје

supervise *[суȳə(р)ваиз]* - *v.* надзирати, надгледати

supervisor *[суūд(р)ваизр]* - *n.* надзорник

supper *[с'аūдр]* - *n.* вечера

supply *[сāилај]* - *v.* 1.снабдевати, 2.набављати, 3.удовољити; *n.* залиха

support *[сāио:(р)ū]* - *v.* 1.подупирати, 2.издржавати, 3.подржавати; *n.* 1.подршка, помоћ, 2.издржавање

suppose *[сāио:уз]* - *v.* сматрати, претпоставити

supreme *[сāири:м]* - *a.* 1.врховни, 2.узвишен, 3.изврстан

sure *[шу(р)]* - *a.* 1.сигуран, 2.уверен, 3.поуздан

surface *[сāрфāс]* - *n.* површина

surgeon *[сāрђн]* - *n.* хирург

surgery *[сāрђāри]* - *n.* хирургија

surname *[сāрнеим]* - *n.* презиме

surprise *[сāрūраиз]* - *n.* изненађење; *v.* изненадити

surround *[сāраунд]* - *v.* окружити

survey *[сāрвеј]* - *n.* анкета, приказ

survive *[сāрваив]* - *v.* преживети

suspect *[сāсūекū]* - *v.* сумњати

swallow *[суалоу]* - *v.* гутати, прогутати

sweat *[суеū]* - *n.* зној; *v.* знојити се

sweep *[суиū]* - *v.* 1.чистити метлом

sweet *[суи:ш]* - *a.* сладак

sweetheart *[суи:шх'а(р)ш]* - *n.* драги, драга

swell *[суел]* - *n.* 1.оток, 2.избочина, 3.кицош; *v.* 1.набујати, 2.отећи, набрекнути

swift *[суи(ф)ш]* - *a.* брз, хитар

swim *[суим]* - *n.* пливање; *v.* пливати

swing *[суинг̄]* - *n.* 1.љуљашка, 2.љуљање, 3.замах; *v.* љуљати

switch *[суич]* - *n.* 1.прекидач, 2.скретница; *v.* 1.ударити, 2.окренути, 3.употребити прекидач

sword *[суо(р)д]* - *n.* мач

symbol *[симбол]* - *n.* знак, симбол

sympathy *[симшашхи]* - *n.* саосећање, самилост

T

table [*'шеибл*] - *n.* 1.сто, 2.плоча, 3.таблица, 4.табела

tact [*шæкш*] - *n.* 1.такт, мера, 2.обзирност

tail [*шеил*] - *n.* 1.реп, перчин, 2.поворка, 3.скут

tailo [*'шеилэ*] - *n.* кројач; *v.* шити, кројити

take [*шеик*] - *n.* 1.узимање, 2.улов, ловина, 3.пазар, добит; *v.* 1.узети, 2.примити, 3.заузети, освојити, 4.купити, 5.одузети, 6.предузети, 7.преузети, 8.измерити, 9.захтевати, тражити, 10.требати, изискивати, 11.савладати, 12.сматрати, држати, 13.повести, одвести, 14.положити, 15.налазити, 16.повући, 17.истаћи, 18.добијати, 19.играти, 20.учити, похађати, 21.примити се, 22.дочепати се

tal [*шеил*] - *n.* 1.приповетка, прича, 2.бајка, 3.број

talk [*шо:к*] - *n.* 1.разговор, 2.говор; *v.* 1.разговарати, 2.говорити, 3.брбљати

tall [*шо:л*] - *a.* 1.висок, 2.велик, 3.претеран, 4.хвалисав

tame [*шеим*] - *v.* припитомити, укротити; *a.* питом, укроћен

tank [*т̅æнк*] - *n.* 1.резервоар, 2.тенк

tap [*т̅æп̅*] - *n.* 1.славина, 2.лаган ударац; *v.* 1.лако ударити, 2.потапшати, тапшати, 3.куцкати

tape [*т̅еип̅*] - *n.* врпца, трака

target [*'т̅а:(р)г̅ит̅*] - *n.* 1.мета, циљ, 2.нишан

task [*т̅а:ск*] - *n.* 1.задатак, 2.дужност, 3.посао

taste [*т̅еист̅*] - *n.* 1.укус, 2.склоност, 3.проба; *v.* 1.окусити,кушати 2.пробати, 3.имати укус

tax [*т̅æкс*] - *n.* 1.порез, 2.дажбина, 3.терет, *v.* 1.опорезовати, 2.оптеретити, 3.казнити

taxicab [*'т̅æксикæb*] - *n.* такси

tea [*т̅и:*] - *n.* чај

teach [*т̅и:ч*] - *v.* учити, подучавати

yeacher [*'т̅и:чд(р)*] - *n.* 1.учитељ, учитељица, 2.наставник, наставница, 3.средњошколски професор

team [*т̅и:м*] - *n.* 1.тим, момчад, 2.спрег, запрега

tear [*т̅ед*] - *n.* 1.рупа, 2.продор; *v.* 1.цепати, 2.дерати, 3.кидати

technical [*'т̅екникл*] - *a.* технички

technician [*т̅ек'нишн*] - *n.* техничар

technique [*т̅ек'ни:к*] - *n.* техника

technology [*т̅ек'нолџи*] - *n.* 1.технологија, 2.техничке науке

teens [ти:нз] - *n.* пл.тинејџери

telegram ['телдграм] - *n.* телеграм

telephone ['телдфоун] - *n.* телефон; *v.* телефонирати

tell [тел] - *v.* 1.казати, рећи, 2.саопштити, 3.испричати, 4.рачунати, 5.бројати

temper ['темид] *n.* 1. нарав ћуд, 2.расположење, 3.гнев, 4.каквоћа; *v.* 1.калити, 2.ублажити, 3.прилагодити, 4.помешати

temperament ['темирдмднти] - *n.* темперамент, ћуд

temperature ['темиричд(р)] - *n.* температура

templ [темил] - *n.* 1.храм, 2.слепоочница

template ['темилити] - *n.* шаблон

temporary ['темидрдри] - *a.* 1.привремен, 2.краткотрајан, 3.пролазан

tempt [темит] - *n.* мамити, доводити у искушење

temptation [теми'тешиП7.5дн] - *n.* 1.искушење, 2.напаст

ten [тен] *n.* десет

tenant ['тенднти] - *n.* 1.закупац, 2.станар, подстанар, 3.најамник

tend *[тенд]* - *v.* 1.нагињати, 2.бити склон, 3.бити усмерен према, 4.имати за циљ, 4.неговати, 5.чувати, 6.присуствовати

tendency *['тендднси]* - *n.* 1.тенденција, 2.склоност, 3.нагињање, 4.циљ

tender *['тенддр)]* - *n.* 1.понуда, 2.лађица, 3.ђувар; *v.* нудити; *a.* 1.мекан, 2.нежан, 3.осетљив

tenement *['тенимент]* - *n.* 1.кућа за изнајмљивање, 2.закупљено имање, 3.обитавалиште

tense *[тенс]* - *n.* граматичко време; *a.* 1.напет, 2.радознао

tent *[тент]* - *n.* шатор

term *[тд:м]* - *n.* 1.термин, 2.рок, 3.трајање, 4.семестар, 5.израз, реч, фраза, 6.однос, 7.пл. услови; *v.* 1.назвати, 2.именовати

terrible *['терибл]* - *a.* страховит, ужасан

terrific *['тдрифик]* - *a.* страховит, ужасан

terrify *['терифаи]* - *v.* престравити, ужаснути

territory *['територи]* - *n.* територија, подручје

terror *['терд(р)]* - *n.* 1.терор, 2.ужас, 3.страх

terrorize *['тердраиз]* - *v.* мучити, терорисати

test *[тест]* - *n.* 1.проба, 2.оглед, 3.тест; *v.* 1.тестирати, 2.испитати, 3.ставити на пробу

testify *['ūесūифаи]* -   *v.*   1.сведочити, 2.доказати, 3.изјавити

testimony *['ūесūицмәни]* -   *n.* 1.сведочење, 2.исказ, 3.доказ

texture *[ūексчә]* - *n.* 1.текстура, грађа, 2.састав, 3.ткиво

than *[ūхæн]* - *conj.* него, од

thank *[ūхæнк]* - *n.* хвала; *v.* захвалити

that *[ūхæū]* - *pron.* 1.овај, 2.онај, 3.тај; *conj.* 1.да, 2.да би; *adv.* толико

theatre *[ūхидūә]* - *n.* позориште

then *[ūхен]* - *adv.* тада, затим, после; *conj.* зато, у том случају, према томе, дакле

there *[ūхеә(р)]* - *adv.* 1.тамо, 2.тада

thereabout *[ūхеәр'әбауū]* - адv. 1.тамо негде, 2.близу

thereafter *[ūхеәр'афūә]* - *adv.* 1.затим, 2.после тога

thereby *[ūхеә'баи]* - *adv.* стога, услед тога

they *[ūхеи]* - *pron.* они

thick *[ūхик]* - *a* 1.дебео, 2.густ, 3.присан

thickness *['ūхикнис]* - *n.* 1.дебљина, 2.густоћа

thief *[ūхи:ф]* - *n.* лопов, крадљивац

thin *[ūхин]* - *v.* 1.проредити, 2.мршавити; *a.* 1.танак, 2.мршав, 3.рєдак

thing *[ūхинг̄]* - *n.* 1.ствар, 2.створ

think *[ūхинк]* - *v.* 1.мислити, 2.помислити, 3.размислити, 4.сетити се

thirst *[ūхə:сū]* - *n.* жеђ; *v.* бити жедан

thirsty *[ūхə:сūи]* - *a.* жедан

this *[ūхис]* - *pron.* овај, тај

thought *[ūхо:ū]* - *n.* 1.мисао, 2.помисао

thousand *['ūхаузнд]* - *a.* и *n.* хиљада

thread *[ūхред]* - *n.* 1.конац, 2.нит, 3.влакно; *v.* низати

threat *[ūхреū]* - *n.* претња

threten *[ūхреūн]* - *v.* претити

throat *[ūхроуū]* - *n.* 1.грло, 2.гркљан

throught *[ūхру:]* - *prep.* 1.кроз, 2.по, 3.по, 4.посредством, 5.путем, 6.за време, 7.током; *a.* од почетка до краја

throw *[ūхроу]* - *n.* 1.бацање, 2.хитац, 3.домет; *v.* 1.бацити, 2.добацити, 3.збацити

thrust *[ūхрасū]* - *n.* 1.гурање, 2.убод, 3.удар, напад, 4.потисак, притисак, погонска снага; *v.* 1.убости, 2.гурнути, 3.зарити, 4.пробити

thumb *[ūхам]* - *n.* палац

thunder *['ūхандə(р)]* - *n.* 1.гром, 2.грмљавина; *v.* грмети

thunderstorm *['ūхандəсūо(р)м]* - *n.* олуја

Thursday *[ūхȝːздʅ]* - *n.* четвртак

ticket *['ūикȝū]* - *n.* 1.карта, улазница, 2.срећка

tide *[ūаид]* - *n.* 1.морена мена, плима и осека; *v.* пребродити

tidy *['ūаиди]* - *a.* уредан

tie *[ūаи]* - *n.* 1.веза, 2.врпца, 3.краватa; *v.* 1.везати, 2.спојити, 3.закопчати

tight *[ūаиū]* - *a.* 1.тесан, 2.напет, 3.непропустив

tighten *['ūаиūн]* - *v.* 1.стегнути, 2.сузити, 3.напети

tile *[ūаил]* - *n.* 1.цреп, 2.плочица

tilt *[ūилū]* - *v.* 1.нагнути, 2.уперити

timber *['ūимбȝ]* - *n.* 1.дрво, 2.дрвена грађа, 3.греда, 4.шума

time *[ūаим]* - *n.* 1.време, 2.доба, рок; *v.* 1.пута, 2.темпирати, одмерити време; *a.* 1.временски, 2.орочен, 3.темпирани

timely *[ūаимли]* - *a.* правовремен(о)

tin *[ūин]* - *n.* 1.калај, 2.лим, 3.конзерва; *v.* 1.калаисати, 2.стављати у конзерве

tiny *['ūаини]* - *a.* сићушан

tip *[ūиū]* - *n.* 1.врх, шиљак, 2.лак ударац, 3.пријатељски миг, 4.напојница; *v.* 1.зашиљити, 2.дати миг, 3.нагнути, 4.дати напојницу

tire [*тайд*] - *n.* 1.гума на аутомобилу, 2.обруч; *v.* уморити

tired [*'тайдд*] - *a.* уморан

title [*'тайтл*] - *n.* 1.наслов, 2.назив, натпис, 3.титула; *v.* 1.ословити, 2.назвзти

to [*ту*] - *prep.* у, ка, према, на, за, до

toast [*тоуст*] - *n.* 1.здравица, 2.препржен хлеб

tobacco [*тд'бӕкоу*] - *n.* дуван

today [*тд'деи*] - *n.* данас; *adv.* данашњи

toe [*тоу*] - *n.* ножни прст

tolerable [*'толдрдбл*] - *a.* подношљив, сношљив

tolerate [*'толдреит*] - *v.* 1.толерисати, 2.трпети, 3.подносити, 4.допуштати

toll [*тоул*] - *n.* 1.царина, 2.такса, 3.наплата, 4.звоњење; *v.* звонити

tomato [*тд'мд:тоу*] - *n.* парадајз

tom [*ту:м*] - *n.* гроб

tomorrow [*тд'мороу*] - *n.* сутра; *adv.* сутрашњи

tongue [*танг*] - *n.* 1.језик, 2.језичак, 3.говор

tonight [*тд'наит*] - *adv.* ноЈас

too [*ту:*] - *адv.* 1.такође, 2.и, 3.још, 4.исувише, 5.и те како

tool [*ту:л*] - *n.* 1.алат, 2.оруђе, 3.средство

top [*топ*] - *n.* 1.врх, врхунац, 2.глава; *v.* 1.надвисити, 2.надмашити, 3.бити на челу

topic [*топик*] - *n.* предмет разговора

topical [*топикл*] - *a.* 1.месни, локални, 2.тематски

torch [*то:(р)ч*] - *n.* бакља, буктиња

torture [*то:(р)чд*] - *n.* 1.тортура, мучење, 2.мука; *v.* мучити

toss [*тос*] - *v.* 1.бацати у вис, 2.забацити главу, 3.бацати се, превртати, 4.мешати

total [*тоутдл*] - *n.* 1.цео, 2.укупан, 3.тотал; *v.* 1.сабрати, 2.износити

tough [*таф*] - *a.* 1.жилав, 2.отпоран, 3.тежак

tour [*туд*] - *n.* 1.кружно путовање, тура, 3.излет; *v.* пропутовати

tourist [*тудрист*] - *n.* турист; *a.* туристички

toward [*тд'њо:д*] - *prep.* 1.према, 2.у правцу, 3.у циљу

towel] [*тауäл*]] - *n.* пешкир

tower [*тауд(р)*] - *n.* 1.кула, 2.торањ; *v.* 1.дизати се, 2.лебдети над

town [*таун*] - *n.* град

toy [*тои*] - *n.* играчка, *v.* 1.играти се, 2.забављати се

trace *[ūреис]* - *n.* траг; *v.* 1.трагати, ићи по трагу, 2.следити развој, 3.цртати, 4.одредити правац

track *[ūрæк]* - *n.* 1.траг, 2.колосек, 3.стаза; *v.* 1.следити, 2.трагати, 3.прогонити

trade *[ūреид]* - *n.* 1.трговина, 2.струка, 3.занат; *v.* трговати, размењивати робу

tradition *[[ūрǝ'дишн]* - *n.* традиција

traffic *['ūрæфик]* - *n.* 1.саобраћај, 2.промет, 3.трговина; *v.* трговати

train *[ūреин]* - *n.* 1.воз, 2.пратња, 3.поворка, 4.низ; *v.* 1.веæбати, тренирати, 2.обучити, 3.образовати

training *['ūреининг]* - *n.* 1.тренинг, 2.обука, 3.школовање, 3.образовање

transfer *['ūрансфǝ]* - *n.* 1.пренос, 2.премештај; *v.* 1.пренети, 2.преместити

transform *[ūрæнс'фо:м]* - *v.* 1.трансформисати (се), 2.променити (се), 3.преобразити (се)

transformation *['ūрæнсфǝ'мешн]* - *n.* 1.трансформација, 2.преображај. 3.промена

transit *['ūрæнзиū]* - *n.* 1.пролаз, пролаæење, 2.пре- воз

transition *[ūрæн'зишн]* - *n.* прелаз

translate *[ūрæнс'леūū]* - *v.* превести, преводити

translation *[тренс'лешин] - n.* превод

transmission *[тренс'мишн] - n.* 1.пренос, преношење, 2.одашиљање

transport *['тренспо:т] - n.* 1.транспорт, 2.превоз, 3.слање; *v* 1 транспортовати, 2.превозити, 3.отпремати

trap *[треп] - н .* 1.замка, 2.клопка; *v.* ухватити у клопку

travel *['тревл] - n.* путовање; *v.* путовати

traveller *['травелд] - n.* путник

tray *[треи] - n.* послужавник

tread *[тред] - v.* 1.ступати, 2.корачати, 3.згазити, 4.газити

treasure *['трежд] - n.* благо

treasury *['треери] - n.* 1.ризница, 2.државна благајна

treaty *['три:ти] - n.* уговор

treatment *['три:тмднт] - n.* 1.третман, поступак, 2.лечење, 3.обрада

tree *[три:] - n.* 1.дрво, 2.стабло, 3.осовина

tremble *['трембл] - v.* дрхтати

tremendous *[три'менддс] - a.* 1.страховит, 2.силан, 3.огроман

trespas *['треспас] - n.* 1.кршење закона, 2.преступ, 3.грех

trial *['шраидл]* - *n.* 1.покушај, 2.искушење, 3.оглед, 4.експеримент, 5.мука, 6.истрага, 7.суђење

triangle *['шраицæнѓл]* - *n.* троугао

tribe *[шраиб]* - *n.* племе

trick *[шрик]* - *n.* 1.трик, 2.варка, 3.опсена, 4.лукавство; *v.* 1.варати, 2.надмудрити, 3.измамаити, 4.окитити, 5.украсити

trifle *['шраифл]* - *n.* ситница, трица; *v.* 1.титрати се, 2.шалити се 3.играти се

trim *[шрим]* - *n.* 1.опрема, 2.накит, 3.дотераност; *v.* 1.уредити, 2.опремити, 3.обрезати, 4.окитити; *a.* 1.уредан, 2.дотеран

trip *[шрий]* - *n.* 1.путовање, 2.кратко путовање, 3.ситан корак, 4.посртај 5.погрешка; *v.* 1.погрешити, 2.посртати, 3.спотаћи се

triumph *['шраидмф]* - *n.* тријумф, победа; *v.* 1.победити, тријумфовати, 2.ликовати

trivial *['шривиал]* - *n.* 1.тривиалан, 2.незнатан, 3.неважан

troop *[шру:ш]* - *n.* 1.група, 2.гомила, 3.чета; *v.* 1.сакупљати се, 2.груписати се

tropic *['шройик]* - *n. pl.* тропски појас; *a.* тропски

trouble *['трабл]* - *n.* 1.неприлика, 2.невоља, 3.мука, 4.брига, 5.болест; *v.* 1.забрињавати, 2.задавати невољу, 3.мучити, 4.узнемиравати, 5.сметати

trousers *['трауздз]* - *n. pl.* панталоне

truck *[трак]* - *n.* 1.камион, 2.теретна кола, 3.ситна роба; *v.* размена робе

true *[тру:]* - *a.* 1.истинит, 2.прави, 3.искрен, 4.веран, 5.поштен

truly *['тру:ли]* - *adv.* 1.заиста, 2.искрено, 3.поштено

trumpet *['трамйит]* - *n.* труба; *v.* трубити

trunk *[транк]* - *n.* 1.дебло, 2.пањ, 3.труп

trust *[траст]* - *n.* 1.поверење, 2.поуздање, 3.вера, 4.вересија, 5.залог, 6.труст; *v.* 1.веровати, 2.поверити, 3.ослонити се, 4.дати на вересију

try *[траи]* - *n.* покушај; *v.*1.покушати, 2.искушати

tub *[таб]* - 1.када, 2.ведро, 3.каца

tube *[тју:б]* - *n.* 1.цев, 2.подземна железница

Tuesday *['тју:зди]* - *n.* уторак

tulip *['тју:лий]* - *n.* лала

tune *[тју:н]* - *n.* 1.мелодија, 2.песма, 3.склад; *v.* 1.довести у склад, 2.прилагодити, 3.удесити

tunnel *['тиандл] - n.* 1.тунел, 2.ров

turkey *['тӣд:ки] - n.* ћурка

turn *[тӣд:(р)н] -   n.* 1.скретање, окретање, 2.обрт, 3.преокрет, 3.прекретница, 4.ред, 5.учешће, 6.завојак, намотај; *v.* 1.окренути, 2.обрнути, 3.скренути, 4.претворити, 5.посветити, 6.обићи, 7.заобићи, 8.навршити, 9.прећи, 10.завртети, 11.управити, уперити, 12.обратити се

twice *[тӣњаис] - adv.* 1.два пута, 2.двоструко

twilight *['тӣњаилаӣ] - n.* сумрак, сутон

twin *[тӣwin] - n.* близанац

two *[тӣу:] - n.* 1.два, 2.двоје

type *[тӣаӣ] -   n.* 1.тип, 2.слово, 3.примерак, 4.врста; *v.* писати на маћини

typewriter *['тӣаӣраитд] - n.* писаћа машина

tyrannize *['тӣирднаиз] - v.* тиранисати

tyranny *['тӣирдни] - n.* тиранија

tyrant *['тӣаирднӣ] - n.* тиранин

U

ugly *[даглu]* - *a.* ружан

ulcer *['элсд(р)]* - *n.* чир

ultimate *['алтимдти]* - *n.* 1.начело, 2.крајњи циљ, 3.крајност; *a.* 1.последњи, крајњи, 2.битан

ultimatum *[,алти'меитдм]* - *n.* ултиматум

ultra *['элтрд]* - *n.* екстремиста; *a.* екстреман, претеран, крајњи; *prep.* ултра-

umbrella *['амбрелд]* - *n.* кишобран

unable *[ан'еибл]* - *a.* 1.неспособан, 2.немоћан

unacceptable *[,андк'сетдбл]* - *a.* неприхватљив

unaccomplished *[анд'комплишт]* - *a.* 1.недовршен, 2.непостигнут, 3.несавршен

unaccustomed *[,анд'кастдмд]* - *a.* 1.неневикнут, 2.необичан

unacquainted *[,анд'F255kweintid]* - *a.* 1.ненавикнут, 2.неупознат

unaffected *[,анд'фектид]* - *a.* природан, неизвештачен

unasked *[ан'а:скт]* - *a.* 1.нетражен, 2.спонтан, 3.непозван

unauthorized *[ан'о:тхдраизд]* - *a.* неовлаштен

unbearable *[ан'бедрәбл]* -   *a.* 1.неподносив, 2.несносан

unbelivable *[ан'били:вәбл]* - *a.* невероватан

unborn *[ан'бо:(р)н]* - *a.* 1.нерођен, 2.будући

unbound *[ан'баунд]* - *a.* 1.невезан, 2.неукроћен

unbroken *[,ан'броукн]* - *a.* 1.непрекинут, цео, 2.чврст, 3.необуздан, 3.неукроћен

uncertain *[,ан'сә:тн]* - *a.* 1.несигуран, 2.неизвестан

uncivil *[,ан'сивил]* - *a.* 1.неучтив, 2.нељубазан, 3.неуглађен

uncle *['анкл]* - *n.* 1.ујак, 2.стриц

unconfortable *[ан'камфәтәбл]* - *a.* 1.неугодан, 2.неудобан

uncommon *[ан'комән]* - *a.* 1.необичан, 2.редак

unconnected *[,анкә'нектид]* - *a.* невезан, неповезан

unconscious *[,ан'коншәс]* *a.* 1.несвестан, 2.несавестан

unconvinced *[,анкән'винст]* - *a.* неубеђен

uncultivated *[,ан'калтивеитид]* - *a.* 1.необрађен, 2.необразован, 3.некултивисан

undefined *[,анди'фаинд]* - *a.* 1.необјашњен, 2.неодређен, 3.неограничен

---

under [*'андә*] - *a.* 1.нижи, 2.доњи; *adv.* 1.доле, 2.испод; преп. 1.доле, 2.испод, 3.ниже

underclothes [*'андә,клоѿхз*] - *n.* пл. доње рубље

undergo [*,андә'ѓоу*] - *v.* 1.поднети, 2.претрпети, 3.издрчати

undergraduate [*,андә'ѓрæцуиѿ*] - *n.* студент; *a.* студентски

underground [*'андәѓраунд*] - *n.* 1.подземље, 2.илегалност, 3.подземна железница; *a.* 1.подземни, 2.тајни, 2.илегални

underline [*,андә'лаин*] - *v.* подвући

undermost [*'андәмоусѿ*] - *a.* најнижи

underneath [*,андә'ни:ѿх*] - *adv.* 1.доле, 2.ниже, 3.одоздо; *prep.* 1.испод, 2.под

understand [*'андә'сѿænд*] - *v.* 1.разумети, 2.схватити, 3.чути

undertake [*,андә'ѿеик*] -   *v.* 1.предузети, 2.подухватити се, 3.узети на себе

undesirable [*,анди'заидрәбл*] - *a.* непожељан, нежељен

undeveloped [*,анди'велѿиш*] - *a.* неразвијен

undisturbed [*,андис'ѿә:бд*] - *a.* 1.неузнемирен, 2.непомућен, 3.миран

undo [*ан'ду:*] - *v.* 1.уништити, 2.поништити, 3.развући, 4.одвезати, 5.раставити на делове

undoubted *[ан'даутид]* -   *a.*   1.сигуран, 2.поуздан, 3.ван сумње

undress *[ан'дрес]* - *v.* свући (се)

uneasy *[ан'и:зи]* - *a.* 1.узнемирен, 2.нелагодан, 3.непријатан, 4.тежак

unequal *[ан'икњэл]* - *a.* 1.неједнак, 2.недорастао

uneven *[ан'и:вн]* - *a.* 1.неједнак, 2.нераван, 3.неуједначен

unexpected *[аникс'пектид]* - *a.* 1.неочекиван, 2.изненадан

unfair *[ан'фед(р)]* *a.* 1.непоштен, 2.неправедан, 3.неисправан

unfavourable *[ан'феивдрбл]* - *a.* 1.неповољан, 2.непогодан

unfit *[ан'фит]* - *v.* онеспособити; *a.* 1.неподесан, 2.неспособан

unfortunate *[ан'фо:чнит]* - *a.* несрећан

unfounded *[ан'фаундид]* - *a.* неоснован

unfriendly *[ан'френдли]* - *a.*1.непријатељски, 2.нељубазан

unfulfiled *[анфул'филд]* *a.*   1.неиспуњен, 2.неизвршен

ungrounded *[ан'граундид]* - *a.* 1.неоснован, 2.неутемељен

unhappy *[ан'хæūи]* - *a.*несрећан

uniform *['ју:нифо:(р)м]* - *n.* униформа; *v.* 1.униформисати, 2.изједначити; *a.* униформисан, једнообразан

unify *['ју:нифаи]* - *v.* 1.ујединити, 2.спојити, 3.сложити, 4.уједначити

unimportant *[ан'имūо:ūнū]* - *a.* невачан, безнзчајан

uninterested *[ун'инūрдсūид]* - *a.* незаинтересован

uninteresting *[ан'инūрдсūинг̄]* - *a.* незанимљив

union *['јунидн]* - *n.* 1.унија, 2.савез, 3.заједница, 4.јединство, 5.уједињење, 6.слога

unique *[ју:'ни:к]* *a.* 1.јединствен, 2.редак, 3.изванредан

unison *['ју:низн]* - *n.* 1.слога, 2.склад

unit *['ју:нūū]* - *n.* јединица

unite *[ју:'наūū]* - *v.* 1.ујединити (се), 2.сједин-ити (се)

unity *['ју:нūū̄и]* - *n.* 1.уједињење, 2.јединство, 3.слога

universal *[ју:ни:'вдсл]* - *a.* универзалан, свеопшти

universe *['ју:ни'вд:с]* - *n.*1.универзум, 2.свемир, 3.свет

university *[jу:ни:'вд:сиши]* - *n.* универзитет

unjust *[ан'џасш]* - *a.* неправедан

unkind *[ан'каинд]* - *a.* 1.нељубазан, 2.рђав

unknown *['ан'ноун]* - *a.* непознат

unlawful *[ан'ло:фул]* - *a.* незаконит

unless *[ан'лес]D* - *conj.* 1.осим, 2.ако не, 3.да не

unlike *[ан'лаик]* - *a.* 1.другачије, 2.неједнак; *adv.* 1.другачије, 2. На супрот

ulikely *[ан'лаикли]* - *a.* невероватан; *adv.* невероватно

unlimited *[ан'лимишид]* - *a.* 1.неограничен, 2.бескрајан

unload *[ан'лоуд]* - *v.* 1.истоварити, 2.расоварити

unlock *[ан'лок]* - *v.* 1.откључати, 2.отворити

unlucky *[ан'лаки]* - *a.* несрећан

unmerciful *[ан'мд:сифл]* - *a.* немилосрдан

unnatural *[ан'нæчдрдл]* - *a.* 1.неприродан, 2.чудовишан

unnecessary *[ан'несдсри]* - *a.* непотребан

unnoticed *[ан'ноушисш]* - *a.* непримећен, незапажен

unoccupied *[ан'окјуйаид]* - *a.* 1.незаузет, 2.слободан, 3.незапослен

unofficial *[ан'эфишл]* - *a.* 1.незваничан, 2.неслужбен

unpack *[ан'ик]* - *v.* распаковати

unpleasant *[ан'илезнй]* - *a.* непријатан

unpripared *[анйри'йедд]* - *a.* 1.неприпремљен, 2.неспреман

unproductive *[анйрд'дактив]* - *a.* 1.непродуктиван, 2.неплодан, 3.некористан

unprofitable *[ан'йрофитдри]* - *a.* 1.који се не исплати, 2.непрофитабилан, 3.бескористан

unreal *[ан'ридл]* - *a.* 1.нереалан, 2.нестваран, 3.небитан, 4.лачан

unreasonable *[ан'ризднлдбл]* - *a.* 1.неразуман, 2.претеран

unsafe *[ан'сеиф]* - *a.* 1.несигуран, 2.који није безбедан

unsatisfactory *[ансæйис'фæктдри]* - *a.* 1.незадовољавајући, 2.незадовољан

unsay *[ан'сеи]* - *v.* порећи

unsetled *[ан'сетлд]* - *a.* 1.ненасељец, 2.поремећен, 3.несређен, 4.несталан, 5.ненамирен

unsolved *[ан'солвд]* - *a.* нерећен

unsound *[ан'саунд]* - *a.* 1.нездрав, 2.покварен, 3.погрешан

unspeakable *[ан'сйи:кдбл]* - *a.* неизрецив

unsubstantial *[ансɔб'стӣншıл] - а.* 1.небитан, неважан, 2.нестваран

unsuccessful *[ансɔк'сесфул] - а.* неуспешан, неуспео

unsuitable *[ан'сју:тӣбл] - а.* 1.неподесан, 2.неприкладан

untidy *[ан'тӣаиди] - а.* неуредан, аљкав

until *[ан'тӣил] - prep.* до; *conj.* док, докле

untold *[ан'тӣоулд] - а.* 1.неисказан, 2.неизрецив

untrained *[ан'тӣреинд] - а.* 1.неувежбан, 2.необучен

unwelcome *[ан'њелкɔм] - а.* 1.непожељан, 2.непријатан

unwilling *[ан'њилинӣ] - а.* 1.нерад, 2.противан

unwind *[ан'њаинд] - v.* одмотати (се), размотати (се), одвити (се)

unworthy *[ан'нɔ:тӣхи] - а.* 1.безвредан, 2.недостојан

unwrap *[ан'рæӣ] - v.* 1.одмотати, 2.развити

up *[аӣ] - n.* успон; *v.* повећати *а.* 1.који се пење, који иде горе, 2.престати; *adv.* 1.горе, 2.више, 3.увис, 4.усправно, 5.потпуно, 6.свршено; *prep.* 1.уз, 2.поврх

uphill *['аӣхил] - а.* узлазан; *adv.* 1.узбрдо, 2.горе

upkeep *[айки:й]* - *n.* 1.одржавање, 2.чување, 3.издржавање, 4.средства за издржавање

uplift *['айлифй]* - *n.* 1.подићи, 2.уздићи

upmost *['аймоусй]* - *a.* 1.највиши, 2.горњи, 3.врховни

upon *[д'ион]* - *adv.* 1.на, 2.горе; преп. на

upper *['айед]* - *a.* 1.горњи, 2.виши

uppermost *['айд(р)моусй]* - *a.* 1.највиши, 2.горњи

upright *['айрий]* - *a.* 1.усправан, 2.прав, 3.честит

uprising *[ай'раизинг]* - *n.* 1.устајање, 2.устанак, 3.узлаз, 4.успон

upset *[ай'сей]* - *v.* 1.узнемирити (се), 2.пореметити (се), 3.преврнути (се)

upside *['айсаид]* - *n.* горња страна

urban *['д:бдн]* - *a.* Градски, *a.*углађен

urge *[д:џ]* - *v.* 1.пожуривати, 2.терати, 3.наваљивати, 4.гонити

usage *['ју:сиџ]* - *n.* 1.употреба, 2.поступак, 3.обичај

use *[ју:з]* - *n.* 1.употреба, 2.примена, 3.потреба, 4.корист, 5.оничај; *v.* 1.употребити, употребљавати, 2.применити, 3.навикнути (се)

useful *['јус:фул]* - *a.* користан

usual *['јуːжуал]* - *а.* 1.уобичајен, 2.обичан

usurp *[јуˈзəːū̄]* - *v.* 1.узурпирати, 2.бесправно присвојити

utilize *['јуːū̄илаиз]* - *v.* 1.користити, 2.употребити

utilization *[јуːū̄илаиˈзеиш̄н]* - *n.* 1.употреба, 2.коришћење

utmost *[аū̄ˈмоусū̄]* - *а.* 1.највиши, 2.највећи, 3.крајњи

utter *['аū̄ə(р)]* - *v.* 1.изрећи, 2.изустити; *а.* 1.исказ, 2.изговор

V

vacancy [веикнси] - n. 1.празнина, 2.празно место, 3.доколица

vacant ['воикпш] a. 1.празан, 2.слободан, 3.непопуњен

vacate [вә'кеиш] - n. испразнити

vacation [вә'кеишн] - n. распуст, ферије

vacuum ['вӕкјум] - n. 1.вакум, 2.празан простор, празнина

vague [веиг] - a. 1.неодређен, 2.нејасан

vain [веин] - a. 1.ташт, сујетан, 2.ништаван, 3.узалудан

vainly ['веинли] - adv. узалудно

valiant ['вӕлјәнш] - a. 1.неустрашив, 2.храбар

valid ['вӕлид] - a. 1.ваљан, 2.вредан, 3.правоваљан, 4.оправдан

validate ['вӕлидеиш] - v. 1.учинити правоваљаним, 2.оверити, 3.потврдити

valley [вӕли] - n. долина

valour ['вӕлә] - n. храброст

valuable ['вӕлјудбл] a. 1.врсдан, 2.драгоцен

van [вӕн] - n. 1.комби, 2.шпедитерска кола

vanish ['вӕниш] - в. 1.ишчезнути, 2.нестати

vanity *['вæнишш]* - *n.* 1.сујета, таштина, 2.ис-празност, 3.ништавило

variability *[ведридбилиш и]* - *n.* променљивост

variable *['ведридбл]* - *a.* 1.променљив, 2.непос-тојан

variance *['ведриднс]* - *n.* 1.варијација, одсту-пање, 2.неслога, неслагање, 3.раздор, 4.разлика, 5.промена

variant *['ведридниш]* - *n.* варијанта; *a.* 1.раз-личит, 2.променљив

variation *[ведри'ешин]* - *n.* 1.варијација, вари-рање, 2.мењање, 3.промена

varied *[ведрид]* - *a.* различит, разнолик

variety *[вд'радши]* - *n.* 1.различитост, 2.разно-ликост, 3.разноврсност

various *['ведридс]* - *a.* 1.разни, 2.различити, 3.разнолик

vary *[ведри]* - *v.* 1.мењати (се), 2.разликовати се, 3.разилазити се, 4.варирати

vase *[ва:з]* - *n.* ваза

vast *[ва:сш]* - *a.* 1.огроман, 2.неизмеран

vastness *['ва:сшнис]* - *n.* 1.огромност, 2.неиз-мерност

veal *[ви:л]* - *n.* телетина

vegetable [*вецитӣбл*] - n. 1.поврће, 2.биље; a. биљни

vegetarian [*веци'тӣридн*] - n. вегетаријанац; a. вегетаријански

vegetation [*веци'тӣешн*] - n. вегетација, растиње

vechicle [*ви:икл*] - n. 1.кола, 2.превозно средство, 3.средство

velocity [*вдлосити*] - n. брзина

velvet [*велвит*] - n. 1.баршун, 2.кадифа

venerable [*вендрдбл*] - a. частан, пречастан

vengeance [*венцднс*] - n. одмазда, освета

venison [*венизн*] - n. јелење или срнеће месо

verb [*вд:б*] - n. глагол

verbal [*вд:бл*] - a. 1.вербалан, 2.усмени, 3.глаголски

verbatim [*вд:'беитим*] - adv. дословно, од речи до речи

verge [*вд:џ*] - n. 1.руб, 2.ивица, 3.граница

verification [*верифи'кејшн*] - n. 1.верификација, 2.потврда, 3.овсра, оверавање

vcrify [*верифаи*] - v. 1.оверити, 2.проверити, 3.доказати, 4.потврдити

vcrily [*верили*] - adv. заиста, уистину, свакако

verity *['вериши]* - *n.* 1.истина, истинитост, 2.збиља

verse *[вд:с]* - *n.* стих

version *['вд:(р)шн]* - *n.* 1.верзија, 2.превод

vertical *['вд:(р)шикл]* - *n.* вертикала, окомица; *a.* вертикалан, окомит

very *['вери]* - *a.* 1.прави, 2.сам, 3.исти; *adv.* 1.веома, 2.врло, 3.доиста

vessel *['весл]* - *n.* 1.посуда, 2.лађа, брод, 3.(крвни) суд

veteran *['вешдрдн]* - *n.* 1.ветеран, 2.стари борац, 3.бивши војник

veterinarian *[вешер'недриен]* - *n.* ветеринар; *a.* ветеринарски

vibrate *[ваи'бреиш]* - *v.* 1.вибрирати, 2.осцили-рати, 3.дрхтати, 4.треперити, 5.одзвањати

vibration *[ваи'бреишн]* - *n.* 1.титрање, титрај, 2.вибрација, 3.дрхтај

vice *[ваис]* - *n.* порок

vice-chairman *['ваис'чедрмдн]* - *n.* подпредсед-ник

vicinity *[ви'синиши]* - *n.* 1.суседство, 2.ближа околина

victim *['викшим]* - *n.* жртва

victimize *['викѿимаиз]* - *n.* 1.жртвовати, 2.при-
силити на жртву, 3.мучити, 4.преварити

victory *['викѿдри]* - *n.* победа

view *[вју:]* - *n.* 1.гледање, 2.поглед, 3.видик,
4.изглед, 5.прсглед, 6.гледиште, 7.схватање,
8.намера, 9.сврха; *v.* 1.разгледати, гледати
2.разматрати, 3.посматрати, 4.схватити

vilage *['вилиц]* - *n.* село

villager *['вилицд(р)]* - *n.* сељанин, становник
ссла

vine *[ваин]* - *n.* 1.винова лоза, 2.чокот

vineyard *[винја(р)д]* - *n.* виноград

violate *['ваидлеиѿ]* - *v.* 1.прекршити, 2.наруши-
ти, 3.силовати

violence *['ваидлднс]* - *n.* 1.насиље, 2.силовање,
3.силовита жестина

violent *['ваидленѿ]* - *a.* 1.насилан, 2.силовит,
3.жесток, 4.нагао, 5.снажан

violet *['ваидлдѿ]* - *n.* 1.љубичица, 2.љубичаста
боја

violin *[ваид'лин]* - *n.* виолина

virgin *['вдџин]* - *n.* девица

virtual *[вд(р)чудл]* - *a.* 1.практички, 2.прави,
3.заправо

visible *['визибл]* - *a.* 1.видљив, 2.јасан, 3.видан

vision [*вижн*] - *n.* 1.визија, 2.виђење, 3.поглед, 4.појава, 5.утвара; *v.* видети у машти

visit [*визиш̄*] - *n.* 1.посета, 2.привремени боравак, в. посетити, посећивати

visual [*виӕудл*] - *a.* 1.видни, 2.визуелан, 3.очни

visualize [*'виӕудлаиз*] - *v.* 1.замишљати, 2.дочарати, 3.предочити

vital [*'ваиш̄л*] - *a.* 1.животни, 2.важан по живот, 3.виталан, 4.бита

vitality [*ваи'ш̄лиш̄и*] - *n.* виталност, животна снага

vivid [*'вивид*] - *a.* 1.жив, 2.јасан, 3.живописан

vocabulary [*вд'кӕбјулдри*] - *n.* 1.речник, 2.богатство речи, 3.језичко благо

vocation [*воу'кеш̄ин*] - *n.* 1.позив, професија, 2.позваност, 3.склоност

voice [*воис*] - *n.* 1.глас, 2.израз; *v.* 1.изговорити, 2.изрећи, 3.озвучити

volcano [*вол'кеино*] - *n.* вулкан

volley [*'воли*] - *n.* 1.салва, 2.бујица, 3.туча, 4.провала, 4.одбојка

volunteer [*волдн'ш̄ид(р)*] - *n.* добровољац, волонтер

vote [*воуш̄*] - *n.* 1.гласање, 2.глас, 3.(укупни) гласови; *v.* 1.гласати, 3.изгласати

vow *[вау]* - *n.* 1.завет, 2.заклетва; *v.* 1.заветовати се, 2.заклети се

vowel *['вауэл]* - *n.* вокал, самогласник

voyage *[воиц]* - *n.* путовање; в. путовати

vulgar *['валгэ(р)]* -   *a.* 1.вулгаран, прост, 2.припрост, 3.обичан, 4.народни

vulgarity *[вал'гæриши]* - *n.* вулгарност, простота, простаклук

W

wagon *[wæɡəн]* - *n.* кола, вагон

waist *[weucū]* - *n.* струк

wait *[weuū]* - *v.* чекати, причекати

waiter *[weuūдр]* - *n.* конобар

waitress *[weuūрес]* - *n.* конобарица

wake *[weuк]* - *v.* 1.пробудити се, 2.бдети

waken *[weuкəн]* - *v.* 1.пробудити, 2.раздрмати

walk *[wa:к]* - *n.* 1.ход, 2.шетња, 3.пут; *v.* 1.ходати, 2.шетати

*w***alker** *[wa:кдр]* - *n.* шетач

wall *[wa:л]* - *n.* зид

wallet *[wa:леū]* - *n.* новчаник

walnut *[wa:лндū]* - *n.* орах

wander *[wa:нддр]* - *v.* 1.лутати, одлутати, 2.тумарати

want *[wa:нū]* - *v.* 1.хтети, 2.оскудевати

war *[wa:p]* - *n.* рат

ward *[wa:рд]* - *n.* 1.питомац, 2.одељење у болници, 3.надзорник

warden *[wa:рдəн]* - *n.* управник затвора

wardrobe *[wa:рдроуб]* - *n.* 1.орман, 2.одећа, гардероба

warm *[wa:рм]* - *v.* грејати, угрејати; *a.* топао, врућ

warning *[wa:рнинг]* - *n.* 1.опомена, 2.обавешт-еље

warrior *[wa:риəр]* - *n.* ратник

wash *[waш]* - *v.* 1.прати, опрати, 2.умити; *n.* прање

waste *[weисṫ]* - *n.* 1.расипање, 2.пустош, 3.от-падак, 4.губљење (времена); *v.* 1.трошити, расипати, 2.слабити; *a.* 1.запуштен, 2.пуст, 3.одбачен

watch *[wa:ч]* - *n.* 1.стража, 2.сат (ручни); *v.* 1.посматрати, 2.чувати, пазити

water *[wa:ṫəр]* - *n.* вода; *v.* заливати

waterproof *[wa:ṫəрпру:ф]* - *a.* непромочив

wave *[weив]* - *n.* талас; *v.* таласати

way *[weи]* - *n.* 1.пут, 2.правац, 3.начин, 4.стање

we *[wu]* - *pron.* ми

weak *[wu:к]* - *a.* слаб, немоћан

weakness *[wu:кнес]* - *n.* слабост

wealth *[weлṫx]* - *n.* богатство

wealthy *[weлṫxи]* - *a.* богат, имућан

weapon *[weиḋн]* - *n.* оружје

wear *[we(p)]* - *n.* 1.ношња, одећа, 2.издрж-
љивост; *v.* 1.носити (одећу), 2.истрошити,
излизати, 3.заморити

weather *[weūxдp]* - *n.* време

web *[weб]* - *n.* 1.мрежа, 2.тканина, 3.паучина

wedding *[weдинг̄]* - *n.* свадба, венчање

weed *[wи:д]* - *n.* 1.коров, 2.црнина; *v.* оплевити,
искоренити

week *[wи:к]* - *n.* недеља, седмица

weep *[wи:ū]* - *v.* плакати, оплакивати

weigh *[weи]* - *v.* мерити тежину

weight *[weиū]* - *n.* 1.тежина, 2.тег, 3.значај

welcome *[weлком]* - *n.* добродошлица; *v.*
дочекати добродошлицом; *a.* добродошао

well *[weл]* - *n.* 1.бунар, 2.извор; *a.* 1.добар,
2.здрав; *adv.* 1.добро, 2.здраво

west *[weсū]* - *n.* запад; *a.* западни; *adv.* западно

wet *[weū]* - *v.* поквасити, овлажити; *a.* мокар,
влажан

what *[waū]* - *pron.* 1.шта, 2.који, 3.колико,
4.какав, 5.како

wheat *[wи:ū]* - *n.* пшеница

wheel *[wи:л]* - *n.* точак; *v.* котрљати

when *[weн]* - *pron.* 1.када, 2.док

whenever *[веневдр]* - *adv.* било када

where *[we(p)]* - *adv.* 1.где, 2.одакле

which *[вич]* - *pron.* који

while *[ваил]* - *n.* 1.тренутак, 2.време; *conj.* док

whine *[ваин]* - *v.* цвилети

whip *[wиū]* - *n.* бич; *v.* бичевати

whisper *[wисūдр]* - *n.* шапат; *v.* шапутати

whistle *[wисл]* - *n.* 1.звиждук, 2.звиждаљка; *v.* звиждати

white *[waиū]* - *n.* 1.белина, 2.беланце, 3.беоњача; *a.* бео

who *[ху]* - *pron.* ко, који

whole *[хо:л]* - *n.* целина, све; *a.* сав, цео

whose *[ху:з]* - *pron.* чији, којега

why *[ваи]* - *adv.* зашто, што

wide *[ваид]* - *a.* 1.широк, 2.простран, 3.далек, 4.велик

widow *[wидоу]* - *n.* удовица

widower *[wидоудр]* - *n.* удовац

width *[wидх]* - *n.* ширина

wife *[ваиф]* - *n.* жена, супруга

wild *[ваилд]* - *n.* дивљина; *a.* дивљи

will *[wил]* - *n.* 1.воља, жеља, 2.тестамент; *v.* 1.хтети, 2.желети, 3.намеравати, 4.морати

willing *[wилинг̄]* - *a.* вољан, спреман

win *[wин]* - *v.* добити, победити

wind *[wинд]* - *n.* ветар; *v.* дувати

winding *[wаиндинг̄]* - *n.* 1.намотавање, 2.нави-
јање, 3.завој, 4.заокрет

window *[wиндоу]* - *n.* прозор

winner *[wиндр]* - *n.* добитник, победник

winter *[wинш̄др]* - *n.* зима

wipe *[wаиш̄]* - *v.* брисати

wire *[wаид(р)]* - *n.* жица; *v.* послати телеграмом

wireless *[wаид(р)лес]* - *a.* бежичан

wisdom *[wизддм]* - *n.* мудрост

wise *[wаиз]* - *a.* мудар

wish *[wиш]* - *n.* жеља; *v.* прижељкивати, желети

witch *[wич]* - *n.* вештица

with *[wиш̄х]* - *prep.* 1.са, 2.код, 3.уз, 4.од

withdraw *[wид'ра:у]* - *v.* повући

without *[wиш̄хауш̄]* - *adv.* без

witness *[wиш̄нес]* - *n.* очевидац, сведок

wolf *[wулф]* - *n.* вук

woman *[wумæн]* - *n.* жена

wonder *[wандр]* - *n.* чудо; *v.* питати се

wonderful *[вондэрфул]* - *a.* 1.диван, 2.чудесан, 3.прекрасан

wood *[вуд]* - *n.* 1.шума, 2.дрво; *v.*пошумити

wool *[ву:л]* - *n.* вуна

word *[ворд]* *n.* 1.реч, 2.обешање, 3.разговор, 4.лозинка, *v.* изразити речима

work *[ворк]* - *n.* 1.рад, 2.радња, 3.посао, 4.дело; *v.* радити

worker *[воркэр]* - *n.* радник

workshop *[воркшоп]* - *n.* 1.радионица, 2.врста предавања

world *[во:лд]* - *n.* свет

worry *[вори]* - *n.* брига; *v.* бринути

worth *[ворйх]* - *n.* вредност, цена; *a.* вредан

wound *[ву:нд]* - *n.* рана; *v.* ранити

wrap *[вай]* - *v.* увити, замотати

wreck *[врек]* - *n.* олупина; *v.* разорити, уништити

wrist *[врисй]* - *n.* ручни зглоб

write *[врайй]* - *v.* писати

writer *[враййэр]* - *n.* писац

writing *[враййинг]* - *n.* писање, рукопис

wrong *[вро(н)г]* - *n.* неправда; *v.* нанети неправду, нашкодити; *adv.* неправедно, криво

X

Xmas (Christmas) *[крисмс]* - *n.* Божић
x-ray *[ексреи]* - *n.* рендгенски зрак; *v.* прегледати рендгеном

Y

Yacht *[jaш]* - *n.* јахта, једрилица; *v.* једрити

yard *[jaʾ(р)д]* - *n.* 1.јединица за мерење дужине (0.914м), 2.двориште, 3.радионица

year *[jид]* - *n.* година

yell *[jeл]* - *n.* врисак, крик; *v.* викати, вриштати

yellow *[jeлоу]* - *n.* жута боја; *a.* жут

yes *[jec]* - *adv.* да, јесте

yesterday *[jecшдрдеj]* - *adv.* јуче

yet *[jeш]* - *adv.* 1.још, уз то, ипак, чак, 2.досад; *conj.* ипак, па ипак

yield *[ju:лд]* - *n.* 1.плод, 2.допринос, 3.доходак, 4.корист; *v.* 1.дати, пружити, 2.допустити, дозволити, 3.предати, препустити

you *[jy]* - *pron.* ти, ви

young *[jʾaнг]* - *a.* млад

your *[jy:(p)]* - *a.* твој, ваш

yourself *[jypceлф]* - *pron.* себе самог,

youth *[jyшx]* - *n.* 1.младост, 2.омладина

Z

zeal *[зи:л]* - *n.* ревност, жар
zealous *[зилдс]* - *a.* ревносан, ватрен
zenith *[зиниῑх]* - *n.* зенит, врхунац
zero *[зиро]* - *n.* нула
zest *[зесῑ]* - *n.* 1.зачин, 2.сласт, уживање
zone *[зоун]* - *n.* зона, појас
zoo *[зу:]* - *n.* зоолошки врт

**BULGARIAN-ENGLISH
COMPREHENSIVE DICTIONARY**
1,050 pages 6¾ x 9¾ 47,000 entries
0-7818-0507-4 $90.00 2-volume set (613)

**ENGLISH-BULGARIAN
COMPREHENSIVE DICTIONARY**
1,080 pages 6¾ x 9¾ 54,000 entries
0-7818-0508-2 $90.00 2-volume set (614)

**BYELORUSSIAN-ENGLISH/
ENGLISH-BYELORUSSIAN
CONCISE DICTIONARY**
290 pages 4 x 6 6,500 entries
0-87052-114-4 $9.95pb (395)

BEGINNER'S CZECH
200 pages 5½ x 8½
0-7818-0231-8 $9.95pb (74)

**CZECH-ENGLISH/ENGLISH-CZECH
CONCISE DICTIONARY**
594 pages 3½ x 5⅝ 7,500 entries
0-87052-981-1 $11.95pb (276)

**CZECH-ENGLISH
COMPREHENSIVE DICTIONARY**
1,400 pages 6 x 9 60,000 entries
0-7818-0509-0 $49.50hc (616)

CZECH PHRASEBOOK
220 pages 5½ x 8½
0-87052-967-6 $9.95pb (599)

CZECH HANDY EXTRA DICTIONARY
186 pages 5 x 7¾
0-7818-0138-9 $8.95pb (63)

**MACEDONIAN-ENGLISH/
ENGLISH-MACEDONIAN
CONCISE DICTIONARY**
400 pages 4 x 6 14,000 entries
0-7818-0516-3 $14.95pb (619)

POLISH-ENGLISH UNABRIDGED DICTIONARY
3,800 pages 250,000 entries 2-volume set
0-7818-0441-8 $150.00hc (526)

BEGINNER'S POLISH
200 pages 5½ x 8½
0-7818-0299-7 $9.95pb (82)

BEGINNER'S POLISH CASSETTES
2 Cassettes: 0-7818-0330-6 $12.95 (56)

POLISH HANDY EXTRA DICTIONARY
125 pages 4 x 6 0-7818-0504-X $11.95pb (607)

**HIGHLANDER POLISH-ENGLISH/
ENGLISH-HIGHLANDER POLISH DICTIONARY**
111 pages 4 x 6 2,000 entries
0-7818-0303-9 $9.95pb (297)

POLISH-ENGLISH/ENGLISH-POLISH
CONCISE DICTIONARY, With Complete Phonetics
408 pages 3⅝ x 7 8,000 entries
0-7818-0133-8 $9.95pb (268)

POLISH-ENGLISH/ENGLISH-POLISH
COMPACT DICTIONARY
240 pages 4 x 6 9,000 entries
0-7818-0496-6 $8.95pb (609)

POLISH-ENGLISH/ ENGLISH-POLISH
PRACTICAL DICTIONARY
703 pages 5¼ x 8½ 31,000 entries
0-7818-0085-4 $14.95pb (450)

POLISH-ENGLISH/ENGLISH-POLISH STANDARD
DICTIONARY, Revised Edition With Business Terms
780 pages 5½ x 8½ 32,000 entries
0-7818-0282-2 $19.95pb (298)

POLISH PHRASEBOOK AND DICTIONARY
252 pages 5½ x 8½
0-7818-0134-6 $9.95pb (192)

POLISH PHRASEBOOK AND DICTIONARY
COMPANION CASSETTES
Volume I 2 Cassettes: 0-7818-0340-3 $12.95 (492)
Volume II 2 Cassettes: 0-7818-0384-5 $12.95 (486)

MASTERING POLISH
288 pages 5½ x 8½ 0-7818-0015-3 $14.95pb (381)
2 Cassettes: 0-7818-0016-1 $12.95 (389)

DICTIONARY OF 1,000 POLISH PROVERBS
131 pages 5½ x 8½
0-7818-0482-5 $11.95pb (628)

BEGINNER'S RUSSIAN
200 pages 5½ x 8½
0-7818-0232-6 $9.95pb (61)

MASTERING RUSSIAN
278 pages 5½ x 8½ 0-7818-0270-9 $14.95pb (11)
2 Cassettes: 0-7818-0271-7 $12.95 (13)

**ENGLISH-RUSSIAN
COMPREHENSIVE DICTIONARY**
800 pages 8½ x 11 50,000 entries 0-7818-0353-5
$60.00hc (312) 0-7818-0442-6 $35.00pb (50)

**RUSSIAN-ENGLISH
COMPREHENSIVE DICTIONARY**
800 pages 6 x 9 40,000 entries
0-7818-0506-6 $60.00hc (612)

**RUSSIAN-ENGLISH/ENGLISH-RUSSIAN
STANDARD DICTIONARY**
Revised Edition With Business Terms
418 pages 5½ x 8½ 32,000 entries
0-7818-0280-6 $16.95pb (322)

ENGLISH-RUSSIAN STANDARD DICTIONARY
214 pages 5½ x 8½ 16,000 entries
0-87052-100-4 $11.95pb (239)

**RUSSIAN-ENGLISH/ ENGLISH-RUSSIAN
CONCISE DICTIONARY**
400 pages 4½ x 6 10,000 entries
0-7818-0132-X $11.95pb (262)

DICTIONARY OF RUSSIAN VERBS
750 pages 5½ x 8½ 20,000 fully declined verbs
0-7818-0371-3 $45.00 (572)
0-88254-420-9 $35.00pb (10)

RUSSIAN HANDY DICTIONARY
120 pages 5 x 7¾ 0-7818-0013-7 $8.95pb (371)

DICTIONARY OF RUSSIAN PROVERBS, Bilingual
477 pages 8½ x 11 5,335 entries index
0-7818-0424-8 $35.00pb (555)

**RUSSIAN PHRASEBOOK AND DICTIONARY,
Revised**
256 pages 5½ x 8½ 3,000 entries, subway maps of
Moscow and St. Petersburg
0-7818-0190-7 $9.95pb (597)

**RUSSIAN PHRASEBOOK AND DICTIONARY
CASSETTES**
2 cassettes: 120 minutes 0-7818-0192-3 $12.95 (432)

RUSSIAN-ENGLISH/ ENGLISH-RUSSIAN DICTIONARY OF BUSINESS AND LEGAL TERMS
800 pages 5½ x 8½ 40,000 entries
0-7818-0163-X $50.00 (66) $35.00pb
0-7818-0505-8 (480)

SERBO-CROATIAN HANDY DICTIONARY
120 pages 5 x 7¾
0-87052-051-2 $8.95pb (328)

SERBO-CROATIAN-ENGLISH/ ENGLISH-SERBO-CROATIAN PRACTICAL DICTIONARY
400 pages 5⅝ x 7 24,000 entries
0-7818-0445-0 $16.95pb (130)

SLOVAK-ENGLISH/ ENGLISH-SLOVAK CONCISE DICTIONARY
360 pages 4 x 6 7,500 entries
0-87052-115-2 $11.95pb (390)

SLOVAK HANDY EXTRA DICTIONARY
200 pages 5 x 7¾
0-7818-0101-X $12.95pb (359)

SLOVAK-ENGLISH/ ENGLISH-SLOVAK COMPACT DICTIONARY
360 pages 3½ x 4¾ 7,500 entries
0-7818-0501-5 $8.95pb (107)

SLOVENE-ENGLISH/ ENGLISH-SLOVENE MODERN DICTIONARY
935 pages 5½ x 3½ 36,000 entries
0-7818-0252-0 except Slovenia $24.95pb (19)

UKRAINIAN-ENGLISH/ ENGLISH-UKRAINIAN STANDARD DICTIONARY
590 pages 5½ x 8½ 32,000 entries
0-7818-0374-8 $24.95pb (193)

UKRAINIAN-ENGLISH STANDARD DICTIONARY
286 pages 5½ x 8½ 16,000 entries
0-7818-0189-3 $14.95pb (6)

UKRAINIAN-ENGLISH/ ENGLISH-UKRAINIAN PRACTICAL DICTIONARY
Revised Edition With Menu Terms
406 pages 4¼ x 7 16,000 entries
0-7818-0306-3 $14.95pb (343)

BEGINNER'S UKRAINIAN
130 pages 5½ 8½
0-7818-0443-4 $11.95pb (88)

UKRAINIAN PHRASEBOOK AND DICTIONARY
205 pages 5½ x 8½ 3,000 entries
0-7818-0188-5 $11.95pb (28)

UKRAINIAN PHRASEBOOK COMPANION CASSETTES
2 cassettes: 120 minutes 0-7818-0191-5 $12.95 (42)

**UKRAINIAN-ENGLISH/ENGLISH-UKRAINIAN
COMPACT DICTIONARY**
448 pages 3½ x 4¼ 8,000 entries
0-7818-0498-1 (151) $8.95pb